THE ENLIGHTENED WAY TO WEALTH

THE ONE MINUTE MILLIONAIRE

ワン・ミニッツ・ミリオネア

お金持ちになれる1分間の魔法

マーク・ヴィクター・ハンセン＆ロバート・アレン［著］
楡井浩一［訳］

徳間書店

THE ONE MINUTE MILLIONAIRE
by
Mark Victor Hansen and Robert G. Allen

This translation published by arrangement with
Harmony Books, a division of Random House, Inc.
through Japan UNI Agency, Inc., Tokyo

THE ENLIGHTENED WAY TO WEALTH

THE ONE MINUTE MILLIONAIRE

ワン・ミニッツ・ミリオネア

お金持ちになれる1分間の魔法

ドリームチームを作る 191

ネットワークを広げよう 225

実践② 1分間ミリオネアのニュー・ビジネス・コンセプト……353

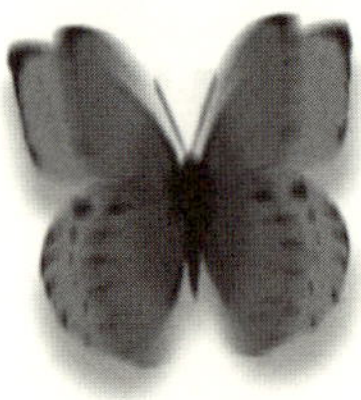

装丁＝花村　広

Introduction

今すぐミリオネアになる決心をしよう！

ミリオネアの山を登ろう

想像してみてください。突然、あなたのところに電話がかかってきます。相手の話によると、長いあいだ音信不通だった親族が亡くなったとのこと。そして、なんとあなたには100万ドルの遺産が！　現金はスイスのとある銀行の貸金庫で、新しい持ち主が現れるのを今か今かと待っています。ただし、ここで問題がひとつ。貸金庫の鍵は銀の箱に収められ、アラスカのマッキンリー――標高6194メートルを誇る北米の最高峰――の山頂に隠されているのです。しかも自分自身の足で山に登り、自分自身の手で箱を見つけろ、というきびしい条件もついています。きょうから12カ月以内に課題を達成できれば、100万ドルの札束はあなたのもの。達成できなければ、すべては水の泡。

さあ、考えてください。あなたならやりますか？　あなたならやれますか？

マッキンリーに登るのは不可能ではありません。じっさい、頂上を制覇した登山者は何千人もいます。しかし本格的な計画と、準備と、訓練がなければ、成功はおぼつかないでしょう。

それなら〝賢明なミリオネア〟になって、自分で100万ドルを稼ぎ出すほうがよほど簡単です。マッキンリー登頂に比べてはるかに危険も少ない。しかし、両者には似た点がひとつあります。あなたの行くべき道を指し示す師が必要、という点です。心配いりません。あなたを山頂まで導くベテラン登山家の役は、われわれふたりが務めます。あなたは訓練メニュー――ミリオネアの地図――に従って進むだけ。メニューはわれわれが用意します。

最後までやり遂げるためには、自分を律しなければなりません。この点でもわれわれがサポートします。第一歩を踏み出す決心はつきましたか？　決心がついた人は、次のページに行ってください。

（注）賢明なミリオネア（Enlightened Millionaire）は〈ワン・ミニッツ・ミリオネア有限責任会社〉の登録商標です。

もちろん、お金がすべてではありません！

言うまでもなく、人生にはお金より大切なものがあります。われわれふたりにとってかけがえのないもの、それは家族と、健康と、友人と、精神的価値です。このベスト4にお金は遠く及びません。そう、人生におけるこの4指標の豊かさこそが、真の意味での〝富〟を形作るのです。全盛時の石油王J・ポール・ゲッティは、資産額でははるかに劣る弟から次のような一文で始まる手紙をよく受け取っていました。

「世界一豊かな男より、世界一金持ちの男へ」

そのとおり。たしかに人間はお金持ちでなくても豊かになれます。とはいえ、あまりに多くの〝善《よ》き〟人々が、金銭的に成功したいという考えを〝無価値な〟目標であるとみなしているような気がします。『ワン・ミニッツ・ミリオネア　お金持ちになれる1分間の魔法』という本書のタイトルも、間違いなくある方面の人々の眉を吊り上げさせることでしょう。

しかし、お金自体は善でも悪でもありません。中立で透明です。お金は目的遂行のための道具であり、ハンマーと同じように建設にも破壊にも使うことができます。ですから、きちんとお金を理解すれば――正当に稼ぎ出し、蓄え、分かち合う方法を会得すれば――〝富〟という概念に肯定的な側面を与えられるはずなのです。じっさい、充分なお金がある時われわれは、よりよい生活、よりよい関係、よりよい幸福を築けるものです。これこそが本書を執筆した狙いです。適切な方法で生み出されたお金と、賢明な意思が組み合わされれば、この世はもっといい場所になるでしょう。

１００万ドルを稼ぎ出せる可能性は誰にでもあります。しかし、どうせ目標を立てるなら、ぜひともそれに〝賢明な〟の一語を加えてください。実証済みのわれわれのシステムを利用すれば、**賢明な百万長者**

になれる確率は飛躍的に高まります。必要なのは、本書を読んで道なりに進むことだけ。あなたが望みさえすれば、目の前に道は切り開かれているのです。**これ以上簡単な方法は絶対にない**でしょう。

われわれの言うことを鵜呑《うの》みにしろと言っているわけではありません。信じるに足る根拠はこれから示していきます。われわれにその機会を与えてください。1週間あたり数分の時間と、ちょっとした努力と、適切な数ドルの投資を積み重ねれば、どんな人でも金銭的成功を収めることができます。さらに実証済みのわれわれのシステムを修得・実践したとき、あなたは会社にとっても、家族にとっても、友人にとっても、地域社会にとっても、よりよき存在となっているはずです。

準備はいいですか？　では始めましょう。

賢明なミリオネアになることの意義

大気中の酸素を他人と分かち合うことに抵抗がありますか？　誰かが自分より2、3回多く呼吸したら、目くじらを立てて怒りますか？　そんなことはないはずです。なぜでしょう？　理由は、全員に行き渡ってなお余るだけの分量があるからです。何かが豊富に存在しているとき、それがどんなものであろうと、共有の是非は問題になりません。お金持ちというのは、この〝必要充分以上〟を持っている人々のことなのです。われわれが提供する道具と道案内を利用して、まずは最初の100万ドルを稼ぎ出してください。必要充分以上のお金を持ったとき（ずばり、お金持ちになったとき）、あなたはごくごく自然に、それを他人と分かち合う術を身につけているはずです。

じっさい、われわれは100万人の百万長者を誕生させたいと思っています。理由は？

というのも、100万人の百万長者が富（知識と現金）を分かち合えば、その相乗効果により**世界経**

済の未来をプラス方向へ変えられるからです。

本書の著者ふたりはどちらもミリオネアです。これまでにベストセラー書籍や講演を通じて、数千人のミリオネア誕生に寄与してきました。もちろん、挫折を味わったこともあります。破産という憂き目にも遭いました。しかし辛い苦難の日々を乗り越え、幸運にもわれわれは立ち直ることができました。そして前よりも高い収入と、前よりも大きな財産を手に入れることができました。ですから、われわれは富への道を知っているのです。どこに厄介な穴があいているかも、そしてどこから息を呑むような眺めが拝めるかも……。どうやってわれわれがやり遂げたか、どうやったらあなたがやり遂げられるか、これから説明していきましょう。

本書の構成

本書は型どおりの指南書ではありません。**1冊の中に2冊分**——今読んでいるノンフィクションと、数ページ先から始まるフィクション——の内容が入っています。

なぜこのような異例の形式をとったのか、きっとあなたは首をかしげていることでしょう。のべ数万人に財政的成功を指南してきたわれわれは、人間の学習様式が2つに大別されることに気づきました。ひとつは〝芸術家〟タイプ、もうひとつは〝技術者〟タイプ。芸術家は**右脳**で〝視覚的《ヴィジュアル》に〟学び、技術者は**左脳**で〝論理的《ロジカル》に〟学びます。逆に言うと、この2つの学習様式を併用すれば、もっと力強いメッセージを生徒に植えつけられるわけです。われわれは、あなたにただ〝情報〟を与えるのではなく、あなたという存在そのものを〝変化〟させたいと考えています。

このイントロダクションのあと本書は**右と左に分かれ、別々に進行**していきます。右ページで繰り広げられるのは、ミシェルという2児の母が主人公のフィクション。夫と死別したミシェルは、幼い子供ふたりの親権を取り戻すため90日間で１００万ドルを稼がなくてはならない、というたいへんな状況に追い込まれます。

愛する人の命がかかっていたら、あなたは１００万ドルを稼ぎ出せますか？

フィクションのページでは、**富というものを〝右脳〟で**——夢と恐れとのあいだで揺れ動く葛藤《かっとう》のドラマとして——理解してほしいと思います。どうぞミシェルの物語に入り込んでください。そして、彼女の身になって考えてみてください。同じ立場だったら自分はどうするだろうか？　直面した困難にどう対処するだろうか？　小説の中ではサマンサ——愛称サム——という人物が登場し、ミシェルを賢く導いていきます。あなたは今度はサムの立場になり、自分ならミシェルにどんな助言をするか考えてみてください。恐れを克服させるために、どんな手助けができるだろうか？　残酷な障害を乗り越えさせるために、どんな知恵を分かち合えるだろうか？

左側のノンフィクションのページには、**〝ミリオネア養成の1分間講座〟**——各章独立型のレッスン集で1回分を数ページに凝縮——がまとめあげてあります。この実践的な手引きを一段ずつ上がっていけば、短期間で賢明なミリオネアになることが可能です。ちなみに、〝ミリオネア養成の1分間講座〟の各章は、ミシェルがサムから授けられる教訓や、ミシェル自身が選択する行動とリンクしています。

またフィクションページには、ある単語や成句に数字を振ってあります。これらの数字は、〝ミリオネア養成の1分間講座〟のページ番号に対応しています。左側で身につけた理論を、右側で疑似体験できるわけです。フィクションを読みながら、時折現れる数字を頼りに、ふたたびノンフィクションを読み返せば、本書の各コンセプトをどれだけ理解できているかが確認できます。もちろん最初に小説を読み切り、それから1分間講座で学ぶことも可能です。左右のどちらを先に読みはじめてもかまいません。

1分間ミリオネア（OMM）システム

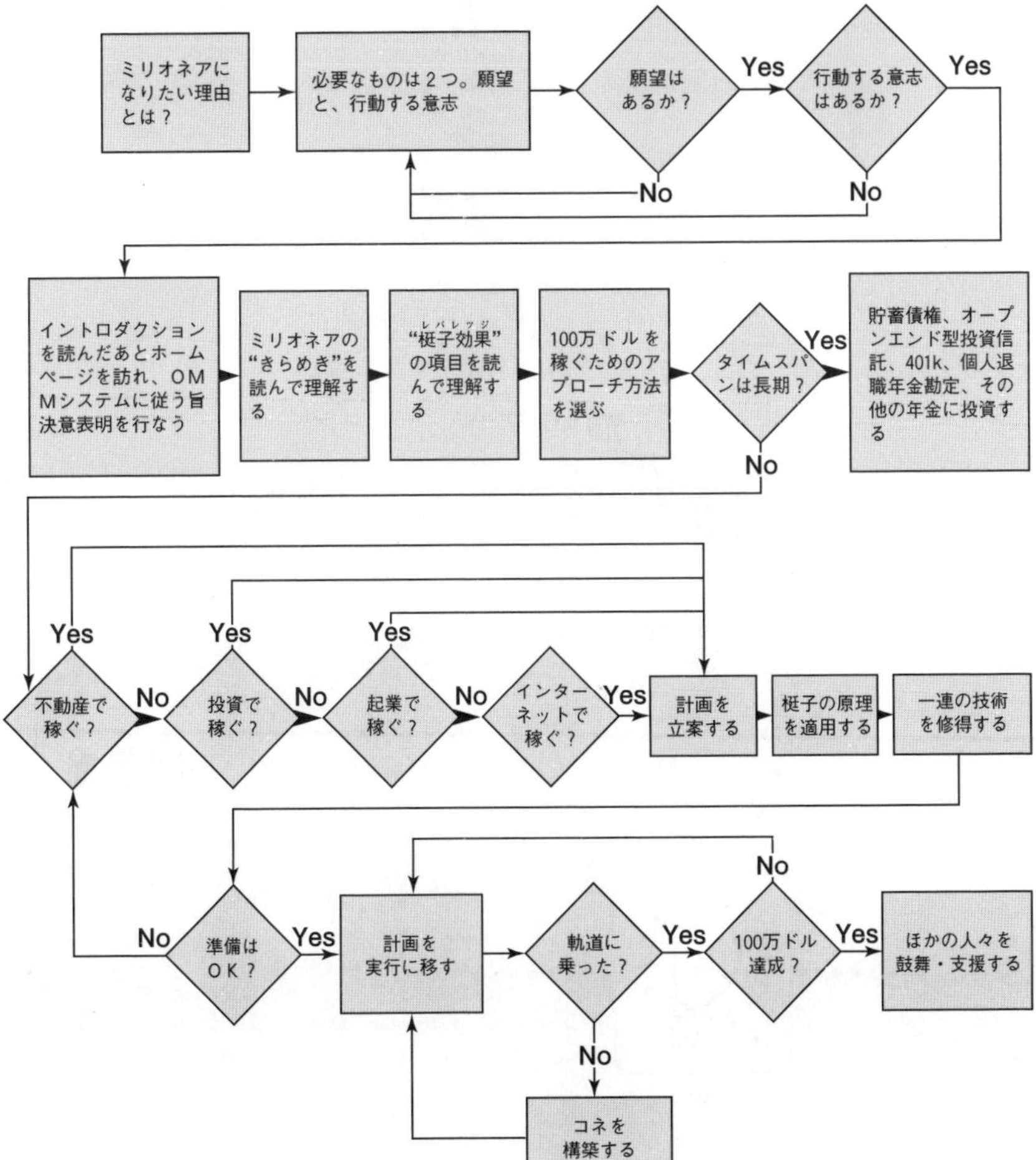

ミリオネアの山を登ろう

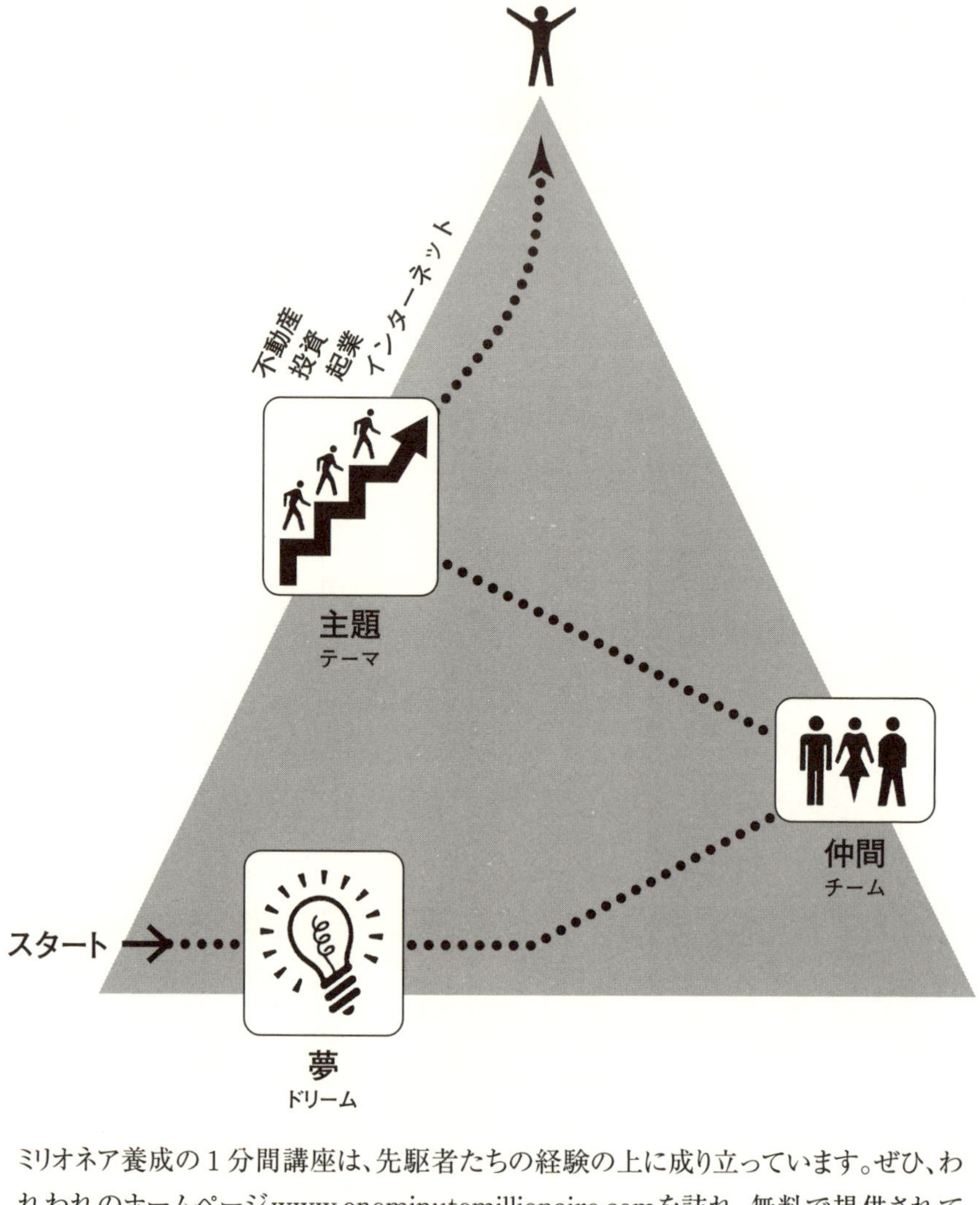

ミリオネア養成の1分間講座は、先駆者たちの経験の上に成り立っています。ぜひ、われわれのホームページwww.oneminutemillionaire.comを訪れ、無料で提供されている各種サービスをどんどん活用してください。

※なお日本語版サイトはhttp：//www.1mm-japan.comへどうぞ。

ミリオネアの方程式

60秒ごとに、世界のどこかで誰かが百万長者になっています。そう、毎日毎日、1分にひとり、新たなミリオネアが誕生しているわけです。地球上には数百万人のミリオネアが存在しています。

100万ドル相当の富を蓄積するために要した時間は、ある者は60年、ある者は1年弱、またある者は90日以下とさまざまです。ごく少数ですが1分足らずで達成した猛者《もさ》もいます。本書では、単なるミリオネアではなく、賢明なミリオネアになるための過程をワンステップずつ明らかにしていきます。60年かかるか60秒で済むかは、あなた次第です。

ミリオネアの大多数は共通の特徴を持っています。だからその技法と戦略を学び、それを実行しなければなりません。またミリオネアの思考様式——富を創造するのだという覚悟と信念——を受け入れる必要もあります。われわれのシステムは次の3つのステージに分けることができます。

ドリーム＋チーム＋テーマ＝よどみないミリオネアの流れ

1 **ドリーム** ミリオネアの思考様式——自信と燃え立つような願望——を築きあげる。

2 **チーム** 師や優秀な仲間を引き寄せ、夢の実現の手助けをしてもらう。

3 **テーマ** ミリオネア速成の基本モデルの中から、ひとつあるいはそれ以上を選んで適用する。

この3つのステージは、富の形成過程で重要な役割を担っています。3つのステージの組み合わせは、財政的成功という金庫のダイヤル錠を開ける暗証番号となってくれるはずです。

バタフライ効果◆1分が〝必要充分以上〟に

――あなたが瞬きするたびに星々も動く。エマソン

今から40年前のこと、マサチューセッツ工科大学（MIT）の気象学者エドワード・ローレンツは、気象のモデル化プログラムを開発しました。自然現象を細かくばらして数式化し、それらをコンピュータ上でなじみある天気パターンのようにふるまわせたのです。

ジェイムズ・グリックは著作『カオス』の中で、ローレンツに起こった出来事をくわしく描写しています。1961年冬のある日、ローレンツは手っとり早く結果を出すため、実験を途中から始めようと思い立ちました。そして前の実験のプリントアウトを持ち出し、その数字を初期値としてコンピュータに打ち込みました。

すると、予期せぬことが起こりました。シミュレーションした新しい天気パターンは、前のプリントアウトとは似ても似つかなかったのです。

はじめ、ローレンツはコンピュータの誤作動だと思いましたが、すぐにこれは誤作動などではないとひらめきました。原因は、コンピュータに打ち込んだ数字。前の設定では0・506126と、小数点以下6桁の数字を使っていたのに、2度目にプログラムを走らせたときは、下3桁を切り捨てて0・506としてしまったのです。ローレンツはこれくらいの違い――1000分の1以下の違い――で実際的な影響が出るとは思っていませんでした。しかし、このちょっとした違いが〝超弩《ど》級〟の変化を生み出したのです。入力時の〝取るに足らぬ〟差違が、瞬く間に、圧倒的な差違となって出力されたのです！

この現象の正式名称は〝初期値に対する鋭敏な依存性〟ですが、非公式名称の〝バタフライ効果〟のほうがよく知られています。簡単に言えば、サンフランシスコで1匹の蝶々が羽ばたくと、それによってもたらされた小さな変化が、巡り巡って上海《しゃんはい》の気象状況を激変させうる、ということです。

エドワード・デミングも似たような結論を導き出しています。アメリカ人統計学者のデミングは、まず日本に総合的品質管理（TQM）を根づかせ、それを全世界へと広めていきました。デミングの貢献は歴史的に重要であり、『USニューズ&ワールドリポート』などは〝歴史における隠れた9つの転換点〟のひとつに挙げているほどです（他には経口避妊薬や使徒パウロが挙げられています）。

統計学研究を50年以上続けたのち、デミングは次のように指摘しました。どんなプロセスにも必ず始まりと終わりがある。始まりから15パーセントのところまでに精力を注ぎ込み、（初期条件を）正しく整えてやれば、望む結果の少なくとも85パーセントは確実に達成される、と。つまり、何をするにせよ、**最初の15パーセントに集中すれば、残りの85パーセントはなんの努力もなしについてくる**わけです。

1分間ミリオネアの要諦《ようてい》はここにあります。われわれのシステムは、あなたの思考と行為に**小さな羽ばたき**を創り出します。**一度に1分ずつ。**これをプロセスの最初の15パーセントと考え、できるかぎり完璧な修得を心がけてください。一度身につけてしまえばこっちのものです。1回1分のわずかな調整を繰り返すことで、賢明なミリオネアになるプロセスはきっと加速されることでしょう。

賢明なミリオネアの羽に乗ろう

バタフライ効果については先ほども説明しました。そよ風に乗って舞う蝶々が、羽をわずかに動かすだけで、地球の裏側に巨大な変化がもたらされる。この貴重な科学的理論を利用すれば、あなたも一生のうちに、あっと驚くようなことを——もちろんミリオネアになることも——なし遂げられるでしょう。注意深く設計されたシステムを使い、1回60秒の行動を積み上げていけばいいのです。これら100万ドルの羽ばたきのひとつひとつを、われわれは〝ミリオネアの1分間〟と呼んでいます。

さあ、あなた自身の翼を羽ばたかせ、大空へ飛び立つ準備をしましょう。

羽ばたきその1　賢明なミリオネアになる決意

経済の先行きが不透明なこの時代でも、まわりをぐるりと見渡すと、びっくりするような富を堪能《たんのう》する人々は着実に増えています。一方、取り残された大多数は、テーブルからこぼれ落ちる食べかすを奪い合うようなありさま。お金持ちへの旅が始まるのは、自分の行く末が不足ではなく充足である、欠乏ではなく豊かさであると心に決めた瞬間です。1分もあれば、決心はできます。今、決心しましょう。

羽ばたきその2　賢明なミリオネアのアイデア

新しい製品や新しいサービスのアイデアを思いついたことはありませんか？　アイデアを思いついた直後、誰かに先を越されてしまったことは？　その誰かは〝あなたの〟アイデアで百万長者になったのです！

ほとんど毎日、あなたは100万ドルのアイデアを思いついています。今この瞬間も、あなたの脳裏には100万ドルのアイデアが漂っています。あとはただ、気づくだけでいいのです。あなたのアイデアとはどんなものでしょう？　それに気づいた瞬間のあなたは、もう1分間ミリオネアの仲間入りです。しかし、気づくだけでは充分ではありません。それを実行に移す必要があります。

羽ばたきその3　賢明なミリオネアのパターン

きょうは何度お金を遣いましたか？　3度？　4度？　5度？　お金持ちという人種は金銭のやりとりを一般人とは違う観点から見ています。独特なお金の遣い方のパターンを身につけていて、**どんな金銭取引に際しても、必ず1分の時間を余分に投資します。**この1分こそがお金持ちをお金持ちにするのです。前述のようにわれわれはこの1分を〝ミリオネアの1分間〟と呼んでいます。それで百万長者になれるのなら、あなたも余分な1分間を投資してみたいと思いませんか？

羽ばたきその4　賢明なミリオネアのテクニック

ミリオネアになるプロセス全体は、小さな1分間テクニックに分解することが可能です。本書では、100を超えるテクニックを伝授します。そう、あなたはその都度1分ずつミリオネアになっていくのです。

羽ばたきその5　賢明なミリオネアの分かれ目

誰もが、キャリアの途中ですべてが不安定な時期を——引き返したい誘惑に駆られるときを経験します。多くの場合それは、ひどい挫折やとんでもないへまのあとに訪れるものです。そしてこの瞬間こそ、ミリオネアになるかどうかの分かれ目なのです。あなたはその瞬間への備えができていますか？　分かれ目たる瞬間を迎えたときは、1分間じっくり考え、ひとつ深呼吸をして、もう1歩前へと踏み出してください。

羽ばたきその6　賢明なミリオネアの終着点

偉大な競技においては最後まで勝敗がもつれにもつれるものです。あと1ドルで目標達成、そんな最後の1分を迎えられたら、ものすごくエキサイティングだと思いませんか？

賢明なミリオネアの声明文

なぜ、〝賢明な方法〟で金を稼ぐことが重要なのでしょうか？　理由は、100万ドルが賢明な方法で生み出されると、その過程で世界がよりよい場所になるからです。

金儲けを目標のひとつとする賢明なミリオネアは、いろいろな意味でミツバチに似た働きをします。ミツバチの第1の目的は、ミツ作りのための材料を集めること。しかし、それを達成するプロセスでもっと大がかりな目的に組み込まれるのです。ミツバチが飛び回ると、その羽についた花粉が「針路に対して90度の方向」に振りまかれ、自力では移動できない植物のあいだで他家受粉が行なわれます。この他家受粉は、ハチミツ作りよりもはるかに重要な結果を——美しく豊かに咲き乱れる庭園を——生み出してくれます。

賢明なミリオネアはお金というミツを求めるミツバチです。100万ドルを得ようとして最大限の付加価値創出に努力しつづけることで、地球全体の生活水準を向上させているのです。この生活水準の向上も他家受粉と同じく、賢明なミリオネアの針路に対して90度の方向で発生します。

R・バックミンスター・フラーは、この現象を〝プリセッション〟と名づけました。何かがある目標へ向かって動いているとき、針路に対して90度の方向で起こる〝プリセッション〟的な事象は、当初の目標よりもはるかに重要な意味を持つというのです。

賢明なミリオネアはこのことを理解しています。誰もが勝者となれるように富を創造しなければならないと承知しています。何かに価値を付加しようと集中しているとき、〝プリセッション〟方向ではポジティブな事柄が発生します。

賢明なミリオネアがすべての〝プリセッション〟的事象を完全につかんでいるかというと、必ずしもそうではないでしょう。ただ**付加価値を最大にしようと努力していると予期しないポジティブな出来事が起こる**ということを、賢明なミリオネアは知っているだけなのです。

対照的に、賢明でないミリオネアは、価値を付加せずにお金だけを追い求めます（結果的に、勝者と敗者がくっきりと分かれます）。この場合、90度方向で起こるのはネガティブな事象です。つまり、賢明でないミリオネアが通ったあとには、お金持ちの流れは生み出されません。価値の付加がなければ、そこでお金の流れが止まってしまうからです。

端的に言うと、賢明なミリオネアが多ければ多いほど、この世界はよくなります。これからの10年間で新たに１００万人の百万長者が加わり、知識と現金という富を分かち合ってくれたら、１００万人分の〝プリセッション〟的相乗効果が生まれ、未来の世界経済は飛躍的によくなるに違いありません。

賢明なミリオネアをめざすと決意表明した人々に、道具と道案内を提供し、世界にポジティブな変化をもたらす……これこそがわれわれの使命なのです。使命が完遂《かんすい》されたあかつきには、数十億ドルの資金が人類の安寧《あんねい》と幸福のために注ぎ込まれることでしょう。

賢明なミリオネアのＤＮＡ

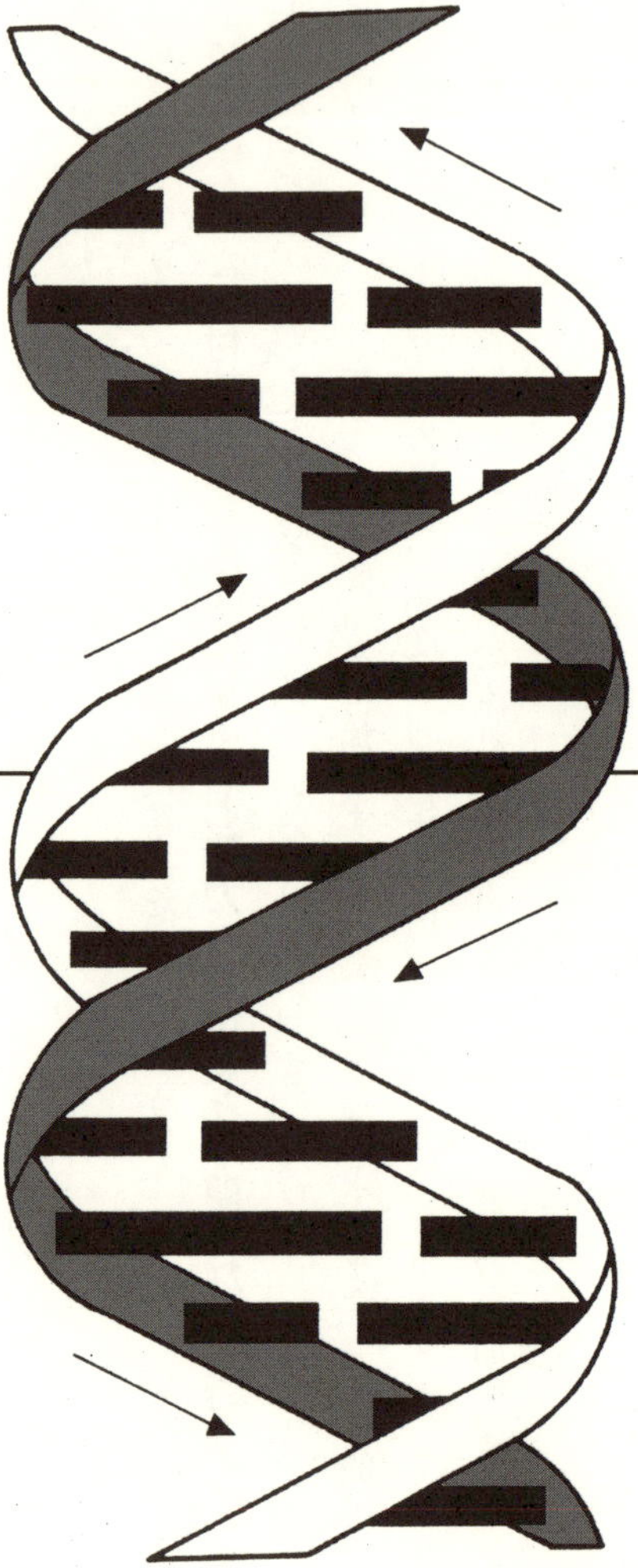

ポジティブなプリセッション

豊富

革新
慈善
一割寄贈
拡大
新しい機会
低い価格

利他主義

崇高
実現
歓喜
幸福
正直
無私無欲

ネガティブなプリセッション

不足

欠落
訴訟
欺瞞
縮小
言い争い
反目
高い価格

利己主義

私利私欲
不正直
下品
悲嘆
意気消沈
空虚
狭量

賢明なミリオネアの原理原則

われわれの常識では、すべての富には特権と責務がつきものです。特権のほうは枚挙にいとまがありません。金銭の自由、時間の自由、関係の自由、精神の自由、肉体の自由、そして究極の自由――自分だけにしかない天分を発見し開発する自由。賢明なミリオネアになるということは、自由に存在でき、自由に行動でき、（他人に対して無害かつ有益であるかぎり）自由に所有できるということなのです。

おあつらえむきの例は〈ニューマンズ・オウン〉社でしょう。１９８２年に同社を設立したのは、俳優のポール・ニューマンと、その旧友である作家のA・E・ホッチナー。同社のホームページwww.newmansown.comに記されているとおり、〝冗談から始まった事業が手に負えぬほど大きくなってしまった〟のです。

ニューマン家には、今では有名な〈オイル&ビネガー・サラダドレッシング〉を瓶詰めにし、クリスマス・プレゼントとして配るという習慣がありました。会社設立のきっかけは、家族にこれだけ評判がいいなら世間でも商品として通用するかも、という誰かのなにげないひと言。設立の際には、２つの原理原則が定められました。１　人工添加物と保存料は一切使用せず、最高の品質を追求すること。２　利益はすべて慈善事業に寄付すること。同社のウィットに富んだモットーは、〝公益を追求するためなら、恥も外聞もなく搾取《さくしゅ》する〟です。

事業はすぐさま成功を収めました。寄付金の額は初年度だけで１００万ドル以上。以来、同社はサラダドレッシング、パスタソース、サルサソース、ポップコーン、レモネード、アイスクリーム、ステーキソースにも生産ラインを広げ、１億２５００万ドル以上を数千の慈善活動――青少年育成、災害救援、環境保護、医療研究、低所得者向け住宅建設、飢餓救済、高齢者支援、芸術振興――に寄付してきました。これは賢明なミリオネアの理想的な実例であり、ビジネスと博愛主義の崇高なる組み合わせです。

賢明なミリオネアは富を追求する際、ある原理にのっとったアプローチを採用します。

ひとつ、害を及ぼさないこと。医学校の卒業時に唱えられるヒポクラテスの誓詞《せいし》と同様、賢明なミリオネアは富を構築する際に、他人を害したり他人から奪ったりするような活動は慎むと決意表明します。豊饒《ほうじょう》のみを創り出し、欠乏は創り出さない、と。言葉を換えれば、倫理的な、正直な、全員が勝者になれる方法を用いるということです。

ふたつ、向上を忘れないこと。賢明なミリオネアにとって富の創出とは、多くの人々の生活を改善させる楽しい作業です。目的どおり、他人を豊かにしながら自分自身も豊かになりましょう。

3つ、世話役の精神で行動すること。賢明なミリオネアは財政的恩恵を取り仕切る管理者であり、金銭面での成功による特権を享受しつつ、他人に富の恩恵を与えるための遺産も築き続けます。じっさい、賢明なミリオネアの多くが〝使命感〟を覚え、ひとつかそれ以上の社会的な運動を支援しているのです。個人資産の増大それ自体が目的では困ります。究極の目標は、価値ある社会的運動を支援するため、無尽蔵の基金を創り出すこと。あなたの富はあなただけのもの（私利）ではなく、多くの人々の生活に恩恵を与えるもの（無私）でもあるのです。この考えに共感して決意表明をしたのなら、まずは手始めに、最初の収入の最低10パーセントを寄付にあててください。

われわれは100万人のミリオネアに対し、まわりの人々の生活を向上させるため毎年年収の1割を地域社会に還元するよう奨励するつもりです。これが実現されれば、生み出された数十億ドルの資金が、人類の幸福の増進に集中投下されます。長いあいだ、われわれふたりは稼ぎの10パーセントを地域社会に献納してきました。くわしくはホームページwww.oneminutemillionaire.comをご覧ください。

賢明なミリオネアの決意表明◆はじめの1段

――確信をもって最初の1段をのぼれ。階段全体を見わたす必要はない。ただ、最初の1歩を踏み出すだけでいいのだ。マーティン・ルーサー・キング・ジュニア

あなたの現況がどうであれ、はじめの100万ドルを目指すのならば、はじめの1段は〝ミリオネアになるぞ〟という決意表明です。

真の決意表明には2つのものが必須です。ひとつめは〝願望〟。しかし、ここまで読み進めてきたという事実こそが、あなたが願望を持っている何よりの証拠でしょう。ふたつめは〝確信〟。確信なき決意表明に意味などありません。われわれはミリオネア養成用の道具とシステムを持っています。あなたはそのプロセスを信じる必要があります。

願望と、実証済みのわれわれのシステムに対する信頼があれば、おのずと決意表明をしたくなるはずです。賢明な1分間ミリオネアの階段を1段のぼるごとに、その思いは力強さを増していくことでしょう。

ストレス研究の第一人者ハンス・セリエは「人が最もストレスを感じるのはどんな状況ですか?」という質問に、いつも意外な答えを返していたそうです。「それは、信ずるものが何もない状況ですよ」

いいニュースがあります。あなたは、自分が賢明なミリオネアになれると信じなくてもかまいません。あなたに信じさせるのはわれわれの役目だからです。あなたに必要なのは願望と、本書で示される階段を黙ってのぼれるだけの確信。この2つが揃えばミリオネアへと続くレールに乗ったも同然です。

さあ、次のページの決意表明書に署名し、賢明なミリオネアになることを選択しましょう。

賢明なミリオネアの決意表明

わたくしはここに、賢明なミリオネアとなることを宣言いたします。金銭による苦しみから解放され、完璧な財政的自由を得て、それのもたらす生活を楽しみ、みずからの豊かさを他人と分かち合うことを誓います。

２００＿年＿＿月＿＿日

＿＿＿＿＿＿＿＿＿＿＿＿＿＿＿＿

署名者

◆これだけでは物足りないという人、もっと高らかに表明したいという人は、www.oneminutemillionaire.comでメンバー登録をしてください。あなたの大切な第１歩を記念し、決意表明証明書を電子メールでお送りします。手紙による決意表明は、One Minute Millionaire, P.O.Box 7665, Newport Beach, CA 92677で受け付けています。1－888－ONE－MILL（1－888－663－6455）に電話して決意表明したい旨を伝えてくださってもかまいません。

賢明なミリオネアの決意表明◆次の1段

――ソフトクリームをひと口なめてしまえばこっちのもの。全部たいらげるお墨付きを神様がくれたのも同然です。マーシャル・サーバー

おめでとうございます！　ここまで読み進めてきたということは、あなたが最初の1歩を踏み出して――ソフトクリームの最初のひと口をなめて――賢明なミリオネアへの最短ルートに乗ったということです。決意表明に魔法の効果を持たせるには、もうひとつ大切な要素があります。それは行動です。強い確信を持つことも重要ですが、実際のふるまいにつながらなければ意味がありません。

誰しもさまざまなこだわりを抱えています。自分自身、家族、仕事、友人、地域社会……。日々そういうこだわりに即してさまざまな行動をとっています。つまり**こだわりこそ行動の原動力**なのです。

１００万ドルを早く稼ぎ出すには、賢明なミリオネアになることにこだわって、その道を邁進《まいしん》しなくてはなりません。願望と行動のバランスがとれた完璧な状態――〝賢明なミリオネアの調和〟――を保って決然と突き進まなくてはなりません。そうなったとき、決意表明の魔法が効きはじめるのです。

まだそうなっていないなら、www.oneminutemillionaire.comでメンバー登録（無料）をしてください。決意表明をわれわれと分かち合うことで、あなたは大きな1歩を踏み出せるのです。1分間ミリオネアのメンバーになれば無料でオンライン・トレーニングが受けられます。さまざまなサポート用のエクササイズを用意してありますし、さらにメンバー登録した方には1分間ミリオネアの無料メール・マガジンをお送りします。この日刊メール・マガジンを読めばミリオネアの山を登る意欲が持続するはずです。

賢明なミリオネアになるための必要条件は揃っていますか？

いま活躍中の百万長者の習慣や習性を、あなた自身のものと比べてみませんか？　百万長者の“資質”があるかどうかを、簡単なオンライン・テストで試してみませんか？　本書を読んで興味を持った方は、www.oneminutemillionaire.comを訪れ、“賢明なミリオネアになるための必要条件は揃っていますか？”（Do you have the traits and habits that Millionaires have？）にログインして診断を受けてください。統計学的研究に裏付けられたこの診断は、実在する百万長者の習慣と習性のデータをもとに作成されています。

どうか質問には正直に答えてください。結果はすぐに出ます。賢明なミリオネアになれるかどうか、その可能性について判断を下すために、この診断は打ってつけの材料を提供してくれるはずです。

ワン・ミニッツ・ミリオネア

お金持ちになれる1分間の魔法

ミシェルの物語

――無一文から九〇日で一〇〇万ドル稼ぐ方法

あのとき、子どもたちが家の中にいなくてよかった、とミシェルは折りにふれて思った。留守番電話の赤いライトが点滅しているのに気づいて、夫ギデオンからの、少々帰宅が遅れるというメッセージを再生したときのことだ。子どもたちのために〝パフ・ザ・マジック・ドラゴン〟を歌う父親の朗らかな声をさえぎった耳ざわりな甲高《かんだか》いブレーキ音と、金属がぶつかり合う音と、車の衝突音は、ニッキーとハンナの耳に入らずにすんだ。子どもたちが裏庭で、ペットの一連隊と楽しげにじゃれ回っているあいだ、ミシェルはひとりキッチンで、何度も何度もメッセージを再生しては、ちがう結末があらわれますようにと祈りつづけたのだった。

後日、いかめしい顔の警察官が、帽子を握りしめながら語ったところによれば、車四台の玉突き事故で、死者は夫ひとりだったという。事故を引き起こした酔っぱらいは、一日だけ病院の厄介になったあと、ガールフレンドのもとへ飛んでいった。

コロラド州ディアクリークの町民ほとんどが、葬儀にやってきた。ミシェルの友人連中の手で、共同墓地から戻ったあと自宅で行なう通夜のしたくが整えられた。

今、ミシェルは居間の折りたたみ椅子に腰かけている。膝《ひざ》の上には、友人のサマーに渡されたまま手をつけていないスパニコピタ（注・ほうれん草やチーズのパイ包み）とフルーツサラダの皿。視線

実践篇

ミリオネアへの2つの道のり

ミリオネアの山には登頂ルートが2つある。長いルートと短いルートだ。まずは前者について話を進めよう。長いルートはより安全でより簡単。1日1ドル（ひと月30ドル）の少額投資で文字どおり百万長者になることができる。次ページの表①を見てほしい。

生きているあいだに百万長者になりたいなら、あなたは2つの必須条件を満たさなくてはならない。（1）税引き後の年利が10％以上の投資先（たとえば課税繰り延べができる個人退職勘定）を見つける能力と（2）そのプロセスを毎年持続できる規律正しさだ。

この世に生まれた日から仕事を辞める日まで、1日1ドルずつ蓄えたらどうなるかを次ページの表②にまとめてみた。

そう、充分な時間と適正な利率が与えられれば、1日1ドルの投資で億万長者にだってなれるわけだ。しかしこのルートはいかにも長く、ほとんどの人の希望にはそぐわない。**われわれの希望は〝手っ取り早く〟だ！**　そして、これから示すとおり手っ取り早い方法は存在する。とはいえ財産を促成栽培しながら、同時に長いルートを進んだとして、なんの不都合があるだろうか？　きょうから毎月いくらでもいいから貯蓄しなさい。簡単かつ明瞭な方法だ。短いルートで100万ドルにたどり着ければ、願ったりかなったり。しかし、たとえそれがだめでも、あなたは長いルートでミリオネアになれる。ここまでで何か質問は？

ミシェルの物語

を下に向けると、見渡すかぎり、名前も知らないあかの他人がひしめき合っている。やがて、こちらに歩いてくる男女の姿が、ゆっくりと像を結んだ。男は黒のスーツで固め、女はえくぼの刻まれた両膝を、黒の極薄ストッキングで包んでいる。夫の両親だ。

不承不承、ミシェルはまなざしを上げた。アンソニー・エリクセンは一八〇センチあまりで、夫人もそれにほんの数センチ足りないだけの長身。アンソニーの赤みがかったブロンドには、ほんの少しだけ灰色がまじっており、あまりにふさふさと豊かなので、ミシェルは植毛ではないかと疑った。両の瞳は、スイミングプールの青。ナタリーのほうも、目尻のしわと顔のたるみを取る美容整形術のおかげで、六〇歳とは思えない美貌を見せつけている。

夫の両親には昔から毛嫌いされていて、同じ態度を返すなというほうが無理な話だったが、ミシェルは家族のためを思って、できるかぎり礼を尽くしてきた。けれど今、こうして向かい合ってみると、ミシェルの心には哀れみの念がめばえた。なんといっても、ひとり息子に先立たれたのだ。

夫妻が目の前で立ち止まった。アンソニーは身動きもせず立っている。ナタリーが、誰かに監視されていないか確かめるようにあたりを見回す。何を言うべきかミシェルにはわからなかった。こういう場面では「残念です」と言っておけば無難だろうか。先方も同じ言葉をかけるつもりかもしれない。

そのとき、ナタリーが低い声で言った。「あなたがひとこと言ってくれれば、ニッキーとハンナに、父親のお葬式で着られるような、きちんとした服を買ってあげたのにねえ」

ミシェルは言葉を失った。子どもたちに目をやる。暖炉のそばのお気に入りの場所で、ニッキーがハンナの手を握っていた。けさがた、ニッキーは妹に「これからは、ぼくがパパのかわりになったげるよ」と言い聞かせたのだった。ハンナのあいているほうの手には、ムームーくんが抱かれている。ムームーくんは、ミシェルが妊娠中に、女の子が生まれますようにと願いながら鉤針《かぎばり》で編んだ、黄色

表①　1日わずか1ドルの投資が100万ドルに成長するまで	
利率	100万ドル到達の所要年数
3％	147年
5％	100年
10％	56年
15％	40年
20％	32年

表②　1日1ドルの投資を各種利率で66年間運用した結果		
	利率	総額（単位ドル）
たんす預金	0％	＄24,000
普通預金	3％	＄77,000
譲渡性預金（CD）	5％	＄193,000
社債	8％	＄1,000,000
成長型のオープンエンド型投資信託	10％	＄2,700,000
攻撃型かつ成長型のオープンエンド型投資信託	15％	＄50,000,000
不動産あるいは起業	20％	＄1,000,000,000 （億万長者！）

とピンクの毛布だ。

ニッキーは七歳のわりにおとなびていた。本の虫で、数学が大の得意で、きまじめ一歩手前の思慮深い性格。スポーツが好きで、なかでも野球がお気に入りだった。ハンナは五歳で、自分ではまだ、とび色の巻き毛と、輝くような白い肌の魅力に気づいていない。夫の家の血筋を濃く映した容貌だ。ミシェルの髪は茶色で、肌は褐色だった。

ハンナも兄と同じくらい利発だが、こちらは内気で恥ずかしがり屋。今はその内気さがミシェルにも感染していた。「わたし、いい母親のつもりです」

「どうだかわからんな」そう述べながらアンソニーの目は、ニッキーのおでこに貼られた小さな絆創《ばんそう》膏《こう》にそそがれていた。ほんの数日前、ファウルボールをキャッチしようとして、こしらえた傷だ。

「野球をしてたんです!」ミシェルはつい声を荒げた。ミシェル自身も救急処置室へ向かうあいだじゅう罪悪感にさいなまれ、自分をとがめていたし、今も心のどこかに後悔のしこりが残っていた……。

「手短にすませよう」アンソニーがきびきびと言った。「今さら隠してもしかたないが、きみは理想の嫁というわけではなかった」

〝あなたたちだって、理想の義父母じゃなかったわ〟ミシェルは内心思った。

「かねてからギデオンには、〈エリクセン木材〉を継がせるつもりだった……きみが入り込んでくるまでは。だが、その息子も世を去った」

先ほどからミシェルは泣くまいと必死でこらえていたが、努力むなしく涙が頬をつたった。膝にのせた皿から、ぶどうが何粒か、ころころと転がり落ちる。ミシェルは濃い紫のゆったりしたドレス、数少ない持ち合わせのドレスを手でさぐった。けれど、ポケットもティッシュも見当たらなかった。

「あの人、〈エリクセン木材〉なんて望んでいませんでした」か細い声で言う。

1日1ドル◆最初の100万ドルへの長いルート

あなたの現在位置がどこであれ、最初の100万ドルをつかむまでには4つのステップを踏まなければならない。

1　ミリオネアとなる覚悟を決める

この世には、富の蓄積など無価値な目的だと信じる人もいる。賢明なミリオネアへの旅を始める前に、自分の心構えに探りを入れてみよう。そして、信念と価値観を裏切らない方法で富を創り出すのだと確認しよう。

2　満ち足りた生活を楽しむ自分の姿を繰り返し想像してみる

夢のマイホームに住む自分、友だちや最愛の人との理想的な関係を楽しむ自分、他人にはない才能と素質で世界に貢献する自分などを脳裏に思い浮かべよう。自分が創り出せる財産と、財産を使ってできる善行を想像してみよう。信じればきっと見えてくる。

3　稼ぎより少なく遣う

でもその方法は？　まずは身を切ることだ。総収入から10％を天引きし、投資専用の口座に積み立てよう。借金をしないためにクレジットカードは1枚だけ。あとはすべてデビットカードに転換しよう。そし

「重要なのは、われわれに残されたものがひとつだけ、という点だ」アンソニーが切り返した。「たったひとつ。わが孫たちだ。そしてニッキーは、エリクセン家を継ぐ最後のひとりだ」

「どういうことでしょう？」

「今はあまり適当な時期ではないかもしれんが、この先、適当な時期などありはせんだろうからな」

アンソニーが無表情に言い放つ。いつの間にやら、音もなく、黒のスーツを着た白髪《しらが》まじりの男性がアンソニーの背後から現われ、書類の束をミシェルに手渡した。「ミセス・エリクセン、あなたに法的書類をお持ちしました」実務的な口調で言うと、すばやくミシェルのそばから離れる。

ミシェルは、書類をそうっとコーヒーテーブルの上に置いた。いちばん上に大きく記《しる》された〝エリクセン対エリクセン〟の文字が目に飛び込んでくる。しかし、頭がずきずき痛んで、法律用語どころか、何も読む気になれなかった。

「われわれは、子どもたちの親権を要求する」アンソニーが言った。

ギデオンの死から、十一カ月が過ぎていた。新しい年の八月上旬だった。

黒のウェイトレスの制服にレース飾りつきのエプロンをつけたミシェルは、黙々と、残っている客の前から食べ散らかされたサラダを下げてゆく。ミシェルは何枚もの皿を少しずつずらして腕に載せ、いちどきにたくさん運ぶのが得意だった。監督役のセーラも、のみこみが早いと言ってくれた。けれどミシェルは、ほめられても少しも嬉しくなかった。

厨房《ちゅうぼう》に戻り、腕に載せた荷物を下ろす。がっしりした体格の親分格のセーラが、次の皿を並べるように命じる。

て手もとに残った額の範囲内で生活しよう。

4　差額を投資する

天引きした10％の余剰金を、年利10％以上が見込める投資に注ぎ込もう。１日１ドルの投資を年利10％で運用すると、56年で１００万ドルに到達する。言葉を換えれば１日わずか１ドル――ひと月30ドル――を投資するだけで、誰でも百万長者になれるわけだ。もっと期間を短縮したいなら、もっと投資額を増やすか、もっとハイリターンの投資先を見つければいい。

そう、あなたも１分間ミリオネアになれる。

◆覚悟するのに１分
◆想像するのに１分
◆貯金するのに１分
◆投資するのに１分

１日１ドル――各ステップ１分――で、あなたは目標に到達できる。ゆっくりと、しかし確実に。

さあ、次はお待ちかねの手っ取り早い方法を……。

ミシェルの物語

「席のようすはどうだい？」ジェレミーが訊いてきた。

「だいじょうぶ」きつい声が出た。昔のミシェルならきつい声を出したりはしなかった。今は、出す。

「あんた、落ち着きなさいよ」デルフィーンが言う。

ジェレミーとデルフィーン。ミシェルの同僚にして、今の生活においては負け犬仲間。

ジェレミー・カヴァリエリは、アラパホ族の母から高い頬骨と高い鼻梁《びりょう》をゆずり受け、イタリア人の父から巻き毛の黒髪を受け継いでいた。聞いたところでは、コンピュータ・コンサルティング会社の運営で成功をおさめたが、ギャンブル中毒がもとですべてを、家族までも失ったという話だった。

デルフィーン・デュプレは、ミシェルのルームメイトでもあり、ここ、〈マリポーサ・プラザ〉ホテルのレストランでの勤務中、気抜な化粧と派手なヘアスタイルで人目をひきたがる癖があった。ミシェルといっしょに借りている住まいは、みすぼらしい集合住宅の、寝室がひとつしかないアパートで、食器洗浄機は動いたためしがなく、庭のプールは濁った溜め池と化して久しい。デルフィーンが学習障害の娘とふたりで寝室を使い、ミシェルは居間の折り畳みソファに寝ていた。

「今夜はどんな団体が来てるんだい？」ジェレミーが訊ねた。

「金持ちが山ほど」ミシェルはつけつけと答えた。

「ＥＭＣって団体よ」セーラの答えはもっと具体的だった。「賢明なミリオネアの会の略だってさ。自力で百万長者になった人たちのネットワーク活動グループで、うちのホテルにとっちゃ上客だから、相応のおもてなしをするようにね。さ、ここをおん出て、お客さんが飲み物のお代わりをほしがってないか、見ておいで」

厨房はむっとするような暑さで、ミシェルはどこかへ逃げ出したいと心底願った。けれど、無理な話だった。これが自分の人生だから。

あなたのミリオネアの山を選ぼう◆短いルート

お金という広大な世界にあっても、ミリオネアへ続く幹線は4つしかない。あなたの経歴がどうであれ、どれかひとつの分野を学んで極めればいいわけだ。

1　投資――株や債券や譲渡性預金証書を積み上げる。
2　不動産――土地建物を所有する。
3　起業《ビジネス》――製品やサービスやアイデアを市場で売る。
4　インターネット――さまざまな可能性を広げる。

われわれはこの図を**〝長者連峰〟**と呼んでいる。各山頂へ至るルートは多種多様。財貨創出のためのモデルについては追々紹介していく予定だが、まずここでは、100万ドルという目標達成のためにこの4つを組み合わせる必要が出てくる、ということだけを心に留めてほしい。

たとえば、家庭でできるビジネスを立ち上げ、ひと財産作ったと仮定してみよう。そういう状況下でも、余剰の現金を株式市場に投資する、あるいはもう少しリスクの低い金融商品に投資する、といった別の山での行動が必要となる。ビジネスを拡大する際には間違いなく不動産の購入も迫られるだろう。そんなとき、たとえば小売価格ではなく卸売価格で購入できれば、あなたは巨額の差益を手にできる。

ミシェルの物語

人生の残りかす。

昔はなんと恵まれていたことだろう。自分では、与えられたもののありがたさをわかっているつもりだったが、そうではなかった。これは神の試練だろうか？　今でも神を信じる気持ちに変わりはないが、もしほんとうに神が存在するのなら、出てきて説明してほしかった。

この二カ月のあいだにミシェルは家を失い、車を失い、子どもたちを失った。子どもたちの親権は暫定的《ざんていてき》に祖父母にゆだねられた。思えば、最初にエリクセン夫妻から召喚状を手渡されたとき、厄介ごとが起きそうな予感はしたのだが、まさか子どもを手放すはめになるとは思ってもみなかった。義父母を甘く見すぎたのだ。

あの日、ディアクリークの家を発ってからの数時間は、忘れようにも忘れられない。子どもたちを連れて、おんぼろのバンでワイオミング州のジニー叔母の家へ向かう道中、ふいに襲ってきたパニックの波。州境を越えてしばらくしたとき、バックミラーに映った、まばゆいパトカーのライト。州警察官は、事務的な口調で言い放った。「保護命令により、あなたがお子さんたちをコロラド州外へ連れ出すことは禁じられています」バンの側面に押しつけられたときの、冷たい金属の感触。

ワイオミング州警察のパトカーは、六十五キロ以上にわたって、ミシェルのバンを尾行していたのだった。アンソニー・エリクセンの差し金だ。

逮捕のあと、ミシェルは誓約書への署名とひきかえに釈放された。当然だ。エリクセン夫妻の望みはミシェルを町から追い出すことだけなのだから。

予審で顔を合わせたペドローニ判事は、理性ある人物と見受けられた。なのになぜこの人が、次々と現われてはミシェルの母親失格ぶりをまことしやかに申したてる連中に、まんまとだまされてしまうのか、ミシェルには納得できなかった。ニッキーが工具キットをねだったとき、ミシェルが平手打

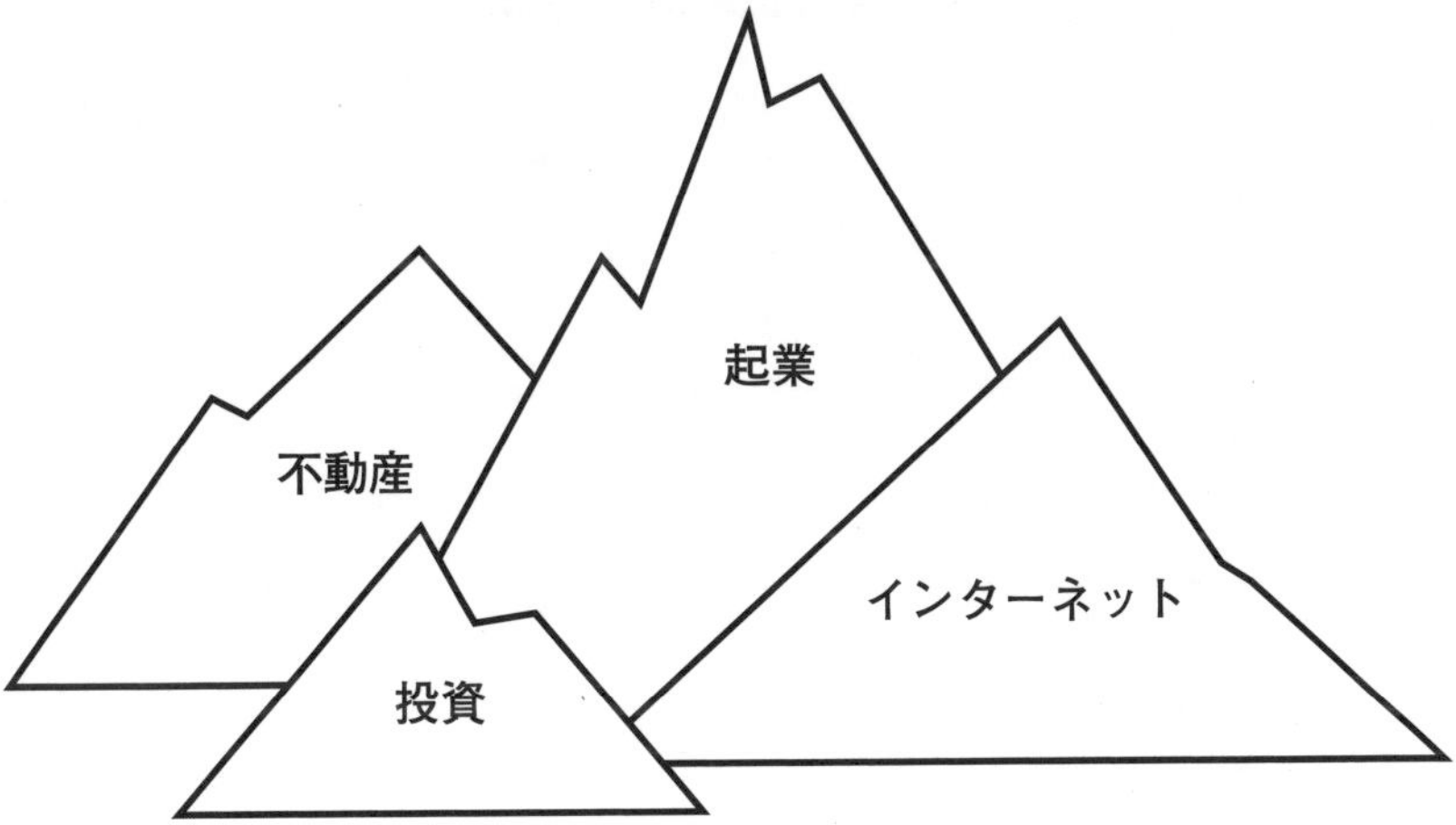

とりあえず今は４つの大きな山に注目し、最初の〝腹の据わった〟決断をしよう。そう、ひとつの山を選ぶのだ。

あなたにとっては主要投資媒体となるのだから、自分の**直観**を信じるといい。もし、あなたが「マネー大学」に入学したとしたら、４つの山のうちどれを〝専攻科目〟にするか？　どれを〝副専攻科目〟にするか？　どの山にいちばん興味を感じるか？　どの山にいちばん恐怖を感じるか？

今から5年後を想像し、次の４つのせりふを口にしてみよう。

「わたしは不動産で財をなしたんですよ」
「わたしは株式投資で財をなしたんですよ」
「わたしは起業で財をなしたんですよ」
「わたしはインターネットで財をなしたんですよ」

あなたには、どのせりふがいちばん似合うだろうか？

ちをくらわせたと証言した地元の金物屋の主人。近所の家で仕事をしたとき、何度となく家の中から悲鳴が聞こえてきたと申し立てた庭師。通夜の席での子どもたちのみすぼらしい身なりと、ニッキーのおでこに貼られた絆創膏について私見を述べた、エリクセン夫妻と懇意の医師。

「豚小屋なみの住まいですよ」嫌悪に顔をしかめながら語ったのは、エリクセン家の家政婦だ。かねてから義母はいかにも親切げに、家政婦をせめて一日手伝いによこそうと申し出ていた。一度だけ、ミシェルもそれを受け入れた。母の日の前週だったので、夫のギデオンは真心からのプレゼントだと信じて疑わなかった。

「動物のふんが、そこらじゅうに落ちてるんでございます」家政婦は、家族が飼っているペットの数をひどく誇張して述べた。「吐き気がしました」

ミシェルの友人たちは法廷で最善を尽くしてくれたが、人数が少なすぎたし、証拠原則に支配される法律制度のややこしさはといえば、ＩＱが一五〇以上なければとても理解できまいと思われるほどだった。友人たちがいくら言葉を尽くして、ミシェルのボランティア活動や、子どもたちの学校生活をつぶさに見守るようすや、愛にあふれた夫婦関係を述べても、とらえどころのない専門用語が並んだ記録文書に打ち負かされてしまう。一方で、エリクセン側の心理学者は、ハンナがムームーくんに執着するのは、故意の虐待が継続的に行なわれている何よりの証拠だなどと述べるのだった。

予審手続きの渦中にあってさえ、ミシェルはまだ、子どもたちへの訪問まで禁じられるとは思ってもみなかった。弁護士から、訪問の際に監視官がつくと聞いただけで、わが耳を疑ったほどだ。しかし、ペドローニ判事は例の〝誘拐〟未遂を、ミシェルが信頼できない証拠だと断じた。そして、まだ日程が出てもいない公判が始まるまで、暫時の親権を祖父母に与えるという裁定を下した。アンソニー・エリクセンが手を回して、法律手続きをわざとゆっくり進行させているのかと勘繰らずにはいら

！富を生む24の法則

世界がどう動いているかを理解するのに、〃**法則**〃は単純ながらも説得力あるモデルとなるだろう。法則は――誰がどこでいつ使おうと――毎回同じ結果を弾き出す。法則はあなたの意図を行動に直結させる。重力も法則のひとつだ。朝目ざめてベッドから出るとき、誰も足の動きで悩んだりしない。両足は天井へは向かわず、自然と床に降りてくれる。同様に2×2はつねに4。けっして5にはならない。法則はすり減ったり、錆びついたり、へたばったりしない。法則は永遠の命を持つ。法則は時間とも疲労とも縁がない。法則には使いすぎの心配もない。人生とは法則を――何が何にどう効くかを――見つけるプロセスそのものだ。迅速な前進を望むなら、法則と戦うのではなく、**法則に乗る**必要がある。次の言葉を大声で言ってほしい。

「わたしは効果ある法則を発見し、その法則を働かせます。わたしは自分の人生と自分の世界を向上させるため、既知の情報と相互適応する新しい法則をいつまでも学びつづけます。法則が明らかになったときは、いそいそと記録し、実際に使用し、他者と共有します。疑問の余地なく法則は目的達成への最速の道です」

現在わかっている〃**富の法則**〃**は24**。われわれはそれらをミリオネアの〃きらめき〃と呼んでいる。

れなかったが、もはや闘う気力は残っていなかった。

夫と始めた雑貨店は暗礁に乗り上げ、抵当に入れてあった家は取り上げられてしまった。そして事故を起こしたドライバーも、夫ギデオンも保険に入っていなかった。

数カ月にわたって、子どもたちにごく近い場所で、しかし近づくことを許されない生活を送るうち、ミシェルはずぶずぶと絶望の淵に沈んでいった。クリスマスが、その限界点だった。二週間後、ミシェルはディアクリークから車で三〇分のところにある人口三〇万の町、リヴァーデールに引っ越した。引っ越せば、根深い心の痛みがまぎれて行動を起こす気になるだろうし、そうしたら目の前に迫った親権争いに意識を向けられるかもしれないと期待したのだが、じつのところは、悲しみに加えて怒りをつのらせる自分に気づいただけだった。

憤懣《ふんまん》と苦悩、屈辱の苦い種子は、やがて巨木へと育った。ミシェルは新しい友人をつくろうとせず、旧友との電話は手短に切り上げ、会おうともしなくなった。男性もめったに誘いをかけてこなかった。ジェレミーは例外だったが、たとえデートを申し込まれても、ミシェルの返事は相手に再挑戦を思い立たせないほど手きびしいものだった。

職場の同僚デルフィーンは、ミシェルが心を許せる数少ない——ただひとりの、かもしれない——人間だった。デルフィーン自身が娘のことで悩んでいるせいもあるだろう。しかし、デルフィーンと同居する第一の理由は倹約のためだった。新たに弁護士を雇いたいが、そのためには金がいる。ソファに寝ることで家賃の分担は三分の一ですんでいるのに、暮らしはかつかつだった。給料から差し引かれる額が大きいからだ。ホテルは健康保険料の天引きをやめようとせず、いくらミシェルが健康とひきかえに差額の支給を望んでも、むだだった。

ミシェルはEMCのテーブルを回った。「ワインのおかわりはいかがですか?」

！ 第1の〝きらめき〟誰もが具現《マニフェスト》する

――樹木にとって最も大切なものは何かと問うたら、それは果実だと誰もが答えるだろう。しかし実際には種なのだ。フリードリッヒ・ヴィルヘルム・ニーチェ

まわりを見渡してみよう。目に映るものはどれもこれも、誰かの思考に端を発しているはずだ。あなたが座っている椅子、仕事をしているテーブル、運転している車、住んでいる家、着ている服、観ているテレビ……。はじめに思考があり、次に事物――無から生まれた有――がある。見よ！ すべては思考から始まるのだ。

〝思考を事物に変換する（現実化する）〟を意味する英語の動詞は〝manifest〟であり、〝目に見える〟を意味する中世英語〝manifestus〟と〝手〟を意味するラテン語〝manus〟を語源とする。じっさい、なんらかの対象物を具現したいとき、あなたは頭の中で〝目に見えない〟カーテンを〝手〟で開き、想像の世界から現実の世界へと望みのものをひっぱり出してくるのだ。

あなたはまず事物について考え、それから具現する。あなたは事物に〝形を与える〟。あなたは事物の姿をあらわにさせる。

この世では、誰もが具現する。潤沢《じゅんたく》を具現する人もいれば、欠乏を具現する人もいる。望みのものが手に入っていないなら、自分の思考をよく吟味してみることだ。「どうやってこの状態を具現したのか？」と自分自身に問いかけよう。

ミシェルの物語

「けっこう」客は片手でグラスにふたをした。

ミシェルの耳に、ナスダックや日経、株価収益率や新規株式公開に関する会話の断片が飛び込んできた。〝金持ち連中だ〟……義父の顔を思い浮かべると、手にしたワインボトルがふるえた。

テーブルのいちばん端に、ぱっと目をひきつける黒人の女性がいた。青地に金色の縞《しま》をあしらったアフリカ風のゆるやかなローブが、まるで魔法使いの衣のようだ。黒のスーツに身を固め暖炉の炎に金の装身具をちかりと光らせるといった、高価ではあっても慎ましやかな服装の一群のなかで、彼女のいでたちはいやがうえにも目立っていた。

ミシェルはその女性の皿に手をのばしながら、眉をつり上げた。うわのそらでうなずく相手。ミシェルは皿をとったものの、その場から立ち去りがたくてぐずぐずしていた。女性はオレンジとサンダルウッドの香りがした。

厨房まで来たミシェルは両手がいっぱいなので、お尻で扉を押しあけようと後ろを向いた。テーブルの端に陣取っていた色白で痩《や》せぎすの女性が立ち上がり、グループに語りかけようとしている。

「皆さん、サマンサ・マンロー女史はご存じですね。早く話を聞きたいでしょうから、紹介は手短にしておきます」

発言者が黒人の女性のことを指しているのだと、ミシェルにはすぐさまわかった。ぜひ話を聞いてみたい。くだんの女性は枯草のなかに咲いた南国の花のように華やかで、その外見が、内面からにじみ出るものを映しているのだということが、ミシェルにはなぜかわかった。

話を短くすませると請け合う人間のご多分にもれず、発言者はえんえん話し続けた。ミシェルは勇気をふりしぼって扉の前でねばったが、もし厨房から誰か出てきて鉢合わせし、食器を落とすはめにでもなったらどうしようと気が気でなかった。聞けばサマンサ・マンローは三カ月のケニア滞在から

あなたという存在は、自分が植えて育てた思考の果実だ。もっといい収穫を望むなら、もっといい思考を植える必要がある。りんごの種から桃の木が生えないように、お粗末な思考から繁栄は生まれない。どんぐりが必ず樫《かし》の木となるように、**あなたの脳裏のイメージがあなたの現実となる。**

思考は実在だ。あらゆる思考は結実する。家賃なしであなたの頭に住み着いている思考などひとつもない。どの思考も、人生という池に落とされた小石であり、現実という波紋を広げていく。思考が真剣であればあるほど、結果は力強さを増す。怒れる思考は電波のように伝わる。まわりの人々に感じとられ、まわりの動物たちに嗅《か》ぎとられ、あなたを取り巻くエネルギーシステム全体に感染する。だから、悪影響を及ぼす思考は除去する必要がある。

前向きな思考を真剣に巡らせよう。熱烈なイメージを奔放に育てよう。心地よい言葉だけを、絶えず自分にささやきかけよう。楽しさで心を満たそう。実行するのは今！　そうすれば、世界を見るあなたの目は彩《いろど》りを増すだろう。望ましい世界を実現するために必要な資源も、磁石に吸い寄せられるように、あなたのもとへと惹《ひ》きつけられてくるだろう。

思考から具現されたものは、それぞれが誰かに富をもたらしている。あなたのまわりにはその証拠がいくらでもある。座っている椅子、仕事をしているテーブル、運転している車、住んでいる家、着ている服、観ているテレビ……。あなたの視線が動く先――あなたの目に映るすべてのものが、誰かに巨万の富をもたらしたか、あるいは今ももたらしているのだ。１００万ドルを現実のものとする賢明な手法は数百万通りある。われわれはそのためのコーチになりたいと思っている。あなたが将来の経済状況を変えるつもりなら、その手伝いをしたいと思っている。ともに力を合わせれば、われわれは世界経済の未来さえ変えられるはずだ。

戻ったばかりだという。ＥＭＣの創立メンバーで、億万長者らしい。不動産で富を築き、複数のビジネスを運営し、著書も二冊あるという。

とうとうミシェルはお尻で扉を押しあけた。

デルフィーンがすばやくミシェルの皿を取りあげる。「捜索隊を出そうかと思ったわよ」

「わたし……何だか……話がおもしろそうだと思って」ミシェルはおずおずと答えた。

ジェレミーとデルフィーンが顔を見合わせた。「聞いてきなさいよ」とデルフィーン。「ここは、あたしたちでなんとかするから」

ミシェルはおじけづいた。自分は下っ端のウェイトレスに過ぎない。けれど黒の制服のおかげで、どうにか目立たずにいられる。両開き扉の脇で椅子に腰かけ、料理や飲み物の追加がないか目を配っているようなふりを取り繕った。しかし、膝の上でつつましく両手を組み、足首を組んでいても、サマンサのまなざしがまっすぐこちらにそそがれているような気がした。ミシェルは顎を上げた。

立ち上がって背後から炎に照らされたサマンサは、先ほどにも増してあたりを払う存在感を放っていた。思ったより長身で、年齢不詳の美しさを誇る堂々たる女性。伝統的なロングドレスも、彫像めいた体の曲線を隠せはしない。細かいビーズらしきものを何千個もきっちりと編み込んだ豊かな髪が、スカーフの下から滝のように流れ落ちている。

「みんな、今夜は集まってくれて嬉しいわ。手をつないでもらえる？」その声は力強いコントラルトだった。威厳がありながら柔らかで、まるでサキソフォンのよう。全員が要請に応じた。自信たっぷりの百万長者たちのなかにあっても、サマンサは天性のリーダーだった。仲間と手をつないだとき、

第2の〝きらめき〟
ある、やる、得る

思考のごとく速く飛びたいなら、
どこへでも飛んでいきたいなら、
まずは理解することだ、
すでに到達していると。
『かもめのジョナサン』リチャード・バック

本書の主な目的は、あなたの純資産に１００万ドルを加えることだ。しかし、この目標へ賢明な方法で到達するには、３つのステップを順番どおりに進んでいかなくてはならない。その3ステップとは、

もちろん、賢明なミリオネアとなるには、大好きなことを〝やり〟、それに大きな価値を付加し、梃子《てこ》効果を適用（くわしい説明はのちほど）する必要がある。この〝やる〟段階は重要だが、優先順位の第１位ではない。〝ある〟が先なのだ。あなたはまず賢明なミリオネアで〝あら〟ねばならない。

ミシェルの物語

その一〇本の指にいくつも金細工の指輪がはまっているのが見えた。

「わたしたちは恵まれている……この恵みをもとに、ほかの人々に恵みを与えましょう」サマンサは簡潔に述べた。両隣にいるふたりの手を放す。テーブルのいたるところで人の鎖が解かれたが、ミシェルにはまだ人々をつなぐエネルギーの存在が感じられた。

「今夜は、やるべき仕事がふたつあるの。ひとつは、ミリオネア宣言（P20）の最新版をみんなに伝えること。先月のミーティングで、ハワードとわたしは宣言を刷新しようという申し出を受け入れた」サマンサは右側に座った紳士にうなずいてみせた。「ちょうど草稿を作ったところだから、みんなに読んでもらって感想を聞きたいの」

　出席者全員に一枚ずつ紙を配りながら、サマンサは続けた。

「何年か前のEMC創立に居合わせなかった人のために言っておくと、わたしたちは、ほかの事業グループとはちがうものを創り出したかった。まず、構成メンバーが単なる百万長者ではなくて、世界に対して前向きな貢献を果たしている百万長者であること。わたしたちは、成功を収めたうえで、さらなる高みをめざす人を後押ししたかった。雑誌の記事になるような型どおりの百万長者と一線を画すために。そして倫理や、高潔さや、誠実さに重きを置くためにね。だからこそ、賢明なミリオネアの会（EMC）と名乗っているのよ。次に、この会を最大の指揮力を誇るグループにしたいと願った。お互いのコネクションを活かして、大々的にネットワークを広げるために。〝大切なのは何を知っているかではなく、誰を知っているかだ〟というのは真実だわ。そして、ここにいるメンバーほど〝コネのある〟人たちはいない。というわけで〝急成長する指揮コネクション《エクスポネンシャル・マスターマインディング・コネクションズ》〟が、もうひとつの目標となったの。最後に、〝賢明《エンライトンド》〟で〝コネがある《コネクテッド》〟だけじゃなくて、〝複数《マルティプル》の収入の流れ〟も求められた。こうしてわたしたちの三つの目標が、EMCの頭文字になったの」

賢明なミリオネアは次の2点を理解して行動する。

1　他者を向上させると豊かさが生まれる。

2　何かを得るのは、主にもっと多くを他者に与えるためである。

賢明なミリオネアにとって何よりも大切なのは与えることだ。得ることにそれほど意味はない。この世には〝豊かさの泉〟が存在し、これらの〝与えの泉〟を通じて、こんこんと富を湧き出させている。賢明なミリオネアが〝与える〟のは、それが賢明なミリオネアの本質を具現する最高の方法だからだ。これは〝ある〟に属する問題と言っていい。

あなたは何かを〝やる〟前に、賢明なミリオネアで〝あら〟ねばならない。この〝ある〟の宇宙に軸足を据えて、あなたは必要なことを〝やり〟、可能なかぎりの価値を世界に付加するのだ。あなたが賢明なミリオネアで〝ある〟ことは、結果的に、あなたのふるまいを、あるいは〝やる〟ことを、どんな状況下でも適切なものにしてくれる。

仮に、〝やる〟と〝やらない〟の組み合わせだけで、100万ドル創出を達成できるとしよう。その場合、いくら目的を果たしても、あなたはすばらしい経験をしそこなうことになる。すばらしい経験とは、賢明なミリオネアとして価値を付加することから生まれる平和と感謝と富の実感。そして現世で最も大きな喜び、すなわち、〝豊かさの海〟に触れる愉悦《ゆえつ》だ。

〝ある〟と〝やる〟が揃って正しいとき、あなたは望む結果を〝得る〟ことができる。どんなどでかい夢にも出てこないほどの富を得ることができるのだ。

ミシェルの物語

サマンサの右側にいる紳士、ハワードが口を開いた。「もうひとつ、EMCを考えついたんだよ。〝みんなで金を儲ける《エヴリワン・メイクス・キャッシュ》〟さ。だけどサマンサに却下された」

サマンサはおどけて相棒をにらみつけ、くすくす笑いを誘った。そして先を続けた。

「所信表明を〝宣言《マニフェストー》〟と名づけたのは、この言葉が〝具現《マニフェスト》〟を語源としているからなの。人生なにごとも、自分が〝具現〟（P45）した結果でしょう。わたしたちが具現したいのは、自分自身と、宇宙船地球号に乗り合わせたなるべく多くの人々に行き渡るだけの富《とみ》。

富について考えるとき、わたしはミツバチ（P20）を思い浮かべるの。花から花へ飛び回って、ミツを集めるハチ。ハチは使命を負っている。ミツを集めて巣に持ち帰る、という使命。それだけで立派な仕事だわ。でも同時に、そのハチは庭全体に授粉を行なっている。これぞ起業家のやりかたよ。お金を儲けながら、そのプロセスにおいて新事業や新製品や、たくさんの変革を生み出していく」

「このビジネスに関わる人間は、みなミツバチだよ」サスペンダーをつけた白髪まじりの男性がくすくすと笑った。

「そのとおりよ」サマンサはうなずいてみせた。「ハチの場合は偶然。わたしたちは意図をもってやっている。だって、みんなわかっているでしょうけど、富の最終目的は、他人を助けることだから」

ミシェルはぽかんと口をあけた。サマンサに目を向ける。まるで暖炉の炎が頭から立ちのぼっているようだ。生まれ変わった不死鳥さながらの姿。室内から、ほかのものはすべてかき消えた。ミシェルは義父母を思い浮かべた。富や権力をいいことに人の生活を踏みにじった彼らを、どれだけ憎んだだろう。富は邪悪なものだ、とミシェルは信じてきた。夫とふたり、物質主義におぼれないことを誇りに思っていたし、夫はけっして父親と同じ轍《てつ》を踏まないよう努力していた。だからいつまでたっても生活は苦しかった。なのに最後には、自分たちのみならず子どもたちまでも傷つけてしまった。

！第3の"きらめき"線より上で生きよ

思いどおりに事が運ばないとき、多くの人は他人に責任を転嫁しようとする。そうすることで、われわれは絶好の学習の機会を失ってしまう。

世界は、失敗から得られる教訓によって進化している。**他人に責任を転嫁するというのは、その他人に状況決定の力を与えるのと同じことだ。**たとえば、「事前の打合わせどおりに部下が動いていたら、こんなことには絶対ならなかったよ」とわれわれが言ったとする。いくらそのとおりだとしても、これでは部下がすべてを左右する主人公となり、脇役であるわれわれは、貴重な経験から多くを学びとることはできない。

責任転嫁の罠を避けられたとしても、今度は自己正当化が手ぐすねを引いて待ち受けている。「疲れて集中力をそがれなければ、きょうのプロジェクトはきちんとやり遂げられたんだ。なにせ徹夜で飛び回っていたから」この発言も、責任転嫁の一種でしかない。他人ではなく環境に責めを負わせているのだ。繰り返すが、いくら正当化に理があっても、経験から学ぶ最善の機会を失うことに変わりはない。

責任転嫁と正当化をすり抜けても、学習に最適な場所まではまだ遠い。次には、羞恥心——自責の念——が待ち受けている。「こんなへまをやらかすなんて、おれは世界一の大馬鹿者だ！」他人や環境の代わりに自分自身を責めるだけでは、やはり失敗から学ぶ機会は細ってしまう。

では、人生経験を見晴らすのに最適な場所とはどこなのだろうか？　それは、自己責任という場所——線より上の場所だ。

ミシェルの物語

自分たちは義父母を間違った理由で悪者扱いしていた。今この個室に集まっているのは、別のたぐいの百万長者らしい。もしも真っ当で思いやり深く、未来を見据えた金儲けの方法があるとしたら？　もし自分が世界一の弁護士を雇って、子どもたちを取り返すだけの金を手にできるとしたら？　ほぼ一年ぶりに希望の火花が身の内ではじけた。

ミシェルははっと物思いからさめた。サマンサの言葉をいくつか聞き逃してしまったようだ。二度とそんな過ちはしでかすまい。

「ハワードと作業を進めるうちに、すばらしいアイデアが浮かんだの」ひと呼吸置いたサマンサは、ほんのかすかに頭を動かすだけで、着席している全員と目を合わせたかのようだった。「紳士淑女のみなさん、ここに〝賢明なミリオネア育成マニュアル〟を発表いたします」

好奇のざわめき。

「今さら言うまでもないけれど、わたしは遠慮とは縁のない人間よ。賢明なミリオネアになる方法をマニュアルにまとめてみたの。きっとみんな、自分がどうやって百万長者になったか、考えてみたことがあるでしょう。何年か前から、わたしは自分自身が金銭的成功を収めるに至った法則をリストにしてきた。それをつい最近、一冊の本にまとめたの。誰でも手にとって、金銭的自由をつかむテキストとして使えるように」

〝もっと前にそういうものがあればよかったのに〟ミシェルは思った。

「この本をもとに一〇〇万人のミリオネアを生み出したいの」

ミシェルは体をのりだした。

「わたしなりの還元のつもりよ。そこにいるマークが教えてくれたんだけど」サマンサが奥手にいる背の高いブロンドの男性に目をやった。「アイデア一割献納《けんのう》——確かそんな名前だったわね？」

（経験から学ぶ）

LEARN
BLAME

（責任を転嫁する）

自己責任といっても、起こったことすべてに責任をとるのは無理だろう。しかしながら、世界を最適な場所から見晴らそうという気持ちが強ければ強いほど、人生の手綱はさばきやすくなる。〝線より上〟で行動すれば、われわれひとりひとりが、自分の存在に対して最適な制御、指示、命令を行なえる。この絶好の見晴台にいれば、それぞれの行為（ないしは不作為）に〝自由意志〟を読みとり、それぞれの状況から可能なかぎり多くを学ぶことができる。

人生とは選択の連続だ。賢明なミリオネアは〝線より上〟で学んだものを大切にする。賢明なミリオネアはそれぞれの状況から最大限の教訓を学びとる。その結果、次に行なう選択はより賢明なものとなるのだ。すべてを〝線より上〟から眺めるようにしよう。それが賢明なミリオネアのありようなのだ。

！第4の〝きらめき〟豊かさこそ自然な状態

――潤沢の中より潤沢を選り出せば、残るもまた潤沢なり。『ウパニシャッド』

われわれの住む世界は基本的に豊かである。欠乏はわれわれの頭の中に

「そのとおり」とマーク。「もてる最高のアイデアを世界に伝えるという意味だ。アーヴィング・バーリンが最高傑作『ゴッド・ブレス・アメリカ』の著作権を、ボーイスカウトとガールスカウトに与えたように。おかげで今までに五〇万ドル以上の楽曲使用料が、子どもたちに支払われた」

「だから、このマニュアルがわたしから世界への贈り物なの。収益はすべて、わたしの慈善基金に入る。二〇年以上にわたる試行錯誤の集大成よ。わたし自身が出発したとき、教えてもらいたかった近道がここにある」

「刷り見本をもらえるかしら？」サマンサを紹介した女性が訊ねた。

「もちろん。ただし条件がひとつ。何人か……言葉は悪いけれど、実験台を探してもらいたいの。この本の内容を実践できる人。たとえば家族の誰かで、お金を稼ぐよりも使うほうが得意な人とか……」

これを聞いて、ミシェルは知らず知らず椅子から腰を浮かせた。小さな思いつきがまるで卵の殻を内側から破ろうとするひなどりのように、身の内をつついていた。

「ミシェル」誰かが背後からささやいた。

ミシェルは思わず飛び上がった。

ジェレミーが扉の隙間からこちらをのぞいている。「セーラ親分が戦闘体勢に入ったよ」

「わかった」シンデレラの居場所は台所の隅っこでしょ？　ミシェルはしぶしぶ扉の内側へ戻った。

皿はすべてかたづけられ、カウンターもすべて拭かれた。それでもまだ食堂にはＥＭＣのメンバーが居残り、その大半がサマンサのまわりに集まっていた。

セーラの命令で、ミシェルとデルフィーンは〈炉辺の間〉に入っていった。清掃にかかりたい旨《むね》を、

しか存在しない。

世界では、使い切れないほど莫大なお金が、それを獲得する法則を実践する者を待ち構えている。裕福になると今決心すれば、世界は気前よく富を与えてくれるはずだ。あなたのまわりには、富を創り出した人がごまんといるであろう。あなたにできないという道理はない。

壮大な夕映えの潤沢さを、誰が丸ごと呑み尽くせるだろう？　あの無限の豊かさは、われわれ全員が呑み込み、吸い込み、写真に焼き付け、分かち合っても余りある。しかも終わることなく、毎日毎日繰り返されるのだ。そして分かち合うという行為は、もっと多くを生み出すことにつながる。

豊かさの法則とはまさにこれなのである。辞書は豊かさ――〝潤沢〟を「大きな供給、多量、充足、必要充分以上」と定義している。豊かさの法則は、すり切れたり、錆《さ》びついたり、くたびれたり、期待を裏切ったりしない。この法則を手の内に入れれば、あなたの出す結果は必然的に豊かなものとなる。この豊かさの思考は対象物を増殖させ、対象物に磁力を与え、対象物を拡大させる。

ポイントは何か？　われわれが強調したいのは、万人の欲求を満たす〝必要充分以上〟が存在するということ、そして、生態環境《エコロジー》と経済《エコノミー》を共存可能な形で創出できるということだ。

豊かさの実例としては、マザー・テレサ、マヤ・アンジェロー（詩人）、オプラ・ウィンフリー（司会者・女優）、ポール・ニューマン、アート・リンクレター（司会者）、ビル・ゲイツ夫妻など幅広いジャンルの人々が挙げられる。

豊かさを〝外に描く〟ためには、まず豊かな心の状態を繰り返し〝内に描く〟必要がある。なぜなら、心の状態こそが結果を創り出すからだ。次に示す4つの文を、きょうから30日のあいだ、あるいは、あなたが信じられるようになるまで朝晩2回唱えつづけよう。できれば、眠りに落ちる直前と、眠りからさめた直後に。感情と、信念と、想像力と、受け入れる心をもって唱えてほしい。

ミシェルの物語

テーブルクロスをはがすというやや無遠慮なやりかたで伝えるために。

デルフィーンといっしょに布をたたむミシェルの胸は高鳴った。どうせ洗濯に出すのだから、たたんでも意味はない。時間稼ぎだ。

ミシェルとデルフィーンの動作から察しをつけたのは、サマンサだった。「この人たちを家に帰らせてあげましょう」自分を取り囲むメンバーたちに言い、頭でドアを指し示す。

「デルフィーン」ミシェルは小声で言った。「一生のお願い。わたし抜きで掃除をすませてくれない？　いちかばちか、やってみたいの」

「いいわよ」

セーラがどんなに腹を立てるか考えまいと努めながら、ミシェルは従業員更衣室へ駆け戻り、エプロンをはずしバッグをつかんで、サマンサ・マンローを探しにいった。戸口を出て、廊下をぬけ、ロビーへ。〝もうサマンサは帰ってしまったかしら？〟

〝ちがった。ありがたい〟探す相手は、円形に置かれた長椅子に座っていた。紹介役を務めた色白の女性と、EMCメンバーとおぼしきサスペンダーの男性が両脇を固めている。

ミシェルは三〇メートルほど手前で立ち止まった。心臓がどきどきする。〝ニッキーとハンナのためよ〟意を決して足を前に進める。長椅子の三人がこちらを見上げた。

「マンローさん」ミシェルは急いで切り出した。「わたし、お手伝いできると思うんです」

サマンサがじっとミシェルを見た。「ディナーのときのウェイトレスさんね、そうでしょう？」悠然とした、けれど優しいまなざしだった。

「ええ」ミシェルはまごついた。「でも、どうかお気を悪くしないでください」

「なぜそんなこと、おっしゃるのかしら」

わたしは一点の陰りなく豊かである。
富は無限。わたしは稼ぎ、蓄え、投資し、大きく増やし、分かち合う。
わたしの富はすべての人を豊かにする。
わたしは豊かさを愛し、豊かさはわたしを愛する。

第5の〝きらめき〟 与える者が得る

——惜しんでわずかに種を蒔《ま》く者は、わずかに刈り取ることしかできない。惜しまず豊かに種を蒔く者は、豊かに刈り取ることができる。『コリント人への第二の手紙』9章6節

辞書は〝パラドックス〟を〝あるレベルにおいては矛盾を含むように見える行動または状態〟と定義している。しかし、もっと高次元のレベル（しばしばメタレベルと呼ばれる）には、もっと深い真理と英知が存在している。

本書の主な目的は、あなたの純資産に100万ドルを加えること。しかしそれを達成するには、あなたはまずみずから〝与える〟必要がある。これが賢明なミリオネアのパラドックスのひとつだ。あるレベルから見れば、まったく筋が通らない話だろう。得る前にどうやって与えられるのか？　これを通常の論理で説明することはできない。しかし、メタレベルでは、**〝得る〟前に〝与える〟**のだ。

「与えよ、さらば与えられん」という古い格言もある。ちょっと考えてみてほしい。いちばん友だちが多い人は、いちばんフレンドリーな人ではないか？　いちばん愛されている人は、いちばん愛情深い人では

「ごめんなさい、あの……わたし、あなたのスピーチを聞いたんです、マンローさん。そ……その、すばらしいアイデアだと思いました」

「でしょう」

サマンサ・マンローの醸《かも》し出すなんという落ち着き、なんという自信！　「さっき……実験台についてお話しでしたね」ミシェルは思い出させた。「育成マニュアルのための」

サマンサがミシェルに向けた口の片隅をつり上げる謎めいた笑みは、〈炉辺の間〉で見せたのと同じものだった。ミシェルの胸に希望が湧き起こった。

「お嬢さん、お名前は？」

「ミシェル・エリクセンです」

「どうかしら、ミシェル・エリクセン。本ができあがったら刷りたての初版を一冊送るわ。名刺をいただける？」

「名刺は持っていないんです」ミシェルは少しつっけんどんに答えた。

「じゃあ、わたしの名刺をあげましょう。オフィスに電話して、うちのアシスタントに住所を伝えてくれれば、まちがいなく本を送るから」

ミシェルは名刺を受け取った。シンプルながら、エレガントな作り。黒地に金のエンボス文字（浮彫り）、不死鳥のロゴ。〝不死鳥だ！〟

サマンサは「一件落着」とでも言うようにうなずくと、連れとの会話に戻ってしまった。ミシェルは拍子抜けしてその場に立ち尽くし、名刺をブラウスのポケットに突っ込んだ。自分が何を求めていたのかわからないが、拒絶された気分だった。それでもまだ立ち去る気にはなれなかった。

やがて、サマンサは優雅な身のこなしで長椅子から立ち上がり、帰り仕度をした。仲間に別れを告

ないか？　これこそが賢明なミリオネアの〝与える者が得る〟の法則であり、賢明なミリオネアのパラドックスである。
　このパラドックスを受け入れるには、信念と行動を融合させねばならない。谷底に豊かな世界があると信じて、崖っぷちから飛び込むのだ。ここでアポリネールの詩を引用しよう。

果てまで来いと彼は言った。
怖いのですと彼らは言った。
果てまで来いと彼は言った。
彼らは行って、
背中を押され、
そして飛んだ。

〝与える者が得る〟の法則は、経験を通じてのみ学ぶことができる。ためらいがちではあっても〝先に与える〟という方針を粘り強く貫けば、富を築くための「こころ」の次元へ扉が開かれるだろう。まずは与えよう。時間を、笑顔を、助言を、知恵を、賛辞を、ユーモアを、才能を、激励を、愛情を……。これらの豊かな流れはやがて逆流してくる。こころは広がり、あなたが与えたものに価値を付加する。
　与えつづけていれば、世界が真に豊かであることを認識できる。与えつづけていれば、精神的次元への道が開かれ、われわれ自身と、われわれの思考と、われわれの結果がさらに豊かになる。〝豊かさの海〟が存在することを、賢明なミリオネアは知っている。中身を茶さじで汲んでも、バケツで汲んでも、タンクローリーで汲んでも、海は尽きることはないのだ。

げる声が、ミシェルの耳に届いた。

背中が遠ざかり、〈マリポーサ・プラザ〉のガラスの自動ドアの向こうへ消えるのを、ミシェルはじっと見送った。

「待って！」思わず声が出た。ミシェルが追いついたとき、サマンサは玄関のひさしの下でボーイが車を回すのを待っていたようだった。泰然とミシェルのほうに向き直る。「どうやら第一の拒絶は乗り越えたようね」

ミシェルは眉根を寄せた。

「第一の拒絶よ」サマンサがくり返す。「多くの人が第一の拒絶を乗り越えられない。だから、お金持ちになれないの」

状況が呑み込めてきて、ミシェルはうなずいた。

サマンサが内緒話をするときのように体を寄せて、先を続けた。「第三の拒絶を乗り越えたとき、初めて大金が入ってくるわ」このとき、従業員がサマンサのキーを持ってきた。車は、クロムの車輪がまぶしい深緑のメルセデス。サマンサが背を向けて車へと向かう。

「でも……」ミシェルは追いすがった。

サマンサが肩ごしにふり返る。「あなたに送ってあげる本に全部書いてあるから」後部座席にブリーフケースを放り込み、運転席にすべり込む寸前にミシェルを見やって、指を二本立ててみせた。

〝ピースサイン？〟ミシェルは途方に暮れてたたずんだ。めまぐるしすぎる展開。何はともあれ、この女性が鍵であり、人生を立て直す決め手なのはわかっていた。子どもたちが、あの腹黒いエリクセン夫妻のもとで育てられることを考えたとき、何かが外にあふれ出した。数か月ぶりの力強い感覚。

「待って！」

！第6の〝きらめき〟 ピシッと現実が変わる

あなたは自分に語りかけたことがあるだろうか？　ほとんどの人は前向きな内なる声を持っており、特に何かいいことをしたときには、この自分専用のチアリーダーに勇気づけてもらっている。「おまえならできる」「がんばれ」「でかした！」「よくやった！」「その調子だ！」

あなたにはそういう声があるだろうか？

逆に懐疑的な声の持ち主もいる。「何様のつもりだ？」「おまえにできるわけがない」「愚か者め」「なんでそんなに馬鹿なんだ？」「まともなことは何ひとつできないくせに」「ほんとに気が利かないやつだ」

われわれはしばしば無意識のうちに、この懐疑的な声に夢を断念させられる。すばらしいアイデアを思いついても、一瞬ののち「うん、でもねえ……」という声が頭の中に放たれ、それから、うまくいかない理由が列挙される。

われわれはこの声を〝うんーでも氏《ヤーバット》〟（あるいは女史）と呼ぶ。こいつはいつも、あなたに何かをあきらめさせようとする。正直な話、あきらめさせてもらってありがたい事柄も存在する。〝うんーでも氏〟には便利な機能――あなたをトラブルから遠ざける機能――もあるのだ。しかしたいていの場合、あまりにも早い段階で創造の芽を摘《つ》み取ってしまう。理性の声の代わりにしゃしゃり出てきて、育つ機会さえ与えずにうまい話をつぶしてしまう。〝うんーでも氏〟を野放しにしておいたら、無用な不安感、混乱した考え、不健全さがもたらされ、あなたの人生まで破滅に導かれかねない。そういう事態を避けるには、これを黙らせる方法を学び、自分の思考をコントロールする必要がある。

ミシェルの物語

車が停まり、運転席側の窓が開いた。サマンサが顔を出す。

「わたしがなります」ミシェルはせきを切ったように言った。「あなたの実験台になる。本なんて送っていただかなくて結構。準備はできてます。今すぐやりたいの」われながら驚くほどの勢いだった。

「ごめんなさい、時間がないの」と答えたものの、サマンサはうっすら笑みを浮かべたまま、車を出そうとせず、窓を閉めようともしなかった。まるで、ミシェルが何か言うのを待っているようだ。今度は三本、指を立てる。

ようやくミシェルもサマンサが仕掛けたゲームに気づいた。「今のが第三の拒絶、そうでしょ?」

サマンサがにっこりした。頭を軽くふって助手席のドアを示す。

ミシェルは駆け足でメルセデスの前を回り込み、サマンサの隣りの革のシートに飛び乗った。新車の匂いが全身を包む。ミシェルはサマンサを見つめた。サマンサが視線を返しながら、もう一度軽くうなずいた。まるで帽子を上げて敬意を表するかのように。

「呑み込みが早いじゃないの、お嬢ちゃん」

サマンサが車を発進させ、ふたりはひんやりしたコロラドの夜へと消えていった。


目が覚めたとき、ミシェルは自分がどこにいるのか、しばらく思い出せなかった。やがて野生りんごの枝が窓の外に見えた。〝サマンサ・マンローの家だわ〟

あの夜サマンサの車が、リヴァーデールの町はずれにある寝室ふたつの地味なバンガローに着いたとき、ミシェルは驚いたものだった。

「これが初めての投資資産だったの」サマンサが説明した。「トレーニングを始めるには、うってつ

どうやって？

今すぐ、前向きなチアリーダーの声に耳を傾けてみよう。どこから聞こえるだろうか？　声は大きいだろうか、小さいだろうか？　まず内なる対話の音量を調節するダイヤルがあると想像しよう。そして**前向きな声の音量を上げよう。**どんな感じがするだろうか？　やる気が湧いてくる音量レベル、ベストが尽くせると思える音量レベルを探し当てよう。

次に、後ろ向きな内なる声に耳を傾けてみよう。どこから聞こえるだろうか？　〝うんーでも〟に乗っ取られそうになったら調節ダイヤルで音量を下げよう。そのときの感触を覚えておけば、あとで役に立つ。

〝うんーでも氏〟を永遠に黙らせる方法もある。あなたの自宅か職場には、たぶん大きめの輪ゴムがあるはずだ。それを左手首に装着すれば、あっという間にミリオネア養成ギプスのできあがり。後ろ向きな考えや、非生産的な考えにとらわれたとき、輪ゴムをピシッとやるだけでいい。そう、輪ゴムは痛みを発生させ、痛みは〝条件反射〟を発生させる。あなたは心の中で、そして声に出して、「イテテッ！」と叫ぶことになるわけだ。

次のようなせりふを吐きそうなときは、輪ゴムをピシッと！

こんなのは畑違いだ。
わたしには荷が重すぎる。
わたしは適任じゃない。
もっと切れる頭があったら。
どこから手をつけていいかわからない。
コネがなくちゃ無理だ。

内なる会話を次のように変えてみよう

これはわたしの得意分野だ。
これぐらいの荷は軽いもの。
この仕事なら任せておけ。
頭の切れには自信がある。
手持ちのものだけで、とりあえず始めよう。
なんとかしてコネを見つけてやる。

けの場所だと思う」

今ミシェルが使っている客室はこぢんまりとしていて、壁や天井は白く、若い娘向きだった。ドレッサーの上にサマンサの親族、そして亡夫の甥や姪の写真が飾ってある。自分もいつかまたこういう写真を並べる場所を持てるだろうか、とミシェルは考えた。どこに住もうが、ニッキーとハンナがいなければわが家とは呼べない。しばらく前から、ふたりのことを考えまいとみずからを律してきた。木の枝を剪定《せんてい》するように、感情を刈り取ってしまったのだ。けれど今はもう一度、望みをかけたくてたまらなかった。明け方の静寂のなかでミシェルは、主張――サマンサいわく〝具現《マニフェスト》〟――を唱えはじめた。サマンサから教えられた朝一番の課題。〝わたしはお金持ち。わたしは成功者。わたしは、あらゆるよいものがほとばしる滝の下に立っている〟

声に出さず心のなかでくり返すだけでも、ちょっと間抜けな気分だった。〝サマンサのやりかたに間違いはないはず〟

「現実になるわよ」声が聞こえた。

ミシェルはびっくりして体を起こした。戸口に立っているサマンサは深緑のジョギングパンツと同系色のスエットシャツといういでたち。例のスカーフのかわりに安売りのバンダナを頭に巻いている。

「どうやって……」

サマンサが笑い声をあげた。「直観よ。さあ来たまえ、新兵、早朝訓練の時間だぞ。ここに住むつもりなら、だらだら朝寝坊していてはだめ」

「朝寝坊？　まだ六時よ！」

「あなたのお義父さんは今ごろ、どこかの投資家と朝食をとっているんじゃない？」

ミシェルはベッドから飛び出した。五分後には歯を磨き、前の夜にアパートから取ってきた古いス

この技法は単純明快。きょうから30日のあいだ、週7日24時間態勢で――寝る時も風呂に入る時も――輪ゴムを装着しつづけるだけだ。左手首に赤いみみず腫れができるころ、あなたのふるまいはすばやく、安全に、充分に変化しているだろう。ギプスをつけていることを他人に知らせる必要はない。効果はすぐに――1カ月以内には現れる。あなたは驚きと喜びを感じるはずだ。途方もない、すばらしい、充実した結果を経験したら、ぜひとも友人3名にこの技法を広めよう。

あなたの思考は呪いの力にもなれば、恵みの力にもなる。大量、潤沢、余剰へと導いてもくれれば、欠乏、限定、損失、不足へと導いてもくれる。

すべてはあなたの選択次第。あなたが思考をどうコントロールするかにかかっている。思考が行動を制御し、行動が結果を制御するのだから。

左手首のゴムを鳴らしながら、向上しつづけるどでかい人生を切り開こう。それが実現できたとき、あなたは間違いなく賢明なミリオネアへのレールに乗っているはずだ。

！第7の〝きらめき〟言葉で一変する

後ろ向きな考えが湧くたびにミリオネア養成ギプスをピシッとやる。この習慣が2、3日めに入ったら、今度はしゃべり言葉に注目してほしい。口から発された言葉は、あなたの外的現実にも、内的現実にも、とてつもない影響を与える。言葉は力を持っているのだ。**あなたが発した言葉はブーメランのように戻ってくる。**ゆえに言葉を正しく使うことが肝要となる。

サンフランシスコ有数の不動産会社の経営者マーシャル・サーバーが、社員たちを使って行なった効果

ミシェルの物語

エットとランニングシューズに着替えた。サマンサは外に出て、ポーチのぶらんこに腰かけていた。

「サマンサ……」

「サムでいいわ」立ち上がったサムの後ろで、ポーチのぶらんこが揺れる。ふり向きもせず、サムは三段ある階段をひとつ飛ばしで歩道に降り、左を向くなり地を蹴って駆けだした。ミシェルはアドレナリンが沸き立つのを感じた。ギデオンとはよくいっしょにランニングしたものだ。あれ以来、外に出ていない。だいぶなまってはいるけど、なんとか……。

「毎朝ランニングするわよ」サムが肩ごしに声をかける。

日差しはまだ、朝霧をつらぬいて照りつけるほど強くはない。サムが静まりかえった郊外の通りを進んでいく。一〇分後に右折するころ、ミシェルとサムの間隔は半ブロックほどに開いていた。「全速力で走らなきゃだめよ」サムが、今度はふり返らずに叫んだ。

「がんばる」ミシェルはあえいだ。

道を曲がったつきあたりは公園だった。サムがまっすぐ芝生を横切って、細い遊歩道に入る。ミシェルは必死であとを追った。ピクニック用テーブルや大きな遊具のそばを通り過ぎたが、まだ子どもたちの姿はない。ちらほら見当たるジョギング仲間の列に、サムも、続いてミシェルも加わった。

「遅れないで」

ミシェルは目の前に立ちはだかる緑の丘を、げっそりしながら見やった。けれどサムはペースを落とさず、今や斜面になった遊歩道をさっさと登っていった。やがてふたりは松林に入った。先に進むほど木の密度が増していく。ミシェルは前方を行く緑のスエットを、じっと見据え続けた。

そのとき、ふいにサマンサの姿が消えた。舗道をはずれたのだ。見失ったかとミシェルは不安になった。しかし、ほどなく木々のあいだを突き進む姿が目に入った。どうやらコースが決まっているら

的な実験について語っている。「たったひとつの規律で、会社全体ががらりと変わったんです。きっかけは、月曜朝の社員総会。わたしはその席でネイティブ・アメリカンの祈禱師《きとうし》、ローリングサンダーの伝記の一節を引用したんです」

くだんのローリングサンダーの言葉を以下に記そう。

「人はおのれの考えに責任を持つべきであり、よって、考えを御する術を学ぶ必要がある。簡単ではないが、不可能でもない。そもそも、ある事柄について考えたくないとき、あえてそれを口にしたりするだろうか。見たものすべてを食べなくていいのと同じで、考えたことすべてを話さなくてもいいのだ。だから、まずは言葉に気を配りなさい。善《よ》き目的があるときだけしゃべりなさい」

サーバーがこの引用を読みあげたあと、社員のあいだで合意がなされた。よい目的があるときだけしゃべる、つまり、「役立たないことは口に出さない」と。この規律を破った者には2ドルの罰金が科せられた。事務所の鉢に貯まった罰金は、月末にまとめて慈善事業に寄付された。

2ドルを鉢に入れるという単純な行動が、会社全体をがらりと変えた。サーバーによれば、あとにも先にも集団がこれほど一変した事例はないという。

あなたにも同じ挑戦をしてほしい。言葉を慎重に選び、よい目的があるときだけしゃべり、役に立たないことは口に出さない。役立たずな言葉を発しているのに気づいたら2ドルを鉢に入れよう。そして、あなたの人生にどんな影響が及ぶか見守ろう。

しい。

ミシェルは追走を続けた。先ほどよりもっと息を切らしながら丘を登る。もう体じゅうの力を使い果たしたと観念したそのとき、木々が開けて目の前が明るくなった。次の瞬間には、サムのあとに続いて開けた場所に出ていた。まるで別世界に足を踏み入れたようだった。

サムは地表に露出した平らな岩の上に立っていた――うっそうと茂る木々の先に突き出した崖《がけ》。サムが空へ向かって両手を大きく広げる。足もとは渓谷だった。狭く急な斜面に朝日がさんさんと降りそそぎ、ヒナギクらしき黄色の点々が彩りを添える。谷底にはきらきらと輝く小川。目覚めはじめた林でカケスが鳴き、リスが飛び回り、はるか遠くにはロッキー山脈が青く堂々とそびえ立っていた。

「ここは幸福な場所、きょうは幸福な日、わたしたちは幸福な人々」サムが谷に向かって叫んだ。

「オリンピックの陸上金メダリストに、サマンサ・マンローなんて選手はいなかったと思うけど」脇腹を押さえたミシェルは、ようやく息がつけるようになって言った。

「あなたが生まれる前よ、蝶々《バタフライ》さん」サマンサがくすくす笑った。谷にまなざしを据えたまま。「わたしが立っている場所までいらっしゃい」

ミシェルは足もとに用心しながら岩場を進み、崖っぷちに面した平らな部分にたどり着いた。体をかがめる。谷底まで三〇メートルはありそうだった。めまいがして、あわてて数歩あとずさる。

「さあ、まっすぐに立って」長身のサムが上からミシェルにじっと目をそそぎ、優しく思いやり深い声で指示した。「ゆっくり、深く呼吸して……今までやったことがないくらい、深くよ」

ミシェルは目を閉じ、山の新鮮な空気をできるかぎり大量に吸い込むことに専念した。長いあいだ息を止める。そして、ゆっくり時間をかけて分子の最後のひとつまでも吐き出した。

「いいわ。もう一回。でも、今度はもっとゆっくり。いいものをすべて吸い込んで、恐れているもの

資　産	負　債
現金 有価証券、その他流動投資 不動産 車、備品、その他有形資産 家具、宝石、その他個人所有品	借金 債務証書 住宅ローン 銀行ローン 約束手形

！ 第8の〝きらめき〟 あなたの富はあなた自身

「さあ、ぼくの秘密を明かそう。とっても簡単な秘密だ。ものを正しく見たいなら、心で見なくちゃいけない。だって、大切なことは目には見えないんだから」

『星の王子さま』アントワーヌ・ドゥ・サンテグジュペリ

すべては無から始まる。この世に生まれ出るとき、われわれはみな裸で、無力で、無知だ。新たなプロジェクトを始めるときも事情は同じ。あなたは赤ん坊と変わりない。だからプロジェクト開始にあたっては、最初の課題として資源の棚卸《たなおろ》しを行なう必要がある。ビジネスの世界では、これを**バランスシートの作成**と呼んでいる。すなわち資産と負債の一覧表だ。

資産から負債を引いたとき、いわゆる〝純資産〟が算出される。〝純然《ネット》たる〟ミリオネアになりたいなら、〈あなたが所有しているもの〉―〈あなたが借りているもの〉＝〈100万ドル以上〉という数式を成り立たせなければならない。

こんなバランスシートを見てしまうと、現金や不動産だけがわれ

ミシェルは教えどおりに、浄化の呼吸を七回くり返した。最後のいちばん長い呼吸を終えたときには顔が紅潮し、皮膚が温まっていた。あり余るエネルギーに軽い酔いさえ覚えながら、目を開く。

「うわあ」目からうろこが落ちる思いで、ミシェルは地平線を見渡した。

「こっちで並んで座りましょう」サムがたきつける。

サムが指さしているのは、ふたりの左側にあるテーブルのようにつるつるした巨岩だった。サムが身軽に岩の端に移り、体をずらしてミシェルの場所を作ってから、あいた地面をぽんぽんと叩いてみせる。ミシェルはもう一度こわごわ下をのぞいてから、あとに続いた。岩の横手に足を垂らす。「昔から高いところはちょっと苦手で」

「きょう克服すればいいわ」それがサムの答えだった。

「夫のギデオンはニッキーを遊園地の乗り物に片っぱしから乗せたわ」ミシェルは思い起こした。

「ハンナのほうは、どちらかといえばわたしと似てた」

サムが身をかがめ、あたりの地面に落ちていた松ぼっくりをひとつ手にとった。「恐れていることを試して初めて恐怖を克服できるの」

すがすがしい風に髪をなぶられながら、天頂へ昇る太陽の光が川面にはね返るのを眺めているうちに、ミシェルは恐怖が薄らいでいくのに気づいた。

サムが松ぼっくりを谷に投げ込んだ。「試してみるのがこわい事柄はたくさんある。もし、本気で百万長者になりたいならね」

「そりゃあ、なりたいわ」ミシェルは意気込んだ。

「手に入れたお金で何をするつもり？」

内的資産	内的負債
創造性、想像力	怒り、狭量
先見の明、寛大さ	完璧主義、けちくささ
勇気、胆力、高潔さ、粘り強さ	恐れ、不安、優柔不断
専門家のコネと顧客データベース	悪い評判
高価値の技能――販売、説得、マーケティング	怠惰
じょうずな時間管理	組織の乱れ

われを豊かにしてくれると考えがちになる。

しかし伝統的バランスシートからは、きわめて重要な項目が数多く除外されている。ほんとうは、それら**〝目に見えない資産〟こそが、われわれの富の真の源泉なのだ。**

たとえば独創的な商売の〝アイデア〟は？　実行するための〝勇気〟は？　達成を助けてくれる〝つて〟や〝コネ〟は？　〝創造性〟や〝決断力〟や〝粘り強さ〟や〝責任感〟や〝専門知識〟は？　これらは伝統的バランスシートには記載されていない。

しかし、これらの特質がないかぎり、バランスシートなどただの紙っぺらだ。あなたが富を〝持つ〟というのは正しくない。なぜなら、あなた〝そのもの〟が富だからだ。さあ、あなたの〝賢明な〟バランスシートを作成しよう。どんな目に見えない資産を、あなたは持っているだろうか？

初心者に必要な資源は3つだけ。いいアイデアと、それを実行する決意と、ほかの資源を持つ人材とのコネだ。必要な資源はすべて今この瞬間、どこかの誰かが所有している。そういう人をどうやって見つけ出し、どうやって資源を提供してもらうか、常日ごろから考えておこう。

ミシェルの物語

「まず、子どもたちを取り返す」

「それから?」

「あいつらに仕返しをしてやる」

「あいつら?」

「そう、わたしの人生を台なしにしたやつら。たとえば、あの酔っ払い運転手」ミシェルは吐き捨てるように言った。

「なるほど」

サムの口調に何かひっかかるものを感じながらも、ミシェルは勢いよく続けた。「それにエリクセン夫妻。よその家で六カ月もソファを寝床に使う気持ちを、あいつらに思い知らせてやる」

「じゃあ、望みは復讐というわけね」

「わたしの場合はね」ミシェルは認めた。

「あなたの人生を〝台なしにした〟から?」

ミシェルはたじろいだ。「だって、ほんとうに台なしにしたんだもの」むっつりと言う。

「あなたの人生を台なしにできる人間はひとりしかいない。それは、あなた自身よ」

この言葉にミシェルはかっとなった。相手をにらみつけ、人差し指をつきつける。「夫は酔っ払い運転の車に殺された。それは事実よ。夫の両親は子どもたちを奪った。それも事実よ。わたしは家をなくした。それも事実」

「事実について争うつもりはないわ、弁護人」サムは法廷ドラマの判事役さながらに言った。「でも、その事実によって自分が被害者になるか勝者になるかを決めるのは、あなた自身。そして今あなたは被害者のようにふるまっている」

第9の〝きらめき〟お金持ちの自由

人生はセミナーだ。生まれたときに入会させられ、死なない限り退会できない。だったら楽しまないと損だ。今あなたはセミナーに放り込まれ、なんのインストラクションもなくて戸惑っている。しかし本書を読んでいけば、その状況を前向きに変えられる。

あなたは今、財政的に勝っているかもしれないし、負けているかもしれない。われわれはあなたに勝ってほしい。いつまでも勝ちつづけてほしい。〝勝利菌〟に感染してほしい。保菌者になってしまえば、こっちのものだ。永久磁石のように、勝利が自動的に吸い寄せられてくる。

「あなたの一生」と題されたセミナーを予習するにあたり、われわれはお金の惹きつけかた、それも大量のお金の惹きつけかたを伝授するつもりだ。これはきわめて重要な第一の自由――**〝金銭の自由〟**と呼ぶ――の獲得と関連している。将来の経費をすべて前払いできるほどの大金があれば、働く必要があるからではなく、働きたいから働くということができる。

もう給料の奴隷ではなく、会社の囚《とら》われ人でもないあなたは、どんな組織においても稼ぎ頭になれる。なぜならリスクをいくらでも引き受けられるからだ。それが実現したとき、どれほど大きなことができるかを想像してみてほしい。偉大な奉仕者になることができる。どでかい目標を設定することができる。自前のドリームチームを編成して、エンジン全開のビジネスマンになることができる。

最初の進化段階である〝金銭の自由〟を達成したら、次は**〝時間の自由〟**をめざそう。〝時間の自由〟とは、働かないという意味ではない。仕事が遊びになるということだ。遊びが仕事になる。あなたは仕事

ミシェルの物語

「だって、わたしは被害者だもの！」

「誰でもみな何かしらの被害者だけど、被害者のようにふるまわない人もいるわ。わたしの友人に四肢麻痺《ししまひ》の男性がいてね。その人が何で生計を立ててると思う？　歯にペンをくわえて漫画を描くのよ」

ミシェルは谷底を見下ろした。ふいに深さが増したような気がした。「それって、つまり……？」

「つまり、その人は被害者ではない。勝者なの。被害者は責める。勝者は学ぶ（Ｐ53）」

ミシェルは自分の膝小僧を見つめた。「すべてを失った経験から何を学べるというの？」

「あなたは何を学んだ？」

ミシェルはまばたきして、涙を押し戻した。「自分が金持ち嫌いだということを学んだわ」

「あら」サムが茶化す。「わたしは金持ちだけど」

ミシェルはおとなしく引き下がった。「自分が、ある種の金持ちを嫌いだということを学んだ」

「ほかには？」サムがまたひとつ松ぼっくりを崖の下に投げる。

ミシェルは黙っていた。このゲームは気乗りがしない。

サムがせっつく。「生き続けられるということを学んだ？」

ミシェルはしぶしぶうなずいた。

「自分の命にも増して家族を愛しているということを学んだ？」

ふたたびまばたきしたが、今度は涙がこぼれてしまった。けれど、知ってか知らずかサムは手をゆるめなかった。「もっとくわしく話して」

「あの子たちを取り戻すためなら、何だってできるということを学んだわ」ミシェルは小声で言った。

「それから……？」サムが先をうながす。

考えるのにだいぶ時間がかかった。言葉を口に出すのがつらい。「実務をおこたるべきでないと学

を大いに楽しみ、自分のものにする。仕事があなたを支配するのではない。あなたは休暇をとるとき、後ろめたさを感じなくていい。まずは、ぽつぽつと1日ずつ休みを入れる。しばらくしたら、1カ月に1週間、あるいは1年に3カ月の休暇をとり、仕事のことなどすっかり忘れて楽しむ。

しかし、休んでいるあいだも、あなたの収入は拡大、膨張、増殖を続ける。仕事に復帰したあなたは、若返り、新品に戻り、元気を回復し、革新的なアイデアを思いつきやすくなっている。浮かんだアイデアを梃子《てこ》に、あなたはまた飛躍すればいい。

〝金銭と時間の自由〟を獲得したら、今度は**〝関係の自由〟**を追いかける番だ。あなたとあなたの愛する人たちは、人生で最も大切な贈り物——愛と、愛を深める時間——を受け取れる。あなたはかけがえのない関係を深めていき、その関係に歌わせたり、口笛を吹かせたり、ハミングさせたり、ダンスを踊らせたりすることができる。ほかの人たちが夢にしか描けないもの——深い絆《きずな》、感動的な絆、意義のある絆、密接な絆、永遠に慈《いつく》しめるような絆を互いに築き合う自由——まで手に入れられる。

今やあなたは精神的なものに目を向けることができる。次なる目標は**〝精神の自由〟**の達成だ。神にとってあなたは何者なのか、あなたにとって神は何者なのか、あなたは発見するであろう。

〝肉体の自由〟も忘れてはならない。健康は究極の富だ。運動をする時間があり、最高の食事と、栄養補給剤と、健康管理のためのお金があれば、可能なかぎり健康な肉体を維持することができる。

これら5つの自由は、あなたに**〝究極の自由〟**——真の天分を追い求める能力——を与えてくれる。ハーヴァード大学のハワード・ガードナー博士の革新的研究によると、われわれは誰もが天分を持っているという。〝究極の自由〟があれば、あなたは真の天分を見つけられる。もちろん、それを自分らしく花開かせる方法も。（第13の〝きらめき〟参照）

んだわ。もし保険に入っていれば……」

「痛い教訓だったわね」サムの声が温かみを帯びた。

ミシェルはしばらく考え込んだ。「もうひとつ学んだことがある。お金儲けが苦手だってこと」

サムが作り声で言った。「あたしってかわいそう。生まれつき〝金儲け遺伝子〟がないから、いつになっても貧乏なの」

「だって……ほんとうに、お金儲けは苦手なんだもの」

「じゃあ、あなたが正しいとしましょう。あなたは正しい人間になりたいの？　それとも金持ちの人間になりたいの？」

ミシェルはこの言葉を反芻《はんすう》してみた。

「誰でも学習しだいで、お金儲けが得意になる」（P261～263）」とサマンサ。「あなただって同じはずよ――もし自分で望めば。

つきつめるとね、勝者というのは、まずいところを見つけしだい人生を方向修正して、二度と同じ轍《てつ》を踏むまいと努める人なの。そうしない場合、人生は何度でも同じ教訓を、あなたが〝覚え込む〟まで与えつづける。父がいつも言ってたわ。『おまえが犬に三度も噛まれたら、ひとつだけ確かなのは、犬のせいじゃないってことだ』」

ミシェルは微笑した。

サムがまたひとつ松ぼっくりを拾い上げた。今度はミシェルに投げてよこす。「これについて何か知ってる？」

ミシェルは松ぼっくりを宙に放った。「ハンナなら、ここから松の木の赤ちゃんが生まれてくるって言うわ」

第10の〝きらめき〟 すべては夢から始まる

5年後のきょう、あなたはどこにいるだろうか? 住んでいるのは同じ家? 乗っているのは同じ車? 働いているのは同じ職場? 5年もたったのに、増えたのは年齢と、白髪と、体重と、借金の額だけ? それとも、もっと明るい未来が見えているのだろうか? ぜひとも明るいほうをめざそう。

「きょうから5年間で、どれだけ人生をよくできるだろうか?」と自分に問いかけてみよう。あなたの中の怪物がすべて退治され、あなたの中の悪魔がすべて抹殺されたとしたら……。あなたの行く手を邪魔するものは何もない。存在するのはあなたと、あなたが5年以内に実現させたいことだけなのだ。

今の生活という重荷をいったん降ろし、想像の翼に乗って未来へ飛び立とう。夢のマイホームを想像してみよう。玄関へ歩み寄り、中へ足を踏み入れよう。あなたといっしょに住んでいるのは誰? その同居者との折り合いは? 愛し愛されている実感は?

大きな夢を見ることを自分に許そう。財政的、精神的、社会的、肉体的にバランスのとれた生活を送る自分を想像しよう。あなたはすべてを手に入れる。じつに爽快《そうかい》!

今夜ベッドでまどろみながら、この明るい未来を鮮明に詳細に想像しよう。明朝、目ざめを迎えたあなたの内部では、あなたの夢の世界も目ざめを迎えている。それを見て、味わって、聞いて、嗅いで、感じよう。**これを90日間繰り返せば、あなたの人生に驚くべきことが自然発生する。**

この夢を実現させるうえでいったい何が重要なのだろうか? それは**夢を書き記すこと。**夢を文字にすれば、あなたはまた一歩、賢明なミリオネアに近づく。

ミシェルの物語

「正解ね。この松ぼっくりは、コントルタ松」サムが、谷の周辺をふちどってそびえ立つまっすぐな木の群れを指さした。「あなたのお義父さんなら、ツー・バイ・フォーに切り出したくてうずうずするでしょうね」

ミシェルは顔を曇らせた。

「松ぼっくりの中には種子が何千個も入っているの。どんなきっかけで外に放出されるか知ってる？」

「男の松ぼっくりの口説き文句？」

「はずれ」サムが笑った。「種子が放出されるきっかけはただひとつ、山火事よ」

「ほんとに？」

「山火事は、自然の再生プロセスの一環なの」サムは手をのばして松ぼっくりに触れたが、ミシェルから取りあげようとはしなかった。「およそ一〇〇年に一度、山火事が木々を呑み込むと、強烈な熱で松かさがはじけて、まっさらになった地面に種をまく」

ひと呼吸おいてから先を続ける。「時には人にも山火事が起きる。時間はかかるけれど……草木はまた育つわ」

ミシェルはつやつやした松ぼっくりを両手で包み込んだ。

「さあ、立って歩くわよ」とサム。

少々気乗り薄にミシェルは腰を上げた。「そう、ここは特別な場所よね」サマンサが言った。今ではミシェルもサマンサに心を読まれるのに慣れてきた。「わたしは〈巌《いわお》〉と呼んでる。どこへでも持ち歩くの……比喩的な意味でね」くすりと笑いながらつけ加える。「あなたもそうするといい」

サムのあとについて石だらけの地面を登ると、もっと歩きやすい森の土が現われた。ミシェルの筋肉はほぐれ、さっきよりゆったりとしたペースで、花をつけた野生サルビアの銀色の葉を愛でたり、

第11の〝きらめき〟明快さは力なり

成功するためのガイドブックでは、必ず目標の重要性が強調される。しかし、〝目標についてどう考えるか〟を取りあげている本は皆無に等しい。数十年前、われわれは成功哲学者ネヴィルに成功の秘訣を教えてもらった。彼曰く、

目標のことを考えるな。目標からさかのぼって考えよ。

言い換えれば、未来のマイホームを夢に描くより、未来のマイホームで夢を見ろということだ。実際にそのマイホームで暮らす自分を想像してみよう。どんなものが見える？　どんなにおいがする？　未来のマイホームに住む自分を実体験する。これが、〝夢からさかのぼって考える〟ということだ。

そうすることの何が重要なのだろうか？　ジャック・ニクラウスは著書『ゴルフ・マイ・ウェイ』の中で、このテクニックを使って史上最高のゴルファーになったと明かしている。ニクラウスはショットの前に必ず、フォームのはじめから終わりまでを心の中のスクリーンに映写していたという。

練習のときでさえ、脳裏に鮮明な映像が流れてからでないと、わたしは絶対にクラブを振らない。それは、たとえるならカラー映画だ。最初にわたしは、飛ばしたい先を〝見る〟。鮮やかな緑の絨毯のど真ん中で、芝生の上にちょこんと乗った真っ白なボールを。それから、すばやく画面が切り替わって、わたしは

ミシェルの物語

蝶に目をとめたりする余裕も生まれた。蝶の姿に、こんな質問が口をついて出た。「サム、どうしてわたしを〝バタフライ〟って呼んだの?」

「なぜって、あなたが蝶々《バタフライ》だからよ。あの繭《まゆ》から外に出た以上はね」

サムがまた口をつぐんだ。先に話し合った事柄を咀嚼《そしゃく》できるよう時間を与えてくれているのだと、ミシェルにもわかった。しばらくするとサムは、ミシェルに関していくつかあたりさわりのない質問を投げかけた。そしてお返しに、彼女自身の経歴についても教えてくれた。

サムもまた、山火事に遭《あ》った人間だった。昔から子どもが欲しくて何年も夫と努力してきたが、いつも失敗に終わった。夫は四二歳のとき、脳腫瘍《のうしゅよう》で倒れた。最期を看取《みと》ったとき、サムはミシェルと同じ無一文だった。けれど、金を工面してリヴァーデールに小さな家を買った。ここから西部の五つの州にまたがるビジネスと、資産を歯車にして、小帝国が築かれていった。そしてサムは、わが子にそそぐつもりだったエネルギーを費やして、一年に少なくともひとつ、自分が師になれるような深い人間関係を育《はぐく》もうと決めた。それを聞いたときミシェルにも、サムのように多方面で活躍している大物実業家が、なぜ自分の世話を引き受けてくれたのかが理解できた。

ようやく、サムはミシェルを最初の崖へ連れていった。息を呑むような絶景にふたたびまみえて、ミシェルは嬉しかった。太陽は先ほどよりも高い。また用心深く崖のふちをめざした。サムが平らな岩の上に立ち、ミシェルを招き寄せる。高みに立つと、ミシェルの心臓はまだ少しどきどきしたが、今回は恐怖よりもスリルが勝った。サムがミシェルの肩に腕を回し、ふたりはその場にたたずんだ。

「さて、ミシェル・エリクセン、もう一度訊ねるわ。子どもたちを取り戻したあと、あなたは一〇〇万ドルで何をするつもり?」

ミシェルの声は低く、こわばっていた。「財産をゆるぎないものにするわ。二度と誰にも傷つけら

そこへ至るボールの動きを〝見る〟。弾道、軌跡、形、着地後の跳ねかたまでも。そしてフェードアウト。切り替わった画面には、さっき見た映像を現実化するためのスイングが映し出されるという寸法だ。

もうひとつ、格好の例を紹介しよう。世界中が息を呑んで見守った１９８４年のオリンピック。女子体操のアメリカ代表メアリ・レットンは、最後の跳馬の演技を控えて、助走路のマットの端で準備をしていた。あまり分はよくなかった。完璧な得点、つまり10点を出さなければ、すべてを——夢、金メダル、チームの誇り、その他もろもろを——失う瀬戸際に立たされていた。メアリは数秒間まぶたを閉じて、それから位置につき、業火に焼かれる悪魔のように走った。そして完璧な10点をもぎ取り、自分自身とＵＳＡチームに金メダルをもたらしたのだ。勝利への助走を始める前、まぶたを閉じて何を考えていたのかと取材陣に訊かれて、メアリは、「すべての動きを正確に完璧にこなして、10点満点を取る自分を見ていました」と答えた。

人生には、すべてを賭けるべきときが何度か訪れる。１００％か０％。そこに至るまでの努力ではなく、出した結果だけを問題にされるときがやってくる。だからこそ**目標を明確に映像化する**ことが大切なのだ。この新しい手法を練習しつづけていれば、脳裏に描く理想像と現実の自分とがぴったり重なっていく。あなたは文字どおり、新たなるミリオネアの成長過程に踏み出せる。

第12の〝きらめき〟 さらなる明快さはさらなる力なり

あなたの成功に、目標は重要な役割を果たす。だから、目標のために特別なノートを用意しよう。人生

れないくらい」

「よろしい。ほかに望みはある？」サムは小声でつけ加えた。「……〝夢〟（P79）は？」

ミシェルは心のなかで固まりつつある像を語る前に、地平線を仰いだ。「農場を買いたい。商売をする農場じゃなくて。べつにバターやとうもろこし作りに興味はないの。ただ部屋も土地もふんだんにある広い広い場所を手に入れれば、ほしいペットを全部飼えるし、世界一の庭園が作れると思って」

「ほかには？」

「まだ止めなくていいの？」

「止める必要がある？　欲しいものはぜんぶ手に入れればいいでしょう？　そうしたからといって、誰かが害を受けるの？」

「いいえ……」

「だったら先を続けて。そうね、あなたが考える最高の人生は？　今度はお金の問題だけじゃなくて」

ミシェルはかぶりをふった。「気が進まない」

「望みを口にしたくない、と」

「まあね」

サムが体をぐっと寄せた。「いい？」芝居がかった小声で言う。「ここにはわたしたち以外、小雀《こがら》しかいないわ。いいチャンスよ。夢を描いてごらんなさい。最高の人生とは？」

ミシェルはためらった。

「さあ」サムがうながす。

「じゃあ……」ミシェルは重い口を開いた。「まず、農場を手に入れるでしょ。子どもたちが古い友だちといっしょに戻ってくる。新しい友だちもできる。ハンナの内気も直る。子どもたちは学校が大

で達成したいことが思い浮かんだら、なんでもいいからノートに書き記そう。**毎日6つの目標をノートに列挙しよう。**実行するのは朝、1日を始める前がいい。大きな声で読みあげるだけでなく、文字として残すことが肝心だ。われわれはこのアイデアを、有名な講演家ブライアン・トレイシーから学んだ。トレイシーは〝毎日〟、目標を書き記している。なんとしてでもその日に達成したいことを、まるで磁石のように頭の中に貼りつけておく効果があるという。

あなた自身のバランスを保つため、人生を6つの領域あるいは資源に分け、それぞれにおける目標を定めよう。

体――あなたの肉体的目標
頭――あなたの知的目標。読みたい本や、きょうの勉強量
存在――あなたの精神的目標。瞑想や、祈りなどに費やす時間
時間――あなたの組織的目標
人――あなたの人的目標。人生で最も大切な人たちについての関心
金――あなたの財政的目標

ノートとは別に7・5×12・5センチの定形カードを用意し、そこに6つの目標を毎日新たに書き込むことで再確認しよう。その場合、〝すでに成功を収めた〟かのように書くことが望ましい。たとえば、あなたの目標が1年で10万ドル稼ぎ、たっぷり休暇をとることなら、カードにこう書けばいい。「毎日400ドルずつ稼ぎ、1年250日だけ働く生活は、とても楽しい」

目標確認の際には**必ず〝楽しい〟の1語を加える**こと。たいていの人は、自分が楽しいのかどうかを

好きで、成績はオールA」ここでひと息つく。

「その調子」

「子どもたちは洋服、おもちゃ、本、何でも欲しいものを手にできるけど、受けた恩を返すことも学んでいく」小さな望みがいくつも、谷に咲いたヒナギクのように胸に芽生えはじめた。「みんなで旅行もする。今まで行きたかった場所すべて。それからハンナは学校の演劇で主役をもらって、ニッキーはディアクリーク一の遊撃手になる」

「それを実現する鍵を握っているのは、誰？」

「わたし」

サムがうなずいた。「よろしい、それが勝者の話しぶりというものよ。上出来ね」

「よかった」ミシェルはほっとため息をついた。

「あら、まだおしまいじゃないわよ、バタフライ。もうひとつだけ。今度は叫ぶの」

「なんですって？」

「世界に伝えるのよ！　大声で！」

ミシェルははたと理解した。足もとに広がる谷と、雄大なロッキー山脈に目を走らせる。そして両手を広げた。「子どもたちを取り戻したい……」

「ちがう！　今、実現しているように言うのよ」

ミシェルは肺がはちきれんばかりに息を吸い込んだ。それから谷の向こうに叫んだ。「わたしは、子どもたちといっしょにいる！」

　発した声が同じくらいの勢いではね返ってきたので、ミシェルは仰天した。

〝子どもたち……子どもたち……〟

把握していない。だったら楽しいほうを選ぼう。コストは1セントもかからない。この態度《アティテュード》はビジネスと人生に高度《アルティテュード》を与えてくれる。こういう心理状態の人には、いいものが次々と引き寄せられてくる。

同じカードに、仕事の具体的な目標も書き込もう。どんなサービス・製品・情報を、どんな質でどれだけの量調達するか。「わたしは毎日、何個の製品を、何人のお客様に購入していただき、満足というかけがえのない価値を提供します」(月曜日にノルマを達成できなかったら、火曜日の数字は2倍にすること)

6つの目標を記入したカードは肌身離さず持ち歩き、朝食時、昼食時、夕食時、就寝時と、日に4回は声に出して読みあげよう。いちばん大切なのは就寝時の読みあげ。なぜなら、あなたの心はけっして眠らないからだ。

カードには署名と日付を記そう。誰かひとり証人になってくれる人を見つけ、週に1度、決意表明どおり進んでいることを証人に示そう。少なくとも1カ月ごとにカードの内容をアップグレードさせよう。

したいことだけを考え、したくないことは考えない。目標達成に必要なお金を稼ぐ。そんな自分の姿を映像化してみよう。記入し、黙読し、声に出し、目で見る。そうすればまるで魔法のように、あなたの目標は必ずや実現するはずだ。

第13の〝きらめき〟 あなたの天分を活用する

あなたは〝天才〟だろうか? 自分の天分を示すということは、自分が何者であるかを示すこと、つまり、**人生で何をやりたいのかを知っている**ということだ。タイガー・ウッズ、ウォーレン・バフェット、ビル・ゲイツ。彼らはその天分を示している。彼らは天職に就いている。ほかの仕事をする姿など想像で

こだまだ。

「続けて」

〝大きな農場……〟

「大きな農場で暮らして……」

〝ペット……〟

「……ペットをたくさん飼って……」

「想像できるかぎり、最高の幸せと成功を手に入れた、い、い、！」

両手を大きく広げたままミシェルは世界のてっぺんにたたずみ、最後のこだまに耳をかたむけた。

〝想像……〟

〝想像……〟

〝想像……〟（P81）

続く一週間は、毎日同じ日課をこなした。六時に起きて〈巌《いわお》〉までジョギングする。日を重ねるごとに少しずつ行程が楽に感じられるようになって、七日目にはとうとうサムを追い抜き、ゆうに六〇秒の差をつけて崖に到達した。追ってきたサムが林から姿を現わしたとき、ミシェルはゴール地点で勝利のおたけびをあげながら、映画〈ロッキー〉の主人公のように両手を空につき上げていた。

「よくやったわ！」サマンサが賞賛の声をあげた。新しい友が手加減したのではないかとミシェルは勘ぐったが、いい気分に変わりはなかった。

しばらく無言で景色を楽しみ、息を整えたあと、サマンサは頭を動かしてあの平らな岩を示した。

きないし、ほかの分野で同等の成功を収められるとも思えない。絶対に！

天分を示す人々には次の4つの特徴がある。

1 **情熱。**自分の仕事を愛している。ただ働きも厭《いと》わないくらいに。

2 **才能。**自分の仕事を得意としている。才能、能力あるいは天分と呼んでもいいが、とにかく彼らにはそれがある。

3 **価値。**自分の仕事に無上の重要性を見出している。

4 **運命。**自分が生まれてきたのは今の仕事をやるためだと感じている。自分にしかできない貢献をするためだと。これは彼らの運命なのだ。

天分とは偉人だけにあるものだろうか？ とんでもない！ 人間は誰もが独自の天分を持っている。あなたにはあなただけの才能、能力、好奇心、価値観があり、それはあなた自身にしか大きく育てられない。あなたにはあなたにしか全《まっと》うできない運命があるのだ。

では、どうやって天分を知り活用すればいいのか？ 次のページの空欄を埋め、あなただけの天分リストを完成させよう。このリストの目的は、あなた独自の天分にはさまざまな側面があると気づいてもらうこと。それらの側面に近づけば近づくほど……

◆日々の活動にもっと大きなエネルギーを感じられる。
◆もっと大きな充足感を得られる。
◆もっと大きな成功を手にできる。
◆もっと早く百万長者になれる。

ミシェルの物語

先に岩の上に横たわり、頭の後ろで手を組んで、両脚をくるぶしのところで組む。そして、満足げに息を吐き出す。「フロイトが心理分析をするとき人を横たわらせたのは、しごくもっともだわ」ミシェルを見て言う。「さあ、ここへいらっしゃい、バタフライ」

太陽が心地よいぬくもりを与えてくれた。日光を浴びた〈巌〉も、下からミシェルの体に熱を伝えてくる。けれど、物理的なぬくもりだけではない。ミシェルがこれほど安らかな気持ちになったのは初めてだった。

穏やかな雰囲気がミシェルを包み込む。サムから発せられているのだろう、サムが自分にもたらしてくれたものだからとミシェルは思ったが、サムだけが源ではなさそうだった。

「きょうは何をするの?」しばしの沈黙のあと、ミシェルは訊ねた。

「中間試験よ」

「わあ、たいへん」ミシェルは白目をむいてみせた。

「心配しないで、口頭テストだから。今週あなたが出会った〝きらめき〟について話して」

ミシェルはすぐにサムの意味するところを悟った。長い時間をかけて〝賢明なミリオネア〟の〝きらめき〟(P43)について語り合ってきたから。サムによれば、レッスンを知性で理解するのと、感情で〝覚え込む〟のとは、まったく別物だという。〝きらめき〟体験を経なければ、レッスンは完結しない。「情報学習」に相対するものとして、サムはこれを〝変革学習〟(P179)と呼んでいた。「頭の学習」に対して「心の学習」。光明が訪れるまで、比喩やゲームやさまざまな訓練を行なうのだ。〝なるほど〟と思うだけでは足りない、とサムは言った。〝きらめき〟をできるだけ早いうちに、ほかの誰かと分かち合うことが大切なのだ。そうすれば、もっと深いレベルでレッスンを理解できる。

ミシェルはこの一週間をふり返り、心に残った〝きらめき〟を思い起こした。「与える者は与えら

★わたしの天分リスト

情熱

わたしは何をしたいのか？

どんな活動に満足を感じるか？

人生の何に興奮を感じるか？

心に秘めた野望とは？

趣味は？

1. ______________________
2. ______________________
3. ______________________
4. ______________________

才能

わたしは何が得意なのか？

何をしたときにほめられるか？

過去のわたしは何に秀でていたか？

どんな分野で成功してきたか？

自分の強さとは？

1. ______________________
2. ______________________
3. ______________________
4. ______________________

価値

わたしにとって何が重要なのか？

豊かだったら何をするか？

何と戦うか？

何と戦わないか？

何のためなら人生を賭けるか？

1. ______________________
2. ______________________
3. ______________________
4. ______________________

運命

わたしは何のために生まれたのか？

わたしの人生に課せられた使命とは？

神はわたしに何をさせたいか？

わたしにだけ与えられた機会とは？

どこで他人との差違を創り出せるか？

1. ______________________
2. ______________________
3. ______________________
4. ______________________

ミシェルの物語

れる（P59）。わたしにとって新鮮な価値観だったわ。長いあいだ、金持ちはけちで、しみったれで、強欲だと思っていたから。だけどあなたは、〝一歩譲って〟富を得るやりかたを教えてくれた。これなら好きになれる」

「ほかの〝きらめき〟は？」サムが先をうながす。

「毎日、目標を書き記す」（P83〜85）ミシェルはすぐさま答えた。「最初の何回かは、頭の中に声が聞こえて……」

「〝うん－でも《ヤーバット》〟女史（P63）のことね？」サマンサがにっこりする。

　ミシェルはうなずいた。「目標を書き始めるじゃない？　たとえばニッキーとハンナを取り戻すとか」――少し躊躇したが、どうやら続けられそうだった。「そうすると、あの声が言うの。「うん、でも、もう手遅れよ……うん、でも、あんたはおつむの出来が悪いでしょ……うん、でも、お金なんか儲けられないって」

「すごいわね。〝うん、でも〟の名人じゃない」

「うん、でも、いい先生がいるから」ミシェルは声をあげて笑った。「これももらったし」と言って持ち上げた細くてそばかすだらけの前腕は、一週間の屋外活動ですっかり日に焼けていた。手首に紫色の輪ゴム（P65）がぶら下がっている。「もう二本目よ。最初のはあんまり何度もピシッとやるから、切れちゃった」

「あいた」サマンサが身をすくめてみせた。ミシェルの手首をとり、腕時計の手前にうっすら赤くついた痕《あと》を無言で眺める。

「今でもピシッとやるの。でも前ほどじゃない」

　サマンサが手首を放した。「来週にはそれもなくなるわ。うん－でも《ヤーバット》女史といっしょに」

第14の〝きらめき〟ラヴァレッジ(愛の梃子)

――馬の行きたい方向に馬を走らせるには、手間も労力も要らない。エイブラハム・リンカーン

ワン・ミニッツ・ミリオネアになるためには条件がある。あなたが自分の仕事を愛していることと、あなたが自分の仕事に情熱を持っていることだ。われわれの友人マイク・リットマンは、愛《ラブ》と梃子《レヴァレッジ》を合成して、〝ラヴァレッジ〟という新語を創り出した。すばらしい人生を送る人物から流れ出るパワーのことだ。賢明なミリオネアの成功も、この〝ラヴァレッジ〟を源としている。

人間を行動に駆りたてるのは感情だということを覚えておいてほしい。冷静な認識ではなく〝気持ち〟が賢明なミリオネアを動かし、いいアイデアを大きな価値に変えさせるのだ。あなたが自分の仕事を愛していれば、事はとても簡単。先の天分リストに記入した項目のうち、あなたの感情がさえずったものはどれだろうか? 該当する項目を書き出してみよう。

〝アイデア販売会社〟の〈ブライトハウス〉は、ラヴァレッジが機能している完璧な実例と言える。同社は〈コカコーラ〉や〈ジョージア・パシフィック〉や〈ハーディーズ〉などの顧客に、ひとつのアイデアを50万ドルから100万ドルで売っている。同社の営業部員曰く、「われわれはブレーンストーミングじゃなくて、ハートストーミングをしてるんだ。つまり脳みその代わりに心を寄せ合う。創造性というのは、何を考えるかより、何を感じるかだからね」

ミシェルの物語

続く一五分間、ミシェルはサムとともに目標をおさらいした。サムの指導に従って目標ひとつひとつを、今ここにあるかのように、感触や匂いといった細部に至るまで映像化していく。未来について以前より確かな手応えを得てはいたが、何かがミシェルをせっついていた。口にはできない、心の底の不安だ。とうとうミシェルはサムに訊ねた。

「〝きらめき〟について学ぶのはすばらしいけど、気になることが……」師の機嫌をそこねまいと骨折りながら言う。「……いつになったら、百万長者の話に入れるの？」

サムの耳に質問は届いたはずだが、すぐには反応が返ってこなかった。じっと雲を眺めるサム。どう答えるべきか吟味しているように思えた。

ついに発せられた声は、低く、深みがあった。「これが百万長者の話よ」ミシェルはその口調から、サムが少々じれているという印象を受けた。

「だけど……」ここでミシェルは言葉を切り、手首にはめた輪ゴムをピシッとはじいた。

サムが目をとめる。「今、何を考えて輪ゴムをはじいた？」

「物事の進み具合が遅すぎるように思えてならないの。〝きらめき〟を探してる時間はない。お金儲けの話に進みたいの。不動産の買いかたとか、事業の始めかたとか、一〇〇万ドルのつくりかたに」

「高層ビルがどれくらいの期間で建つか、注意して見たことがある？」とサム。「はたからは見えないけれど、設計士や建設業者は何年も前から作業プランを練っている。そのうえで何カ月もかけて土を掘削《くっさく》して、鉄柱や杭《くい》を、ときには一〇〇メートルも岩盤に届く深さまで打ち込むの。ビルの高さに応じて杭を打つ深さも変わる。あなたの〝建築〟に関して言えば、わたしたちはまだ掘削の段階なの」

ミシェルは数分のあいだ黙っていた。「どうしてそんなに建築にくわしいの？」

「まあ、わたしのオフィスは高層ビルじゃないけれど……たかが一〇階建てでも原則は同じだから」

賢明なミリオネアとなるのは簡単だ。1、2、3と順に進めばいい。

1 好きなことを仕事にする。
2 巨大な価値を付加する。
3 ラヴァレッジ（愛の梃子）効果を適用する。

これが進むべき道だ。道なりに歩いていけば、ドルが100万単位でついてくる。

第15の"きらめき" 想像力は意志を凌駕《りょうが》する

約100年前、フランス人医師のエミル・クーエが核心をつく発言をしている。

「意志と想像力が諍《いさか》いを起こすとき、想像力が必然的に勝利を収める」

言い換えれば、意志（理性的、論理的な自我）と想像力（創造的、右脳的な自我）が喧嘩をすると、つねに想像力が勝つということだ。

想像力こそ鍵。ぴったりの例を挙げよう。子供はベッドの下に怪物などいないと言い聞かされる。しかし電気が消されたとたんに、幼い想像力が荒々しく駆けめぐる。子供を落ち着かせたければ、理性よりも想像力に訴えたほうが効果的だ（心配しなくていいんだよ。うちにいる怪物たちは、子供を傷つけるよう

ミシェルの物語

ミシェルは感銘を受け、肘《ひじ》をついて体を起こした。「あなた、一〇階建てのビルを所有してるの?」

「そうよ。わたしと、銀行とで」ふくみ笑い。それからサムはやさしく言った。「とにかく信じて。お金はちゃんと入ってくるから。あなたが思ってるより早く。だけど、まずは基礎を固めなきゃね」

「わかった」ミシェルは、苦手なニンジンを食べ終えるまでデザートはお預けと言われた子どものような気分で答えた。

サムが質問にとりかかった。「いちばん最近、『これは正しい』と心から思ったのはいつ?」

「簡単だわ。あなたに会ったとき」

「先生におべっかをつかっても、ご褒美《ほうび》は出ないわよ」

「ほんとうだもの」

「だけど、どうやって知ったの? 頭のなかだけじゃなくて、体のなかで」

ミシェルは目を閉じ、サマンサは指にはめた金細工の指輪をいじった。「わたしに会ったとき、どんな感じがした?」

ミシェルは目を閉じ、〈マリポーサ・プラザ〉に舞い戻った。あの夜はうちひしがれて、孤独な気分だった。あの気分はまざまざと覚えている——朝から夜まで同じだった。重たい体。薄暗い世界。まるで、サングラスをかけっぱなしにしているように。

「よく覚えてない……」

「あの日の光景をよみがえらせて。追体験するの。ささいな出来事にも目をとめて」

ミシェルは目を閉じ続けた。サマンサの背後で躍っていた炉の炎が、まぶたによみがえる。あのときは自分の考えに夢中で気づかなかった細かい部分が、次々と思い出された。

「一フレームずつ、進めてごらんなさい」サムが指導する。

サムの指示に従ってあの夜を追体験するのは、ちょうど前に観た映画をもう一度観て、最初の回に

な連中じゃない。子供を守ってくれる怪物しか入れてないからね)。

大人の場合も変わりはない。われわれが想像する怪物も同じように恐ろしい。拒まれるのが怖くてためらった経験はないだろうか? 誰にでもあるはずだ。われわれの内面は曖昧でもろい。われわれは同類からの受容を求める。われわれは愛されることを欲する。心の底から渇望する。そして、馬鹿だと思われることを嫌う。

われわれは最悪を想像しがちだ。がちゃんと電話を切られたり、協力の申し出をすげなく断られたり――相手にはねつけられる場面を〝見て〟しまう。〝読心術〟の実演会みたいな状況に陥り、自分の考えを相手の心に投影してしまう。「きっと嫌われたんだ」「うわべほど有能じゃないことを見透かされているんだ」

それなら最善を想像したらどうだろうか? 成功している自分を思い描くのだ。相手に受け入れられ、好意を持たれ、あなたのアイデアと計画に支持を表明される場面を! そうなったらどんなにすばらしいかを想像しよう。こちらの前向きな考えを相手の心に投げかけよう。「わたしが売り込んでいるものを、向こうも必要としているんだ」「相手がずっと探していた答えを、わたしは今提供しようとしているんだ」

もちろん、最善の想像がつねに有効なわけではない。最悪も起こりうる。しかし、前者の確率のほうが圧倒的に高い。

なぜか?

それは**実際にあなたの心が読まれているから**だ。あなたの〝考え〟は電波となって放射され、相手はその電波を意識下で受信している。どうせ読まれてしまうのなら、読まれたいことを考えればいい。

最善の筋書きを想像しよう。最高の結果を投影しよう。それが賢明なミリオネアのやりかただ。

ミシェルの物語

見逃した要素を確認しているような気分だった。やがて、ある点が心に留まった。心に浮かぶまま、声に出してみる。「頭のなかでささやく声がする。『これだ。行け』って」

「うんー《ヤー》でも《バット》女史？」と、サム。

ミシェルはかぶりをふった。「ちがう。あの声じゃない。別の声」

新たな声を聞いて、どんな感覚がする？」

「ええと……安らかで……体じゅうが……軽くなって……」

ミシェルはひき続き、サマンサのメルセデスに乗り込んだところまであの夜を再現していった。

「その感覚は、今どこにある？」

「ここ」ぱっちりとまぶたを開いたミシェルは、日光に目をしばたかせた。自分の胸を叩く。「わたしの胸の中」

サマンサが片肘をついて体を支えた。「ある人は〝直観〟（P101）と呼ぶ。わたしは〝真の自己〟と呼ぶ。さあ、その声がどんな感じか……どんな感覚を与えてくれるか、わかったわね」

ミシェルはうなずいた。「あなた自身はどこで学んだの？」

「祖父からよ」サムは笑顔で思い出を語った。「祖父は羽振りのいいビジネスマンだった。ある日、わたしは——一四歳だったわ——自宅の居間で祖父が仕事の打ち合わせをしているところを見たの。大きな決断を迫られたときは必ず、いったん話をやめてから、唇を固く結んで、心臓に手をやって、ぽんぽんぽんと三回叩いてた。そのうえで決断を下すの。あとで祖父に訊いてみたわ。すると、なんでも重要なことを決めるときは〝真の自己〟にお伺いをたてるんだ、という答えが返ってきた」

「へええ……」

「で、あなたの直観は次に何をすべきだと告げている？」サムが問いかけた。

第16の〝きらめき〟
質問の大きさが成果の大きさを決める

〝100万ドルを稼ぎ出す、あるいは100万ドルを創り出すには、いったいどうすればいいのだろうか?〟と自分に問いかけると、あなたの心は答えを見つけるべく動きはじめる。満足いく回答が得られるまで、心は絶え間なく働くことを強いられる。

ほとんどの人は次のような質問形態をとってしまう。「どうすれば仕事を、職場を、勤め口を見つけられるだろうか?」「これで年に5万ドル稼げるのだろうか?」**誤った質問は必ず誤った結果を導き出す。**めざましい成果など望みようもない。

質問は前もって回答を方向づけている。問いの大きさは答えの大きさを決める。「100万ドルを獲得できるだろうか?」と問いかける者はまれだ。あなたには、そんなまれな例外となってほしい。

世界一の保険外交員として知られるベン・フェルドマンはかつて「年収10万ドルと100万ドルの違いは、実質上ゼロ1個だけだよ」と語った。1年に10万ドル稼ぐには、歩合制外交員だと日給400ドルで年250日働かねばならない。年に100万ドルなら、日給は400ではなく4000ドル。そう、違いはゼロ1個だ。きっかけ作りにぴったりの質問を紹介しよう。「愛する人の命がかかっていたら、あなたはどんなことでもやってのけるのではないか?」ほとんどの場合「もちろん!」という声があがるはずだ。

誤った質問をする者は、真の潜在能力以下の人生を送っている。素質と才能を持っていても、それを生かしきれていないわけだ。これはほとんどすべての人に当てはまる。あなたにはぜひとも、自分に何ができるかをよく考えて実行に移してほしい。今すぐ!

ミシェルの物語

ミシェルはためらった。やがてもう一度目を閉じ、心臓の上に手をやった。「気が進まないわ」〈巌〉の上で身じろぎする。「直観は、義父のアンソニーに会いにいけ、と告げてるんだけど……」

「うん、でも?」

「何かの間違いよ。あの人がこわくて……こわくてたまらないんだもの」

「あなたはいつも彼のことを、体長がキングコングほどもあって、凶暴さはその二倍増しの男みたいに言うわね。だけど、それはあなたの認識でしょう」

「わたしと、ほかの人間みんなのよ」

「それでも、あなたの認識」サマンサはゆずらなかった。「だったら変えればいいじゃない」(P95)

ミシェルはじっと待った。

「あの人を思い描いてごらんなさい。できるかぎりくわしく思い描くの」

ミシェルはまぶたを閉じた。

「どんな服を着ている? どんな匂いがする? どれくらい遠くに立っている? どれくらい背が高い? まわりには何がある?」

アンソニーのイメージが心のなかで像を結ぶと、ミシェルはすくみあがった。初めて出会ったときの記憶がまざまざとよみがえる。アンソニーは怒りに顔を上気させている。何年にもわたって目にしてきた表情だ。ミシェルは〈エリクセン木材〉の社屋の前で、社の再植林方針、というよりその欠如に抗議を申したてるデモ隊の一員だった。同じ日に、デモ隊と交渉に臨むため現われたギデオンとも出会っている。一部の仲間には裏切りと思われたかもしれないが、ギデオンとは確かにひと目ぼれだったという確信があった。

「横道にそれてるわよ。ミスター・Eに戻って」

本書をつくるにあたり、われわれふたりは自問した。「今までにない斬新な本で世界を刺激し、10年間で100万人の百万長者と400人の億万長者を誕生させるには、いったいどうすればいいのだろうか?」

『ワン・ミニッツ・ミリオネア』は時流に乗ったタイトルであるとともに、われわれの大きな使命をも表している。〝世界経済の未来を変えるには、新たな仕事を創り出さねばならない〟。そのための最善かつ恒久的かつ効果的な方法が起業なのだ。

統計によれば、ひとりの百万長者は10の新しい仕事を、億万長者は1万の新しい仕事を創出する。だから多くの人に本書を読んでもらえれば、われわれの目標はきっと達成される。ようやくこういう状況まで来られたのも、われわれが自分自身と他者に対し、強力かつ重要な質問を発しつづけてきたからこそだ。われわれが投げかけた質問には必ず、大いなる目標と夢が付随していた。

自分自身と他人に対し、よりよい質問を投げかければ、あなたの成果は飛躍的に上がり、それにつれて世界もよくなる。あなたのサービスは質量ともに広がり、あなたが創り出す個性は画期的変化を生み出し、あなたは歴史に大きな遺産をもたらすこととなる。

第17の〝きらめき〟 あなたはすでに答えを知っている

人差し指の先を額に押し当て、「これは地球上でいちばん性能のいいコンピュータだ」と言ってみよう。脳という名のコンピュータは、あなたの身に起こるすべてを記録する。熱、光、湿度、音など同時に数百万の入力を処理できるのだ。そしてあなたが意識せずとも体を機能させ、心臓を脈打たせ、肺を伸縮させ

ふたたびアンソニーの記憶。今度はギデオンとふたりで婚約を告げたときの、両耳から蒸気を噴き出しているような形相。表向きは丁重だったが、本心は隠しようがなかった。

「そんなところでいいでしょう。じゃあカメラを後ろに引いて。そう。まわりのいろんなものが見える？　そちらは逆に大きくなっていくの。高価な絵や家具だけじゃなくて、身につけている服もよ。彼が服を持っているのは単にお金で買ったから。それがなければ、ただの裸んぼ」

ミシェルは笑いをかみ殺した。三〇〇〇ドルのスーツを着ていないアンソニーなど見たことがない。その下に何が隠れているか、今まで考えてもみなかった。アンソニーももうじき七〇歳だ。

「小さくなってきた？　よろしい。そのまま続けて。小さく、小さくなって、あなたのてのひらに乗るまで。言っておくけど、まだ裸のままよ」

ミシェルは手をつき出した。

「見てごらんなさい」

おずおずと目を開いてみる。「見えるわ」

サムが続ける。「もっと小さくなっていくわよ。もう人間の姿には見えない。のっぺりして、まるでミミズみたい。さあ、もっと小さくなった。まるで……」

「塵《ちり》ぼこりみたい」

「さあ、吹き飛ばしてしまいなさい。バースデーケーキのろうそくの火を吹き消すみたいに」

ミシェルはてのひらに息を吹きかけ、塵ぼこりに変わり果てた怒り顔の義父が消し飛ぶのを見ながら、願いごとを唱えた。

てくれる。

脳には、人生で学んだすべてのことが消えないように記録されている。聞いたこと、言ったこと、読んだこと、見たこと、経験したこと、すべてが刻み込まれている。いわば携帯型のデータベースだ。DNAは前時代や前世の叡智《えいち》を運ぶ器だとまで言われている。要するに、あなたの無意識のデータバンクはとてつもなく膨大なのだ。覚えが悪い人など存在しない。誰もが〝完璧な〟記憶を持っている。その記憶をひっぱり出せない人は、単に既存データにアクセスするためのシステムが劣悪なだけだ。

さて、直観はどういう仕組みで働くのだろうか？　決断に迷っていらついている場面を想像してみよう。あなたの直観は情報を求め、巨大なデータバンクを走査し、結論が出るまで評価と分析を繰り返す。そして結論が出たとき、あなたにシグナルを送る。

ここからがむずかしいところだ。直観は、たとえて言うなら、完璧な視力を持ちながら口をふさがれている人のようなものだ。何をすべきなのかはっきりわかっていても、シグナルを送る確実な方法がない。人はそれぞれ独自の直観の形を持っている。穏やかな感情だったり、活気に満ちた内なる声だったり、瞬間的な閃《ひらめ》きだったり、その3つの組み合わせだったり……。あなたの直観はどういうシグナルを送ってくるだろうか？

〝予感〟がやってきたとき——何かが正しいと知ったとき——のことを思い起こし、心の中でその時点までさかのぼってみよう。〝予感の瞬間〟をコマ送りで再生しながら、予感に関連しそうな内的シグナルを探してみよう。何か気づいたことは？　映像？　声？　感覚？　あなたはどうやってシグナルが本物だと知ったのだろうか？　その質問に答えることはできないはずだ。あなたはただ〝知った〟のだから。

では、〝どこで〟知ったのだろうか？　注目すべきは、確実だという感覚が、体のどこで核を形成したかということだ。それは温かいのか冷たいのか？　明瞭なのか曖昧なのか？　響き渡っているのか、くぐ

ミシェルの物語

ディアクリークに帰るのは一月以来だった。今は九月。ギデオンが死んでからまる一年が過ぎた。

目的地に近づいていることを示すさまざまな目印が、二車線のハイウェイに姿を現わすと、ミシェルのなかでさまざまな感情が渦巻いた。パーソン農場の境界線に立てられた、手書きの〝摘みたてさくらんぼ〟の看板。そこから二、三キロ先に進むと、ものごころついて以来そこにあった古タイヤの山。以前はなんとも思わなかった変わりばえのしない眺めが、今はたまらなく愛しい。早朝で、空気には夏の終わり特有のはかなさが漂い、道端にはまだヒナギクが咲き乱れていた。

「あと一〇分くらいで合流点に着くわ」ミシェルは運転席のジェレミーに言った。もし一〇日前に誰かからディアクリークまでジェレミーとドライブする予定があるかと訊かれたら、ミシェルはこめかみに人差し指をあてて、くるくる回してみせただろう。けれど、出がけにサムがウインクして言ったとおり、「山を登る道には、いくつもカーブがあって当たり前」なのだ。

今、ジェレミーの運転で一世一代の会見に向かっている。こんな気持ちは、陣痛の間隔が五分にせばまって夫の運転で病院に行ったとき以来だ。「ほんとにいっしょに中まで行かなくていいのかい?」

「自分ひとりでやりとげたいの」ミシェルは答えた。「でも、ありがとう」

ジェレミーがこれほどいい友人になりうるとは意外だった。「他人を遠ざけるのをやめると、意外な発見があるわよ」とサムも言っていた。

「じゃ、外で待ってるよ。手がいるときは携帯に連絡してくれ」

「助かるわ」

もうひとつミシェルにとって驚きだったのは、短い期間でいかに多くを学べるかということだ。サ

もっているのか?

あなたはすでに驚異の能力を備えている。どの方角へ向かうべきかを〝知る〟能力だ。あとはただ、あなた独自のシグナルを解読しさえすればいい。

じっくり時間をかけて、あなたの直観を培《つちか》おう。決断を下す前に、あなたの〝内なる物知り〟に問い合わせよう。あなたの直観と手を携えて進もう。直観はめったに道を間違えない。

第18の〝きらめき〟 整列すべし

太陽光と虫眼鏡で火を起こすには、条件を〝きちんと〟揃える必要がある。紙から虫眼鏡を高く上げすぎると光は拡散してしまい、発火点に至る熱を生成できない。

水を摂氏100度まで熱すると沸騰が始まる。99度以下だと沸騰はしない。

飛行機が空へ飛び立つには、特定の対地速度に達する必要がある。その速度を稼げなければ離陸することはできず、滑走路の端で華々しいクラッシュが待ち構えている。

金銭的成功者となるために、ものすごい量のエネルギーを費やす人々がいる。一見すると、彼らの行動はすべて正しい。目標設定、読書、セミナー出席など適正な手続きはすべて踏んでいる。しかし、成功は彼らに微笑みかけない。一方、同じ手続きを踏みながら、豊かさにどっぷりと浸かる人々も存在する。いったいどこが違うのだろうか? 豊かさを具現するには、まず何より整列――あなたのすべての部分が同一歩調をとる状態――を達成する必要がある。最低でも3つの主要部分は整列していなければならない。

第1は願望。あなたは対象を欲する必要がある。**第2は信念。**大金を創り出せると信じる必要がある。

ムと出会ってからまだ四週間もたっていない。〈巌《いわお》〉でサムに教わった事柄のひとつに、人間の見栄えの大切さがあった。

「わたしは祖先に敬意を払いたいと思う。だけど、民族衣装を着る理由はもうひとつあるの。ほら、誰かがもし会合でわたしを含む一〇人の人間と会ったら、あとで思い出してもらえるのは誰だと思う？　わたしか、ダブルのスーツを着た連中か？」

「身長一八〇センチの美女っていうのも得よね」

「一七八センチよ。でも誰も測ったりはしない」

前日に、サマンサはミシェルを専属スタイリストに引き合わせた。長く伸びて不揃いになっていた髪を、スタイリストは垢《あか》ぬけたセミロングに切ってくれた。さらに、サムはミシェルを買い物に連れていった。きょう身につけているのは、そのとき買ったものだ。翡翠《ひすい》色のブレザーの下に、ぱりっとした白のブラウス、きちんと折り目のついたチャコールグレーのスラックス。

ミシェルはエリクセン家の私道に入るところ、全自動ゲートに設置されたインターホンの前で立ち止まり、サマンサに教えてもらった準備運動（P95）を行なった。

呼吸。分子をひとつ残らず吐き出すように心がけながら、深呼吸を七回くり返す。

映像化。頭に思い描いた自分は、光と、最大のエネルギーを与えてくれる色、濃い紫色に包み込まれている。

聴覚。いつも心をふるいたたせてくれる歌を思い起こす。

ミシェルはインターホンのボタンを押した。

「はい？」エステラだ。二五年前からエリクセン家に仕えてきた家政婦。ミシェルの家を、子どもにはふさわしくないと証言した女。

第3は自己受容。自分は豊かになる資格があると心の底から信じる必要がある。もしも、どれかひとつが列を乱せば、あなたのエネルギーは拡散して効力を失う。たとえば、あなたは豊かになりたいと望み、自分はその資格があると思っているとしよう。しかし、何度かトライして不成功に終わったため、自分には才能がないのではないかと感じ始めてしまった。これでは整列状態とは呼べない。3つのうちの2つだけでは不充分なのだ。大気圏脱出には3つのエンジンが必要なのに、あなたは2つのエンジンしか稼働させていない。つまり衛星は地上へ落下する。身に覚えがないだろうか？

発火点まで達するには、沸点まで熱するには、所定の対地速度を得るには、あなたが整列状態になっていなければならない。あなたのすべての部分——頭も心も魂も——が身銭を切り、出資株主とならなければならない。〝全システム異常なし〟にならなければならない。賢明なミリオネアは整列状態にあるのだ。

第19の〝きらめき〟マネーの磁石となれ

あなたにはお金を吸い寄せる磁力があるだろうか？　もちろんある！　磁力はこの宇宙で最も強い原動力のひとつだ。銀河系をつなぎ止めているのも磁力。体内の微細な素粒子を動かしているのも磁力。地球全体もひとつの巨大な磁石だ。

磁石のまわりには、目に見えない〝磁場〟が形成されており、磁場の中に釘が入ると、まるで魔法のように吸いつけられる。釘の側に選択の余地はない。「きょうは磁場を無視することにしよう」というわけにはいかないのだ。

釘と永久磁石とが接触すると、釘は一時的に磁石となり、まわりを惹きつける力を手に入れる。磁石の

ミシェルの物語

「ミシェルよ、エステラ」

「だんなさまがたとお約束ですか?」インターホンから声が聞こえた。

「ええ。九時に約束してあるわ」時刻ちょうどだった。

門がゆっくりと開いた。勾配の急な私道を進みながら、ミシェルはニッキーとハンナを思って切なくなった。義父のアンソニーに電話してきょうの会見を申し入れたとき、相手は子どもたちと顔を合わせないことを絶対条件に掲げてきた。聞き入れるのはつらかったが、聞き入れれば会見をとりつける時間を短縮できるとわかっていた。

ミシェルはまた映像化を行なって、子どもたちのイメージを心から追い出した。サムからは、後ろ向きの思考を切り離し、意識の中で梱包《こんぽう》して捨て去る方法を教わっている。訓練を積めば積むほど違和感が薄れていくので、近い将来には、自分の意識を思いどおりに操るのも夢ではなさそうだった。

とはいえ難題であることに変わりないと、屋敷を見上げながらミシェルは思った。手の込んだ石細工と切妻屋根は、虚栄のしるし、英国貴族領の再来だ。円形の車回しの真ん中、完璧な円を描く芝生の上には背の高いポールが立てられ、アメリカ合衆国とコロラド州の旗がはためいていた。

玄関でエステラが出迎えた。青のお仕着せに大きな白のエプロンをしめ、キャップをかぶったところは、まるで第一次大戦の従軍看護婦だ。顔色の悪さを隠すためにファンデーションを厚く塗り、トルコ石色のアイシャドーと太いアイラインをほどこしている。

「こんにちは、エステラ」ミシェルはつとめて軽い口調で言った。夫はなぜかエステラを信頼していたので、この冷たい性格にもきっと別の面があるのだろう。どこかに。

「どうも」エステラの答えはよそよそしかった。「だんなさまから書斎で待つようにとの仰せです」

〝書斎〟。それは本で埋め尽くされ、車輪つきの脚立が備えつけられた二階建ての部屋だった。けっ

そばにいるかぎり、釘はこの新たな力を持ちつづけ、磁石と離れれば元の状態に戻る。どうしてこうなるのだろうか？

電子顕微鏡で釘の原子を観察すると、もともと磁石の属性を持っていることがわかる。しかし釘の原子たちは支離滅裂で、みんなが好き勝手な方向を向き、互いの電荷を打ち消し合っている。対照的に磁石の原子たちはきっちりと、S極とN極に向かって整列している。磁力に吸い寄せられるとき、釘の原子は磁石の原子にならい、きっちりと整列しはじめる。そして、〝疑似〟磁石となるわけだ。原子の配列が揃えば揃うほど、釘のふるまいは磁石に似てくる（なんとなく話の行き先が見えてきただろうか？）。

あなた自身の体も電磁的活動の場となっている。あなたを構成する兆単位の原子は、ひとつひとつが磁力を発生させる超小型マシーンだ。歩く磁力工場と言い換えてもいい。

◆あなたも磁力――まわりを惹きつける秘めた力――を帯びている。
◆〝類は友を呼ぶ〟ので、あなたの好みのもの、望みのものが惹きつけられてくる。
◆あなたが整然としていれば整然としているほど、望みのものを惹きつける力は強くなる。
◆〝整列〟したあなたが欲すれば、対象物は必ずあなたに惹きつけられる。
◆整然とした、あるいは〝整列〟した人物は魅力的で、磁力的で、カリスマ的でさえある。
◆〝整列〟した人間が近くにいると、その磁力が〝伝染〟する。
◆あなたが〝整列〟すればするほど、まわりの〝磁場〟は広くなる。
◆〝完璧な整列〟を達成したとき、誰もあなたには逆らえない！

ナポレオン・ヒルが『思考は現実化する』にこう書いている。

ミシェルの物語

して見栄だけではない。アンソニーは熱心な読書家で、特に歴史に造詣《ぞうけい》が深かった。義母のナタリーが好んで読むロマンス小説は、夫の命令で別の部屋に置いてある。

ミシェルはエステラのあとについていった。お仕着せがかさかさと音をたてたが、底に布地を張った靴は地を這《は》う蛇なみの静かさだった。

エステラはミシェルを書斎に残して去った。待たせておいて、誰が主導権を握っているのかを見せつけ、同時にこちらの不安をあおるつもりだ、とミシェルは感づいた。アンソニーのデスクのうしろ、本が並んでいない壁の一角に、ニッキーとハンナの最近の写真がでかでかと飾ってあった。ハンナはテニスの、ニッキーはラクロスのウェアに身を包んでいる。ミシェルは立ち上がって写真を眺め、子どもたちの顔に表われたほのかな成長のしるしに目をこらした。去年のクリスマスから会っていないのだと思うと、ひどくこたえた。どちらの誕生日も逃してしまうなんて……。ミシェルは目をつぶり、アンソニーにかぎって、こういう詮索しやすい場所に人を長く待たせておくわけがないと自分に言い聞かせた。サマンサによる思考操作の訓練も、しだいに難易度を増してきていた。

一〇分後、アンソニーがナタリーをひき連れて入ってきた。ナタリーは緋色の絹の部屋着をまとっていた。髪を後ろになでつけて、固い髷《まげ》に結ってある。束の間ミシェルは、はたしてアンソニーは妻ひと筋なのだろうかと疑った。

「五分だけ与えよう」アンソニーがどっしりしたデスクの奥に腰かけながら宣告した。「ブリッジのクラブが二階のラウンジで集まるのでな」

「わたしも女子青年連盟があるから」ナタリーは夫の脇に歩哨《ほしょう》よろしく立ったままだった。

「わたしも打ち合わせがあるんです」ミシェルはでまかせを言った。「五分以上はいりません」元義父をまっすぐ見すえ、無力な塵《ちり》ぼこりがてのひらの上で今にも吹き飛ばされようとしているイメージ

「心の中にある支配的思考がわれわれの脳に磁力をもたらし、人智の及ばぬ方法で力と、人と、運命を惹きつける。この力と人と運命は、われわれの支配的思考と性質を同じくするものである」

つまり、あなたは文字どおり磁石となり、望みのものを自分に惹きつけるわけだ。あなたが〝心から〟富を望めば、富のほうも〝いやだ〟とは言わない。

第20の〝きらめき〟叩けよ、さらば開かれん

次の引用文をじっくりかみしめよう。

「決意表明がなされるまでは、躊躇《ちゅうちょ》、撤退、骨折り損という可能性がつねに存在する。創造的活動についてひとつだけ確かなのは、無知によって数多くのアイデアとすばらしい計画が潰《つぶ》されているということだ。しかし、自分に対して明確な決意表明を行なえば、同時に神の摂理が動きだす。今まではけっして起こらなかったようなことが、まわりじゅうで発生して助けの手を差しのべてくれる。びっくりするような出来事、出会い、物的支援などが思いもしない方角から次々と殺到し、物事がいいほうへ、いいほうへと進んでいくのだ。わたしはゲーテの2行連句の意味深長さに敬意を抱いた。『なんでもいいから、あなたのできることを、できると夢に見たことを始めなさい。大胆さには、才能と、力と、魔法が内包されている』」W・H・マーリー『スコットランド隊のヒマラヤ探検記』

を呼び起こした。

「わしに提案があるとのことだったな」アンソニーが、金めっきのボールペンと革表紙のシステム手帳を手にとり、こちらにあまり関心がないという素振りを見せつけてきた。

「きょうは同じ親としての立場から話し合おうと思って、ここに来ました」ミシェルは切り出した。サマンサが今週の初めに口にした識見が思い出される。エリクセン夫妻を悪者にしても――ふたりを阿呆《あほう》と決めつけたり、もっときつい罵《ののし》り言葉を投げつけたりしても何も得られない、と。ふたりは自分たちの道を歩み、自分たちで蒔《ま》いた種を刈り取ってきたのだ。いざ夫妻と向かい合ってみると、識見はつるりと手から落ちそうだったが、ミシェルは深呼吸し、ベストを尽くそうと誓った。「子どもたちに会わせてください。それがあの子たちにはいちばんだと、おふたりにもわかっているでしょう」

「ミシェル」アンソニーの声は慇懃《いんぎん》そのものだった。「面会の問題は法廷にまかせておこうじゃないか。わしがあんたとの会見を受け入れたのは、弁護士どもにそのほうが有利だと言われたからにすぎん。あんたも判事に、自分の要求を残らずはねつけられたなどとは言えんだろう。だからといって今、あの子らに会わせてやるつもりはない」

「あの子たちを連れて逃げようとしたくせに」ナタリーが吐き捨てる。

「ちがいます」ミシェルは抗弁した。「ただ、親戚のうちへ――」

「もし、また気を許したら――」

「おまえ」アンソニーは手をのばしたが、妻に触れる寸前でひっこめた。「丁重にいこう」

ミシェルはニッキーとハンナの写真に目を走らせた。ふたりはこんなに近く……もしかしたら家の中にいる……なのにこんなに遠いなんて……。「あなたがたが同じ部屋の中にいるという条件つきでもかまいませんから、ただ話をして、抱きしめて……」〝我を失っちゃだめよ〟「それが害になるなん

決意表明は点火用のスパークだ。自動車のイグニッションキーだ。砂の上に方針を書き記し、「わたしはこれを実行すると決意表明する。どれだけのものが必要になろうとも、どれだけの時間が必要になろうとも」と宣言すれば、無線標識みたいな目に見えないシグナルが発信され、目標達成に必要な資源が共鳴を起こしはじめる。

まるで魔法のように、資源が〝具体化〟しはじめる。アイデアがとめどなくあふれ出す。状況に応じて、時間の進みかたが速くなったり遅くなったりする。まるであなたが召喚したかのように、必要な人が必要なときにやってくる。

なぜそんな事態が起こるのだろうか？

あなたも一度は音叉《おんさ》で遊んだ経験があるはずだ。こつんと叩けば、音叉はブーンとうなりをあげ、特定の高さの音波をあたりに放射する。同じ音高に調整した別の音叉を、1本めの音叉の近くにおいてやると、2本めの音叉は音波を拾い、1本めに呼応してゆっくり振動を始める。しかし音高を調整していない音叉では共鳴は起こらない。

あなたも音叉と同じように、目に見えない、耳に聞こえないシグナルを送っている。ほとんどの場合、シグナルは弱く方向性もバラバラである。しかし決意があるレベルまで達すれば、あなたの振動は激しさを増す。あなたの心、あなたの魂、あなたの生命力がより高い周波数でうなりをあげる。あなたが誰かと会ったとき、この振動は不可視の無線信号みたいに意識されることなく相手に受信される。そして、〝わたしは決意した〟という微弱ながらも明快なメッセージが伝わるわけだ。

決意がなされると、目的に対する情熱が体内の細胞を活性化させる。賢明なミリオネアとは決意した人である。

て、まさか思わないでしょうね」

「いや、害になるのだ」アンソニーが金のペンを置き、椅子の背をそり返らせた。「論理的にいこう。ふたりは幼いし柔軟だ。あんたのことは忘れて新たな情愛を育《はぐく》みつつある。息子もあんたに惑わされるまでは正しい道を歩いていた。幸い、ニッキーはわしの知性とビジネスの才能を受け継いでおる。死んだ気の毒な父親とちがって数字にも強いようだ。わしはセント・ジェームズ学園の校長に〝若き起業家の会〟を創設するよう申し入れた。ニッキーが初代会長を務めることになっておる」

　ナタリーがアンソニーのデスクにもたれかかった。「過去とはさよならする時期でしょ。あなたは若いんだから、誰か目をとめてくれる男の人がいれば、また子どもをつくれる。わたしたち、ほんとうにあの子たちのためを思っているの。ニッキーとハンナはエリクセン家の人間です。この土地に最初に定住した一族の」

「ネイティヴ・アメリカンを別にすればでしょ」ミシェルは必死で涙をこらえながらつぶやいた。

「子どもたちは元気に育っているわ」ミシェルの声など聞こえないかのようにナタリーが続けた。「食事も最良のものを与えている。ハンナは乳児脂肪を二・三キロも落としたわ。すてきな誕生会も開いてあげた。プロの手品師を呼んで、ポニーに乗って、無脂肪のケーキを三種類も用意したのよ」

「ふたりの母親はわたしです」ミシェルはなすすべもなく言った。どうしてうまくいかないのだろう？　そのとき、つい二日前にサムと〈巌《いわお》〉で行なった授業がよみがえった。おのれの直観（Ｐ１０１）だ。追いつめられるあまり、すっかり忘れていた。ミシェルは目を閉じ、できるかぎり大きく深呼吸してから心臓の上を三回叩いた。

　目を開くとアンソニーとナタリーが、やはりこの女、前から思っていたとおり頭がおかしいのか、と言いたげな顔で見ていた。しかしミシェルはゆっくりと笑みを浮かべた。直観の声を聞くうちに、

第21の〝きらめき〟分かち合いは人のためならず

賢明なミリオネアは知っている。与えるということは、自分の本質を具現する最高の形であり、信念と行動との融合である、と。具体的には？　1割の献納だ。賢明なミリオネアは収入の10％を慈善事業や地元の教会などに献納する。与えることは繁栄を1000倍にもしてくれる。

この方法は厳密な1割献納者のジョン・D・ロックフェラーには効果てきめんだった。カーネギーも同様。最近の例ではオプラ・ウィンフリーが有名だ。オプラは成人してからずっと、ほとんどの場合は匿名で、年収の10％を慈善事業に寄付しつづけている。世界屈指の投資家にして輝かしき〈テンプルトン・ファンド〉の創設者であるジョン・マークス・テンプルトン卿も、「どんな時代でも、1割献納はいちばんリターンのいい投資だよ」と語っている。巨万の富の舞台裏には共通のパターンがある。**与えれば与えるほど得るものは大きくなる**というパターンだ。

なぜ、そうなるのだろうか？　それは、与えることがお金を拡大させるからだ。いったいどういう仕組みで？　H_2Oの3つの形態――氷、水、蒸気――にならい、ここでは便宜的にお金を3つの次元に分けて考えてみよう。固体（物質）と、液体（精神）と、気体（魂）だ。感謝の態度でお金を与えたとき、あなたは物質的次元から魂の次元へと押し出される。

熱せられた水が膨張するように、あなたが与えたお金も膨張する。与えることで文字どおり拡大し、増加し、幾何級数的に増えていく。反対に、財布のひもをきつく絞れば絞るほど、お金をけちればけちるほど、お金は圧縮されていく。ディケンズは『クリスマス・キャロル』の中でスクルージという人物を通し

ミシェルの物語

サマンサが言った大事な識見を思い出したのだ。〝問いの大きさが、答えの大きさを決める〟（P99）

「ひとつだけ質問があります」ここでミシェルは言葉を切った。「どんな条件を満たせば子どもたちを返してもらえますか？」

アンソニー・エリクソンが即座に答える。「われわれが納得するような筋書きはとうてい考えられん」

ナタリーもかぶりをふって夫に同意した。

〝第一の拒絶だわ〟

「果たしてそうでしょうか」ミシェルは食い下がった。論理的な根拠などどこにもなかったが、屋敷に足を踏み入れたときに比べて、心は鎮まりつつあった。「何か方法があるはず……」

「あの子たちをひきとったとしてもね、あなた」ナタリーが親切に聞こえかねない声音で言った。「どうやって食べさせていくつもり？　食料配給券だけですべてまかなえるとは思えないけれど」

「妻が言っているのはだ、以前と同じ破産状態にある以上、あんたが家族を、しかもわしの孫を養えるだけの財源を今後手に入れられるはずがないということだよ」

〝第二の拒絶だ〟

ミシェルは大胆に問いかけた。「どれだけ財源があればいいんでしょうか？」

この質問に、夫妻はふたりとも不意をつかれたようだった。敵の決意にかすかなひびが入っただろうか？　ミシェルはさらに押した。「いくらです？　一〇万？　二〇万？　一〇〇万？」

「あんたが？　一〇〇万だと？」アンソニーはげらげら笑った。ミシェルにとってはおそらく初めて聞く笑い声だが、ぞっとする響きだった。「礼を言おう。クウォールズ市長は毎週ブリッジのゲームをとっておきのジョークで始めるんだが、今回ばかりはやっこさんを出し抜けそうだ」

ナタリーはさほど上機嫌でなかった。ミシェルが次に言うせりふを予期していたのかもしれない。

て、けちと、しみったれと、出し惜しみと、過度の倹約の末路を生き生きと描き出している。

多くの人々は、お金というのは与えれば減るものだと思っている（１００％－10％＝90％）。賢明なミリオネアは、与えることが大きな広がりを生むことを知っている（１００％×10％＝１０００％）。〝**1割献納は引き算ではなく掛け算なのである**〟。

第22の〝きらめき〟
お金のありかは神のみぞ知る

〈ギャラップ調査〉の推計によれば、北米人の95％が神を信じている。


もしわれわれが心の生活を大切に思うのであれば、金銭的目標をそれと切り離して考えるのはどうしてなのか？　その徹底ぶりは、個人レベルの〝政教分離〟を思わせる。

お金と神とは相性が悪いのだろうか？　正直なところ、〝すべての富の創造主〟を抜きに、お金を云々するのはばかげている。誰かが言ったように、「お金のありかは神のみぞ知る」のだ。主は何もかもお見通しだ。あしたどの株が上がるか。来年どの不動産が3倍になるか。どのビジネス・アイデアを採用すれば、百万長者となるべき人が運命どおりに百万長者となれるか。

たしかに聖書は〝貧困は美徳なり〟と教えている。しかし、3大宗教――ユダヤ教、イスラム教、キリスト教――の〝父〟と崇められるアブラハムが、世界有数の金持ちだったことを思い出してほしい。現代の基準で言えば億万長者である。物質的な恵みは天罰の対象ではなく、信心深さに対する〝報酬〟なのだ。

「本気です」

「答えは、否《いな》だ」アンソニーの声にいらだちがにじんだ。「それに、もうむだづかいする時間がない」受話器を取り上げる。警備員を呼んで外へ連れ出させるつもりだろう、とミシェルは察した。

〝第三の拒絶だ〟

そこで、ミシェルは早口でもちかけた。「あなたが賭け事で尻込みするなんて驚きです」

「賭け事？」アンソニーはくり返した。受話器を持ち上げたまま。「どんな賭けをふっかけるつもりだ？」ナタリーが憤りのまなざしを夫に投げた。

「心配ない」とアンソニー。「どんな賭けだ？」

頭のなかでアイデアが形を成したのは、ほんの数秒前。今や、ミシェルは言葉を滝のようにほとばしらせていた。しかるべき場所へ導いてくれると信じて。「じゃあ……今から一二カ月のあいだに一〇〇万ドル稼いでみせましょう。もし実行できたら、親権に関する訴訟を放棄して……わたしに子どもを返してください」

「もし実行できなかったら？」

「この州を出て、あなたがたには二度とお会いしません」

「まあ、なんてことを」ナタリーが思わず声をあげる。

「黙っていろ」アンソニーがきつく言ったが、そのいらだちぶりにミシェルの心はたちまち浮き立った。アンソニーの中で賭博《とばく》師の血が騒いでいるのだ。アンソニー自身はいっさい金銭的なリスクを負わずにすみ、しかもこの茶番が終わったらミシェルが二度と現われないと聞けば、なおさらだろう。

「条件がある」アンソニーがシステム手帳をボールペンでこつこつと叩きながら言った。「その金は自分で稼ぐこと。人に借りたり、贈与を受けたり、賞金としてもらったりしてはいかん。それから現

聖書は世界が豊かであることと、豊かさを分かち合うことの大切さを教えている。われわれのお気に入りのくだりを紹介しよう。

「万軍の主は言った。わたしの住まいから食べ物が尽きぬよう、あなたの収穫のうち10分の1を納めなさい。これをもってわたしへの試しとするがいい。あなたの倉に隙間ができたなら、わたしが天国の窓を開き、その隙間を恵みであふれさせてみせよう。そして、わたしはむさぼり食う者を叱責し、その者があなたの土地の収穫物を壊滅させぬようにしよう。また、あなたの畑の葡萄《ぶどう》の木が、収穫の前に実を落とさぬようにしよう」（マラキ書3章10－11節）

これほど明確な約束は歴史上類を見ない。しかも神は自分を試せと挑発してさえいるのだ。われわれは1割献納の法則を実際に試し、通用することを確認してきた。賢明なミリオネアは〝お金のありかは神のみぞ知る〟と認識している。あとは神が自分にそれを示してくれるのを待てばいい。

第23の〝きらめき〟 破壊は創造なり

賢明なミリオネアになるぞと決意したあと、あなたは〝履歴現象《りれき》〟に見舞われるかもしれない。履歴現象とは、今まで与えられていた圧力が取り去られたとき、素材が元の形にすばやく復帰しようとする性質のことだ。たとえば鋼材を熱すると膨張する。加熱をやめると、冷えるにつれて元へ戻ろうとする。これが履歴現象だ。

ミシェルの物語

金であること。証拠が必要だからな。あんたの一〇〇万ドルを、この目で確かめさせてもらおう」

「けっこうです」ミシェルはものおじせずに視線をはね返した。

「それから」アンソニーが間をおく。「期限は一二カ月ではなく、九〇日だ」

「九〇日で一〇〇万ドルを稼げですって？　冗談でしょう！」

「それが賭けの条件だ。呑むのか、呑まないのか」

ミシェルは恐慌をきたした。相手のほうが一枚上だ！　サマンサから、ストレスに巻き込まれた際に平静を取り戻す方法を教わっていたので、手探りでひとつずつ行程をたどってみた。まず〈巌〉にいる自分を想像する。温かな力が体内に流れ込んでくる。隣にはサマンサがいて手を握ってくれる。

〝〈巌〉をどこへでも持ち歩くといいわ〟

頭のなかで、ふたつの声が言い争っていた。

〝やめなさいよ〟

〝できるとも〟

〝頭がおかしいの？〟

〝それは見てのお楽しみさ〟

ミシェルはまず一方の声、ついでもう一方の声に耳を傾けた。そして口を開いた。

「弁護士に書類を用意させてください」

「うちの弁護士ならちょうど二階にいる。ブリッジをする予定だったのでな。ナタリー、悪いが呼んできてもらえんか？」

ナタリーが出ていくのを見ながら、ミシェルは座ったまま姿勢を正した。賽《さい》は投げられたのだ。パニックが今までになく大きな波となって押し寄せてきた。

人間にも似たような現象が見られる。目新しい力が適用されなくなると、元の状況へ戻ろう戻ろうとする。力が届く前のことを思い出して、なじみ深い場所へ帰りたくなるわけだ。

素材にしろ人間にしろ、元の状況に復帰しないよう恒久的変化を創り出すには、〝弾性限度〟よりも強い力を加える必要がある。どうすれば古い習慣を踏み越え、人生の新たなレベルへ移動できるのだろうか？

まずは未来の理想像を念じること。思考と選択と活動をすべてそこに向けるために、相当強く念じる必要がある。今のあなたはいくつかの古い態度や習慣の力で、100万ドルを現実のものとする能力を殺《そ》がれている。もしそれらの態度や習慣のうち、ひとつをこの瞬間に消せるとしたら、あなたは何を選ぶだろうか？　何かがうまくいかなかったとき、他人に責任転嫁する習慣あたりであろうか。いずれにしろ、その悪い行ないを〝立入禁止〟にすると決意しよう。手はじめにひとつだけ悪い行ないを選び、〝立入禁止〟を続けられるように努力するのだ。

同時に、賢明なミリオネアとなるためには**どうしてもこれだけは欠かせないと思える生活パターンをひとつ見つけよう。**〝きちんとした食事によって英気を養う〟でもかまわない。とにかく、それを〝たぶん〟ではなく〝必ず〟実行し、新しい生活パターンとして定着するまで〝狙い撃ち〟にすることだ。

これら2つを自らの決意表明として書き出し、それを見える場所に置いて毎朝毎晩確認しよう。決意表明に背《そむ》いてしまったときは、失敗を認めて、新たに決意表明しよう。ヘンリー・フォードの言葉を肝に銘じておくといい。「失敗とは、前よりも賢く再出発できる機会のことだ」

7日間連続で、あなたの望む行動を〝狙い撃ち〟しつづけられたら、消し去りたい行動を〝立入禁止〟にしつづけられたら、盛大に祝おう！　あなたは次なるレベルに到達したのだ！

もちろん、これで終わりというわけではない。次の段階はもう始まっている。ふたたび理想像を念じ、

「弁護士が来たら急いで話をかたづけよう」アンソニーが言う。一瞬の沈黙。「なるべく急いで、だ。なにしろ抜け穴を見つけられては困るからな」

ミシェルは感情をコントロールできるかどうか確かめるために立ち上がった。冷静にふるまわなくては。「待っているあいだに本を拝見してもいいですか?」ぎっしり埋まった壁のひとつを指し示す。「遠慮はいらない」アンソニーが口もとをゆるめた。「ナポレオン関係の蔵書は、ちょっとしたものだぞ。マキアヴェリの『君主論』の初期の版もある。もし読んだことがないなら、いい機会だろう」

ミシェルはふり返ってアンソニーを見やった。相手は、手入れのゆきとどいた両手を平らな腹のあたりで組んでいた。

「気の毒なミシェル。一〇〇万年かかっても、あんたに一〇〇万ドルなどつくれるものか」

あと90日……

〝わたし、何をしでかしたの?〟ミシェルは自問をくり返した。

帰りの車中、ジェレミーとはろくに話さなかった。無言でいたい気持ちが伝わったのか、とにかくジェレミーはそっとしておいてくれた。

リヴァーデールにあるサマンサのコテージに送り届けてもらうとすぐ、ミシェルはがらんとした家の中を駆け回り、ようやく裏庭に友の姿を見つけた。サマンサは、トマトの苗を植えたそばに膝《ひざ》をついていた。

「サム」ミシェルは隣にへたり込み、スラックスを泥で汚した。「たいへんなの」最後のほうは涙まじりになった。

立入禁止と狙い撃ちの行動を選んで紙に書き込み、前と同じプロセスを繰り返そう。この循環がひと回りするたび、あなたは賢明なミリオネアに近づいていく。

第24の〝きらめき〟ひとつにまとめあげよ

あなたはこれまで自分で自分を妨害したことがないだろうか？　ほかならぬあなたの分身が心の中を土足で駆けずり回っては、あなたの歩みを止めさせるためブービートラップを仕掛ける。地雷を埋めたり、待ち伏せ部隊を配置したり、橋を吹き飛ばしたり、悪い噂や嘘をばらまいたりする。もしも思いあたることがあるなら、ダメージが広がらないうちに、その小さな妨害者を捕らえたほうがいい。できれば説得して、こちら側に寝返らせることが好ましい。自分を〝整列〟させるのは、とても大切な作業なのである。

願望。信念。自尊心。これらを整然と並べることができれば、あなたはたいへんな力の持ち主となる。しかし、整列のプロセスは一朝一夕には終わらない。数年は覚悟すべきだろう。もちろん、臨死体験や〝危機一髪〟の出来事をきっかけに突然ぱっと目がさめ、そうした要素がひとつにまとまることもありうる。生きるか死ぬかの瀬戸際には、得てして見事な解決策が浮上してくるものだ。

ただ遅かれ早かれ、あなたはある朝目ざめ、〝いつかとは今だったのだ〟と気づくことになる。あなたは望む。あなたは信ずる。ずっと前に蒔《ま》いた種が今、芽吹いて実をつけようとしている。

ひょっとすると、われわれが内面の問題に重きを置きすぎていると、あなたは思うかもしれない。しかし**内面の問題こそがいちばん厄介なのだ。**整列さえなし遂げてしまえば、残りのプロセスは子供の遊びに

ミシェルの物語

「あらあら、落ち着いて、バタフライ」サムの声は穏やかだった。「そこの小さな移植ごてを取ってもらえる？　赤い握り手のよ」

「サム！」〝一大事だって、わからないのかしら？〟

「最初から話してごらんなさい」

ミシェルは袖で涙をぬぐった。それから一部始終を話した。どれほど緊張したか、どうなじられたか、どんなふうに直観をはたらかせたか、そして、どうやって人生最大のばかげた決断を下したか。

「アンソニーの言うとおりだわ」またもや喉《のど》に痛みがこみ上げてくるのを感じながら、小さな声で言う。「そんなお金、つくれっこない……」

「そりゃあ、つくれないわよ」

ミシェルはぎょっとして目を上げた。もっと前向きな答えをもらえるものと期待していたから。

「あなたひとりで、そんなお金をつくれるわけがない。でも、あなたとわたし、それに頭の切れる人たちでしかるべき〝チーム〟をつくれば、チャンスはあるわ」

「だって……」

サムが目をぐるりと回した。「そもそも、エリクセン氏に会見を申し込んだのはあなた自身でしょう。さて、なぜそんな提案を思いついたの？」

「わからない……ただ……自分の中からあふれ出してきて……」ミシェルは口ごもったが、涙は乾いていた。「あのときは絶対に正しいと思ったんだけど……屋敷を出たとたん、自分にこう言ったわ。〝何をしでかしたの？　あの子たちを永遠に失ってしまった！〟」

サムが、手にした植木ばさみで元気のない枝を二本ほど刈り取った。「また、うんー《ヤー》でも《バット》女史に耳を貸しているのね。前にも話し合ったはずだけど。夢に栄養を与え、疑念は飢えさせるべし」

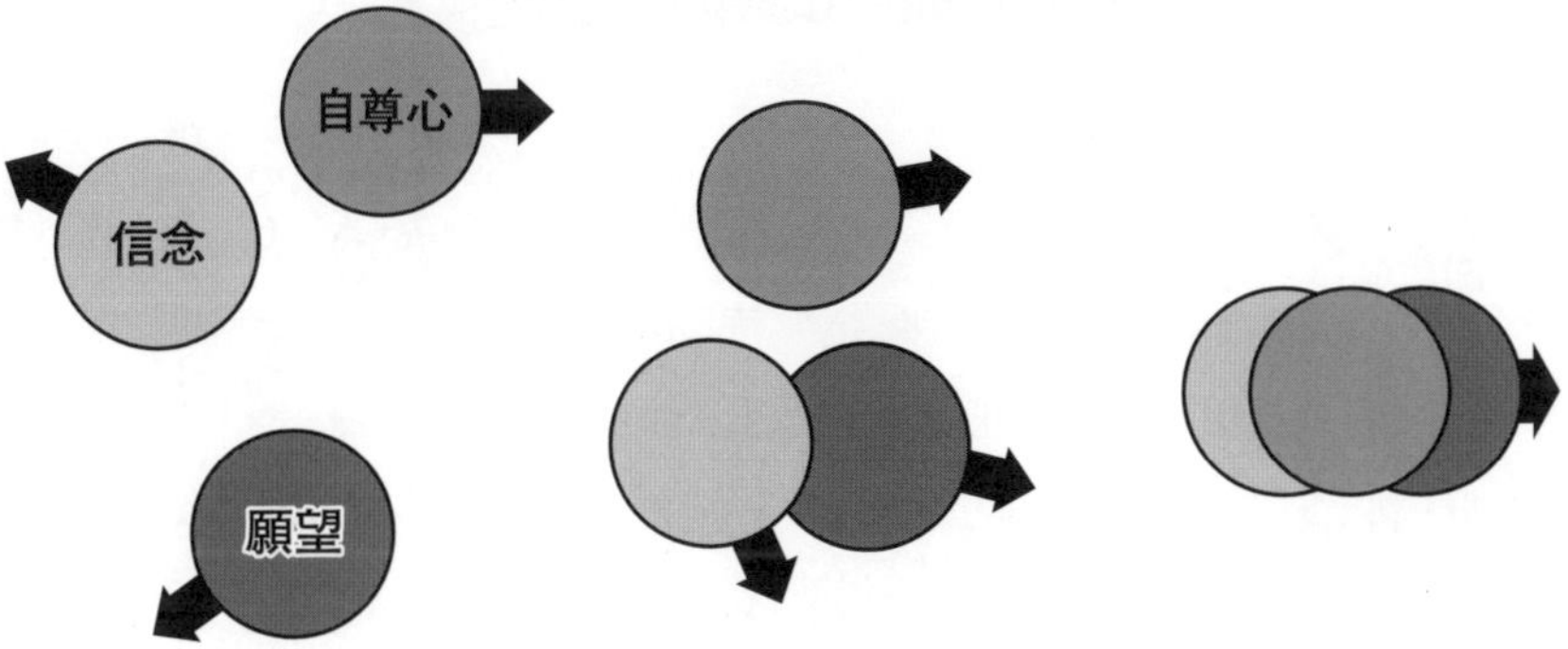

非整列　　整列中　　整列

も等しい。〝どうやればいいか〟は誰でも学べる。むずかしいのは**〝どう自分にやらせるか〟**のほうだ。

『7つの習慣』の著者スティーヴン・コヴィーは好んでリンカーンの言葉を引用する。「もしも、8時間で木を切り倒せと言われたら、わたしは7時間を斧《おの》の刃を研《と》ぐことに費やす」。自らの内面を整列させるのは、斧の刃を研ぐことである。

ほとんどの人は目標追求の際、ジャングルを切り開きながら進むことになる。そして結局は道に迷ってしまう。しかし、あなたはジャングルをひとつ飛びに飛び越えて目標のすぐ隣に着地し、自らが明確に描き出した理想をつかみ取れるのだ。

「だけど、九〇日で一〇〇万ドルよ！　不可能だわ」

「不可能ですって？　今までに、不可能なくらい巨額のお金を、不可能なくらい短い期間に稼いだ人がいると思う？　もちろん、いるわ」自分の問いに自分で答える。

「でも、どうやって？」

サムが目を閉じ、ゆっくりとかぶりをふった。「その質問はまちがってる。もっと大切な質問は〝なぜ？〟よ。じゅうぶんな〝なぜ〟さえあれば、〝どうやって〟はあとからついてくる」

「つじつまが合わないわ」ミシェルは抗議した。

「そのとおり！」サムが嬉しそうに答える。「不可能に挑むときは、つじつまなんて合わないの。自分の子どもが車の下にはまり込んでしまった母親の話を聞いたことがある？　母親はバンパーをつかんで車を持ち上げた。どうやったのか？　不可能に思えるわね。だけど、〝なぜ〟はじゅうぶんあった。ただやってのけたのよ」

ミシェルはトマトの苗をつまんだ。両手がふるえている。「わたし、こわい」

「ミシェル、正直に言っておくわ。これは、わたしが関わってきたなかでも最も難度の高い目標。ところで、九〇日のカウントはいつから始まったの？」

「一時間前、わたしが同意書にサインしたときから」

「そう……」サムはしばし考えた。「さて、あなた自身がどう思おうと、わたしはあなたの直観を信じるわ。エリクセンを仕留めるには過激な手が必要だったのよ。敵はこれから先何年もあなたにつきまとって、親権裁判で苦しめていたかもしれない。ぼやぼやしていたら子どもたちは大学生よ。あなたの方法なら問題をすばやく解決できるわ。一〇〇万ドルをつくる日が早く来れば、夜に子どもたちを寝かしつけられる日も早く来る」

❗第1のマニフェスト
「わたしは満たされている」

いま、わたしは満たされている。

知恵に。知識に。才気に。資源に。才能に。自信に。

わたしは満たされている、共にわたしの望みを遂げようと力を貸してくれる人々に。

わたしは満たされている、奇跡を生み出す魔法のアイデアに。

満たされていること、それだけがわたしの望み。

満たされていること、それがわたしのすべて。

わたしは満たされている、これ以上ないほどに。


ベストを尽くせば、もっと多くのことができる。

わたしは人生をもっとよくするため毎日歓喜《リジヨイス》し、再選択《リチヨイス》する。

わたしには幸福と健康と繁栄と成功と財産があり、愛し愛されている。

わたしは自分に満足し、だからこそすべての人にも満足する。

“顔には笑みを、心には愛を”。

わたしと会う人々は、わたしから発する熱で温められる。

わたしは一貫した行動をとるよう心がける。わたしは希望と創造的刺激に満ちた前向きな本を読む。

わたしは運転中も運動中もテープやＣＤを聴く。

わたしは重要なことを行なうとき、気さくで親切で面倒見のいい人々と協力する。

わたしは自分で自分に求める以上のものを仲間から求められる。

わたしの関わる仕事は、わたしの血潮を熱くたぎらせる。

わたしは善きことを行ない、善き存在となることを望む。志を同じくする人に、
わたしは助力を惜しまない。

わたしは満たされているから、存分に受け、存分に行なう。

その情景を思い浮かべただけで、ミシェルの目に涙があふれた。「ごめんなさい。でも、どうやって実現すればいいのかわからない」

「もうひとつ例をあげてみましょうか?」サムがにやりとする。

ミシェルは肩をすくめた。

「フェンスの手前にある丸い岩が見える?」

ミシェルはうなずいた。さしわたし一メートル近くもあり、半ば地面に埋もれている。

「あれを、ここに運んできてもらえる?」

「もし、わたしが人間サイズのアリなら、できるかも」

ミシェルはすぐに皮肉な物言いを悔やんだが、サムは気にも留めなかった。「どうしてもと言われたら、どうやるつもり?」

「わからない」声が沈んでいく。

「かのアルキメデスは言ったわ。『じゅうぶんな長さの梃子《てこ》と、自分が立つ場所さえあれば、この世界だって動かせる』」　ミシェルは、梃子と滑車《かっしゃ》の作用を教わった理科の授業をちらと思い出した。

「子どもたちをどうしても取り戻したいなら、梃子（P145）を見つけなさい」

ミシェルの第一歩は〝ドリームチーム〟（P193）を結成することだった。

「誰も、ひとりでは目的を遂げられない」サムが言った。「あなたは、ひとりの人間」右手の人差し指を立ててみせる。「わたしも、ひとりの人間」左手の人差し指を立てる。次に、二本の指をそろえる。「合わされば、11のパワー（P191）を出せる」ひと呼吸おいて、「チームの人数を増やせば、

！ダイヤモンドの園

1870年、27歳のラッセル・ハーマン・コンウェルは、ボストンの週刊新聞『アメリカン・トラベラー』の特派員としてメソポタミアを取材していた。チグリスとユーフラテスに挟まれた谷をラクダの隊商に揺られながら移動しているとき、同行するアメリカ人観光客たちを楽しませようと、アラブ人ガイドが昔々の物語を紡《つむ》ぎはじめた。

金持ちのペルシャ人農夫、アリ・ハフェドに関する物語は、若きコンウェルに深い感銘を与えた。アリ・ハフェドはその昔、仏僧に手っ取り早い儲け話を吹き込まれ、実り豊かな自分の農場をほうり出して伝説のダイヤモンドの園を探しに出かけた。

放浪の旅は遠く広い範囲にわたった。脚は棒になり、疲労は極に達し、富と若さは消えた。アリ・ハフェドは遠い異国の地で失意のうちに貧しい老人として死んだ。それからしばらくして、目をみはるばかりのダイヤモンドの園がアリ・ハフェドの農場の中で見つかった。

観光客には魅惑的な物語のひとつにすぎなかったが、コンウェルの脳裏には偉大なる真実の種が蒔《ま》かれていた。コンウェルの耳には、**「あなたのダイヤモンドははるか遠くの山や海にあるのではない。あなたが掘りさえすれば、裏庭からでも見つかるのだ」**と聞こえた。

コンウェルはこの貴重な教訓を、人生のあらゆる場面に適用した。40冊以上の本を著してもいるが、彼が世間に広く認知されたのはやはり『ダイヤモンドの園』の講演者としてだろう。

1900年代初頭、コンウェルは全米演説界の第一人者の地位にあった。アメリカ大陸を横断しながら

ミシェルの物語

パワーも激増するわ」

サマンサの教えがミシェルには理解できた。強力なチームを結成する才能しだいで、いちばん大きな梃子が働くかどうかが決まるのだ。メンバーが裕福だったり、有名だったり、美人だったりする必要はない。ただ、自分と同じくらい熱心であればいい。

誰に頼むべきかは、すぐにわかった。ディアクリークの旧友と、リヴァーデールで新たに得た友人。ディアクリークの友人たちを、三〇分もかけてリヴァーデールへ引きずり出すのは気がひけたが、ここは決断力とスピードが肝心だった。リヴァーデールの側では、デルフィーンに参加を呼びかけたが、娘の世話があるので時間を捻出できないとのことだった。ミシェルは、自分の問題がかたづいたらすぐに親友の手助けをしようと心に誓った。

一方、ジェレミーが参加を申し出たときは、うんと言う前に、まずサマンサと短い話し合いをもうけた。「直観はなんと言ってる？」サムはいつものように訊ねた。ミシェルはジェレミーも加えるべきだと結論を出したが、なぜかはよくわからなかった。

ジェレミーがデートの誘いを一切かけなくなったからといって、ミシェルは傷つかなかった。エリクセンとの会見を控えて車で戻る途中、ジェレミーは過去をいろいろと語ってくれた。妻とは若いうちに結婚したらしい。当初はコンピュータ・コンサルティングの事業で大きな成功を収めたので、幸せなばかりか金回りもよかった。ところが、ギャンブル熱に火がついて後戻りできなくなってしまった。「妻はおれを助けようとしてた。今思えば、逃げ出してくれてほんとうによかったよ。たぶん第二抵当の書類にあいつのサインを捏造《ねつぞう》したのが、運命の分かれ目だったんだろう」

ふたりの仲が壊れていく過程で、思いもかけず息子ができた。妻が出ていったとき、息子は四歳だったという。「おかげで立ち直ったよ」ジェレミーは悲しげにしめくくった。「ほんの一年前までは、

途中の町々で講演会を開き、晩年の1925年までに講演の延べ回数は6000回に及んだ。教会や広場やラジオの前で、講演を聴いた者は実に数百万人。実用的で楽しいエッセイ*は今も読まれており、講演の録音テープは今も聴かれている。コンウェルに支払われた講演料は、本人がこよなく愛したフィラデルフィアの学校、すなわちテンプル大学の奨学基金の原資となった。このいきさつもまた、拝聴する価値のある物語だ。

1884年のある晩、ひとりの若者がコンウェルに近づき、キリスト教の聖職者になりたいと申し出た。当時牧師だったコンウェルは週1回の個人指導を承諾したが、約束の日に現れたのは、ひとりではなく7人の意欲的な若者だった。生徒の数はどんどん増え、ほかの教師たちの協力を仰がなくてはならなくなった。専用の部屋を借りる必要に迫られ、建物全体を借り切る必要に迫られ、建物を2棟借りる必要に迫られた。

勉学好きのグループは2、3年で7人から数百人となり、1888年には〝テンプル専門学校〟憲章が創られた。当然、コンウェルは初代総長に選出され、在位は38年間に及んだ。テンプル大学憲章は1907年に発布された。

現在、テンプル大学は2万9000名の学生を擁している。全米39位の規模を誇り、専門教育（法学、医学、薬学など）に関しては全米一と言っていい。テンプル大学の最も有名な卒業生兼理事は、有名なコメディアンのビル・コスビーだ。創始者のラッセル・ハーマン・コンウェル博士は、今もテンプル大学の魅力的な本校キャンパスにいる。壮麗な建物に囲まれた〝創始者の庭〟で永遠の眠りについている。テンプル大学そのものが、彼の理想を具現する不朽の記念碑であり、まさに彼の〝ダイヤモンドの園〟なのだ。

（*）コンウェルの講演『ダイヤモンドの園』の全文は、www.temple.edu/about/temples_founder/acres_text.htmlで読むことができる。

あいつらを連れ戻すつもりだったけど、妻に新しい恋人ができたもんでね。今じゃあっちがほんとうの家族になって、子どももひとり生まれている。おれが身をひくのが、みんなの幸せなんだ」

今、ジェレミーはコンピュータの専門知識をチームの役に立てたいと願ってやまなかった。〈マリポーサ〉の仕事は辞めたし、この先何カ月か暮らせるだけの金も蓄えてある。準備はできていた。

最終的にチームには、ミシェルの古くからの親友、コートニー・ディロンとサマー・バインドマンに加えて、ジェレミー、そしてミシェルの友人で教師のレニー（皮肉なことに、現在はニッキーとハンナが通う私立校の代用教員を務めている）が顔をそろえた。

電話をかけたとき、彼らは口々に力になれて嬉しいと言った。「どうしてずっと他人行儀だったの？」サマーなどは泣きだしたほどだ。「わたしたちが気にかけてないとでも思ったの？」

「わたしもすごく傷ついてたから」ミシェルは言いわけをした。

サムの会議室でテーブルの上座に立ったミシェルは、愛しい人々の顔を見て、思わず泣きだしそうになった。けれど、ここは泣くべき時でも場所でもない。

そこで、ミシェルは冗談めかして言った。「お客さま、座席ベルトをお締めください」笑顔を浮かべる。「当機はまもなく離陸いたします」

「どこへ行くにせよ」コートニーがいつもの現実的な口調で答えた。「話してくれたとおりなら、ぐずぐずしている時間はないんでしょう」

ミシェルの隣にはサマンサが座っている。女帝のごとく落ち着いた態度と、セピア色のスカーフから豊かに流れる編み込みの髪は、いつもどおり注目の的だ。けさサマンサはなんとも嬉しいことに、ミシェルの進歩をほめてくれた。以前よりも決断力が増し、率直になったと。「わたしに似てきたわ」悪びれずにサマンサは言ったものだった。

◆24の富の法則を1分間で復習しよう

1 **誰もが具現《マニフエスト》する。**欲しいものが手もとにないなら、「どうやって具現させよう？」と自問する。
2 **ある、やる、得る。**はじめに、ある。次に、やる。この手順を踏めば望みの繁栄を得る。
3 **線より上で生きよ。**他人に責任を転嫁しない。経験から教訓を学べば、人生はもっとスムースに進む。
4 **豊かさこそ自然な状態。**豊かな心を持つ者には、チャンスと富がやってくる。
5 **与える者が得る。**与えよ、さらば与えられん。
6 **ピシッと現実が変わる。**思考をコントロールできれば、結果もコントロールできる。
7 **言葉で一変する。**よい目的があるときだけしゃべり、役に立たないことは口にしない。
8 **あなたの富はあなた自身。**あなたに必要なのは、いいアイデアと、それを実行する決意だけ。残りは誰かから借りればいい。
9 **お金持ちは自由。**6大自由とは、金銭の自由、時間の自由、関係の自由、精神の自由、肉体の自由、自分の天分を追求する自由だ。
10 **すべては夢から始まる。**大きな夢を見よう。やがて夢は叶えられる。
11 **明快さは力なり。**目標のことを考えるな。目標からさかのぼって考えよ。
12 **さらなる明快さはさらなる力なり。**6つの目標を毎日書き記す。
13 **あなたの天分を活用する。**あなたにはあなただけの才能、能力、好奇心、価値観があり、それはあなた自身でしか大きく育てられない。

会議室に隣り合った小さなキッチンで、一同はコーヒーやハーブティーを淹《い》れた。おのおののカップを載せたコースターには、サマンサの会社〈サマンサ・アン・マンロー有限会社〉のロゴ、不死鳥が描かれていた。

「それじゃ始めましょうか」とレニー。ラズベリーティーのカップを両手で包み込む。見た目こそ堅苦しいが熱心な教師であり、頼りになる友人だとミシェルにはわかっていた。

ミシェルが反射的にサマンサを見ると、励ますような微笑が返ってきた。ミシェルは深呼吸した。「みんな知っているとおり、わたしは子どもたちを取り返したい。それが最優先事項よ。だから、最初に入った一〇〇万ドルは、合法的に、公式に、すべてわたしのものとさせてほしいの。エリクセンとの賭けに勝つために。だけど子どもたちを取り返したあとは、あなたたち全員に、時間に見合ったお金を払うし、事業に必要なだけの額を再投資するつもり。そのうえで、利益を山分けしましょう。

法人としての規約を作成するにあたっては、サマンサが社内の弁護士を貸してくれるそうです。かっちりとまとまった会社をつくりましょう。ここにいる男女全員が、拘束時間に応じて利益の配当を受け取るの。最終的には、社員を雇って通常の月給を払うことになるけれど、今のところはまだ余裕がないから」

「よく練られた考えのように思えるわ」レニーが小さな笑い声をたてた。「ただひとつ、この会社が何をするのか、まだわからないんだけど」

「ええ、確かにそういうささいな問題もあるわね」ミシェルはにんまりした。「この件に関しては、福社長のサマンサ・マンローにゆだねたいと思います」立ち上がったサマンサは、ミシェルが期待したとおり、あの夜ホテルで出会ったときと同じ強烈な存在感を放っていた。

そして、これまたあの夜と同じように、頭をかすかに動かして小人数のグループに視線を走らせた。

14 **愛の梃子《ラヴァレッジ》。**好きなことを仕事にすれば、おのずとお金はついてくる。
15 **想像力は意志を凌駕《りょうが》する。**想像力と意志が争うと、必ず想像力が勝つ。
16 **質問の大きさが成果の大きさを決める。**よい質問を投げかけていけば、成果は飛躍的に上がる。
17 **あなたはすでに答えを知っている。**直観を養おう。そうすれば、道を間違えることはない。
18 **整列すべし。**対象を欲せよ。大金を創り出せると信じよ。自分は豊かになる資格があると心の底から信じよう。
19 **マネーの磁石となれ。**文字どおり磁石となり、望みのものを自分に惹きつけるよう。〝心から〟富を望めば、富も〝いや〟とは言わない。
20 **叩けよ、さらば開かれん。**『なんでもいいから、あなたのできることを、できると夢に見たことを始めなさい。大胆さには、才能と、力と、魔法が内包されている』(ゲーテ)
21 **分かち合いは人のためならず。**1割献納は引き算ではなく掛け算である。
22 **お金のありかは神のみぞ知る。**〝すべての富の創造主〟を味方とすべし。
23 **破壊は創造なり。**古い習慣から抜け出し、次なるレベルに到達せよ。
24 **ひとつにまとめあげよ。**願望・信念・自尊心をひとつにまとめあげることこそ、人生の目標を達成するための最後の鍵だ。

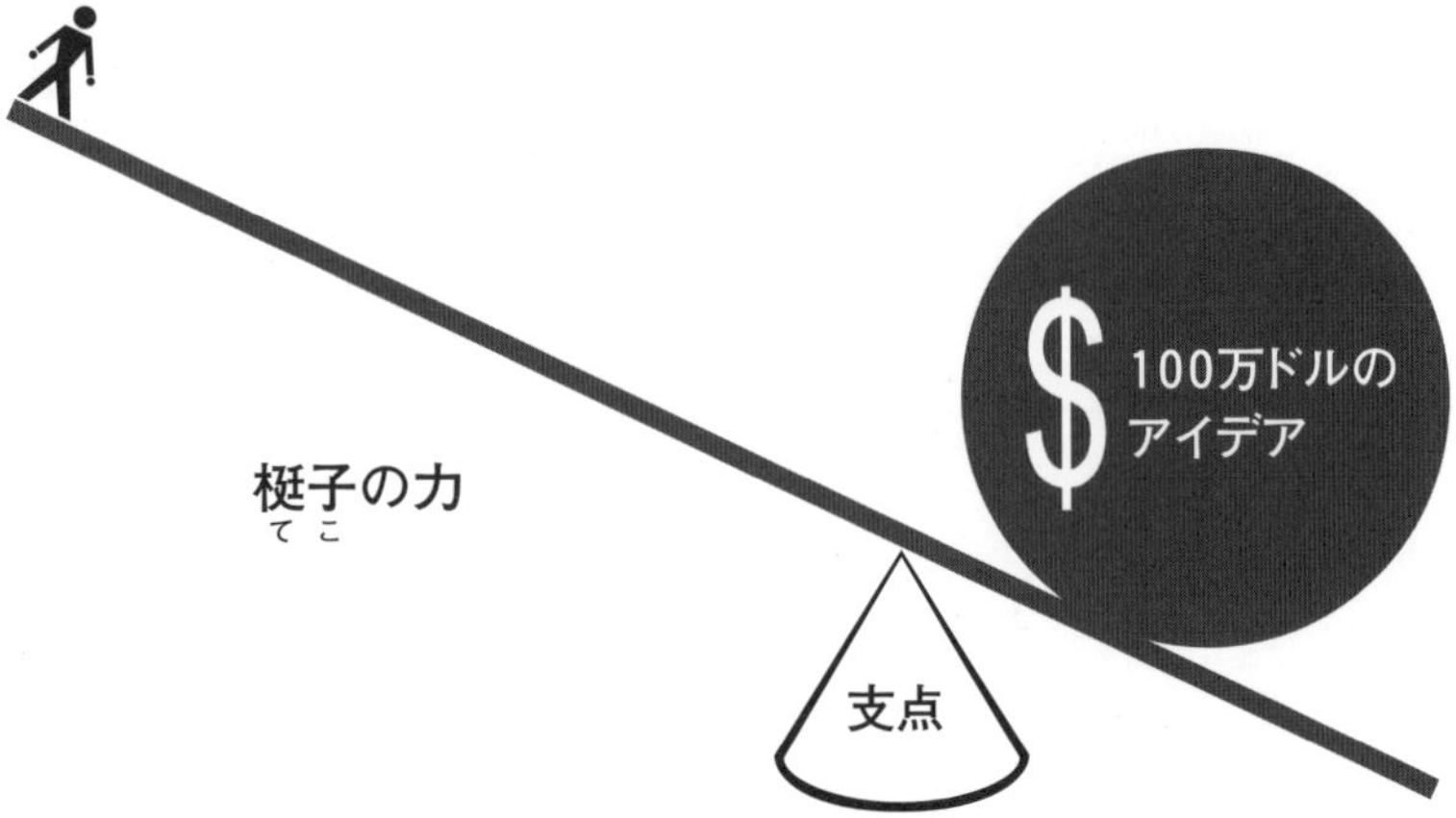

「企業は強い使命感があってこそ成功するもの。これほど強い使命を負った事業の船出に立ち会うのは初めてだと思うわ。だけど、なまやさしいことじゃない。九〇日で一〇〇万ドルだもの」

「奇跡でも起きないと無理そうだ」とジェレミー。

「そうね」サム（サマンサの愛称）は一拍置いた。効果を高めるためだ、とミシェルは師を見て思った。「梃子《てこ》効果の奇跡。それに恵まれても、土壇場まで動きがないかもしれない」

「梃子効果って、なんなのかしら？」サマーが質問した。

「訊いてくれて嬉しいわ」とサム。「フォルダーを開いて」

めいめいが自分の前に置かれた緑のフォルダーをぱらぱらとめくり、一点のイラストを目にした。

サムが図を指さした。「あなたたちの使命は、この一〇〇万ドルの石を……」腕時計に目をやる。「たった八九日と二時間四五分で動かすこと」

ミシェルは友人たちのようすをうかがった。彼らの目には恐怖と興奮が渦巻いていた。

サムが続ける。「目的を遂げるためには一〇〇万ドルのアイデアを見つけて、それを梃子《てこ》で持ち上げないとね。梃子と

梃《て》子《こ》効果を利用する

梃《て》子《こ》効果とはスピードである。富を創り出したいなら梃子効果を利用しない手はない。梃子の構成パーツは3つ。最初のパーツは実現したい目標（夢）だ。賢明なミリオネアは、人類に益をもたらすような夢に全力投球する。価値の付加と言い換えてもいい。こうやって稼ぎ出されるのは、1枚1枚が〝賢明な〟ドルであり、その過程で起こる〝プリセッション〟的出来事はすべて前向きであり、100万ドルへ近づくにつれて賢明なミリオネアは感謝の念に満たされていく。

第2のパーツは支点。この場合はあなたのことだ。あなたを支点にして梃子は作用する。あなたがいなければ支点の高さはゼロとなり、目標物は微動だにしない。いくら梃子が長かろうと、どんな力が梃子に加えられようと。

第3のパーツは梃子本体。目標物と支点が適正に配置されたら、成功するかどうかは梃子の長さと強度にかかってくる。ここでは梃子が充分な強度を持っているとして、長さのほうを問題にしよう。梃子が長ければ長いほど、目標物を動かすのに必要な力は少なくてすむ。長い梃子は短い梃子に比べてより簡単により速く作用する。

スピードはビジネスの新通貨だ。賢明なミリオネアはとても長くとても強い梃子を創り出す。

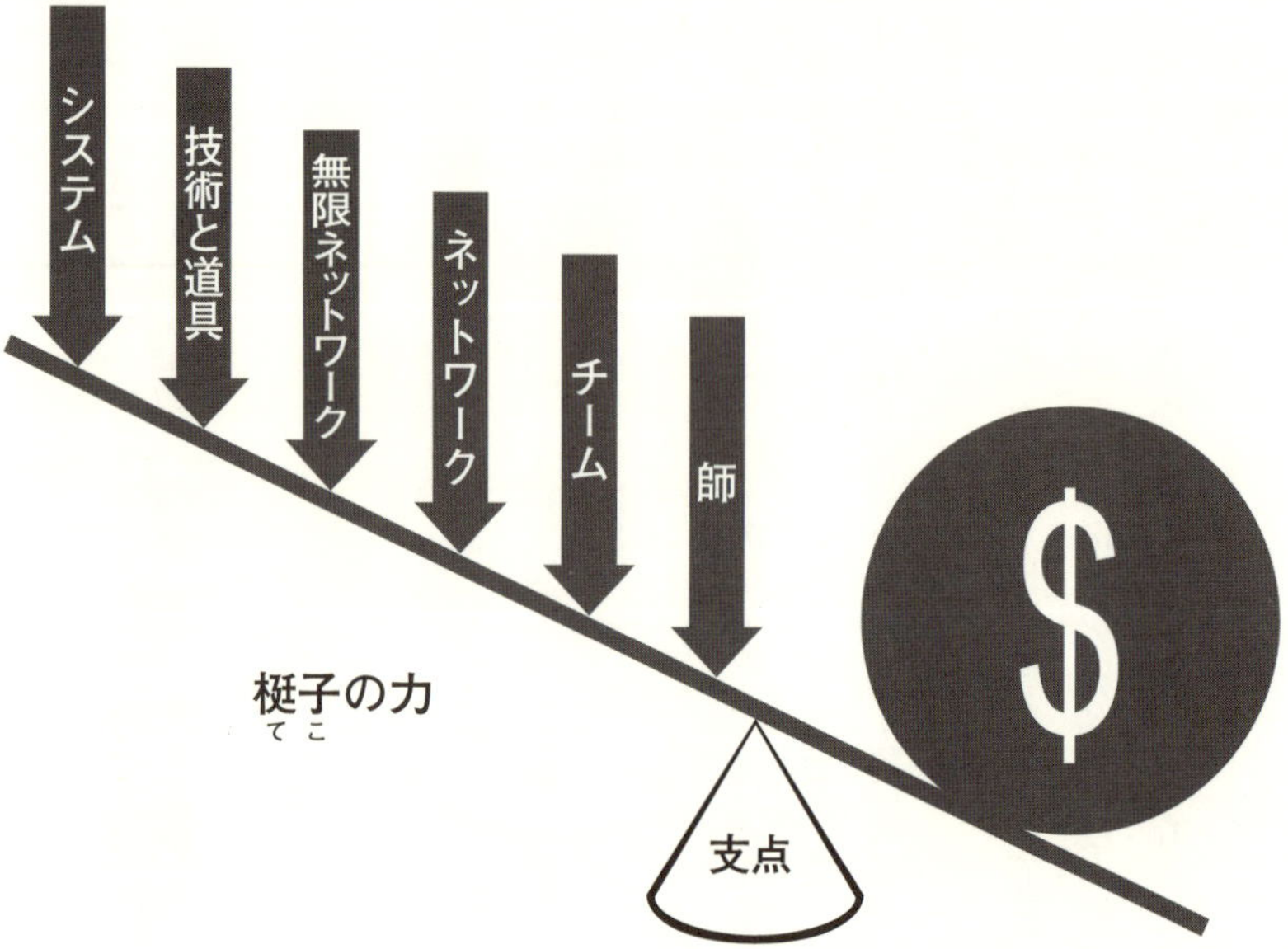

いうのは、単に大きな物体を小さな労力で上げるという意味じゃないわ。スピードも含まれるの」
「で、支点は何？」コートニーが訊いた。
「支点はわたしたち。そしてわたしたちの熱意。実際の梃子と同じで、すべては支点しだいなの」
　サムが梃子の棒にそって矢印を六本描き、次のような言葉を書いた。

▲師▲チーム▲ネットワーク▲無限ネットワーク
▲技術と道具▲システム

「わたしたちは梃子に六種類の力をかける（P145）。力ひとつひとつはあまり強くないかもしれない。だけどひとつひとつに合わされば……」サムが言葉を切った。今度はみんなに想像力をはたらかせてもらうためだと、ミシェルは見抜いた。

　しばらくたってからサムは話を再開した。「梃子の第一の形態は師（P157～）。つまり、すでに目的を達した人を見つけること。今回のケースで言えば、わたしね。わたしは有能よ。だけど

梃子《てこ》効果＝スピード

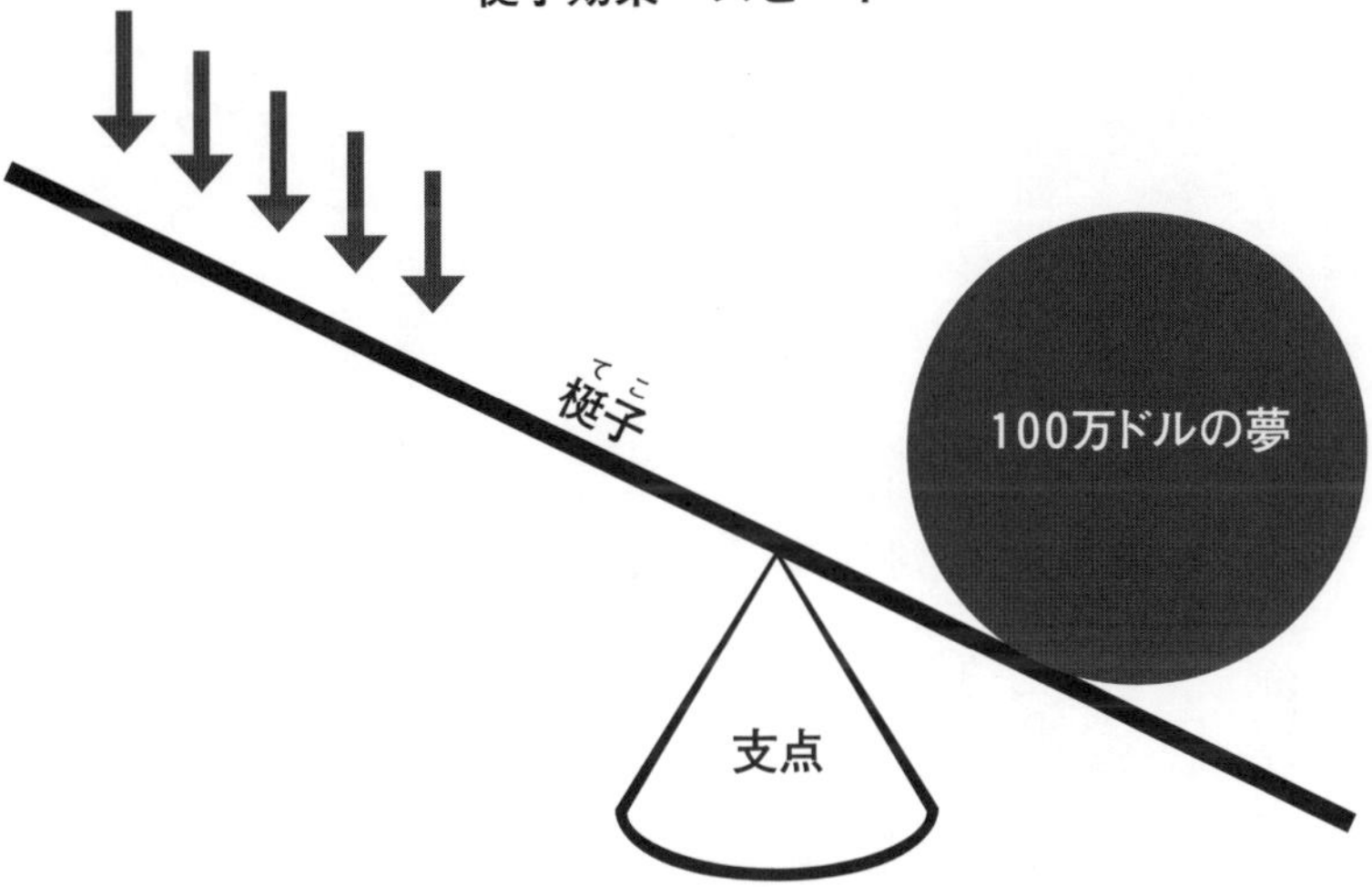

影響の大きさは梃子の長さに比例する

――充分な長さのある梃子を、台の上にきちんと用意してくれたら、わたしはこの大地さえも動かしてみせる。アルキメデス（BC287―212）

映画スターは同じ映画を一度しか撮影しない。しかしフィルムは千単位でプリントされ、世界じゅうの映画館で上映され、数百万人が入場料を払って鑑賞する。これがいわゆる梃子効果だ。

野球選手は野球をプレーする。梃子効果が発生するのは、球場が数万人のファンで埋まり、テレビの全国中継が行なわれたとき。目玉の飛び出るような年俸は、この梃子効果による収入でまかなわれる。

それにひきかえ学校の教師が受け持つ生徒の数は、ふつう1クラス25～40人。梃子効果はほとんど望めず、したがって教師の給与は相対的に低い。野球選手も教師も価値を付加する仕事には変わりないが、野球選手はより

圧倒的に有能なわけではない。だから熱意ある人間による〝チーム〟を組む。これが、みんなに集まってもらった理由」サムは目の前に集まった集団を指し示した。「数を集めてもまだ力が足りないかもしれない。だけど、〝技術〟と〝道具〟と〝システム〟の力を合わせて、さらに相互の〝ネットワーク〟の力を足せば、驚くほどのパワーが発揮できるわ」

ミシェルはサムが二本の指でつくった数字の〝11〟を思い出したが、ここでほかのメンバーが眉根を寄せているのに気づいた。

「さて」サムが続ける。「たとえば一〇〇万ドルのアイデアが機器の販売だったとするわね。機器一個につき一ドルの利益があがると考えて、九〇日のうちに一〇〇万個売らなくてはいけない。一〇〇万個の機器を買ってくれる相手を誰か知っている？」

一同は顔を見合わせて、首を振った。

「そこがポイントよ。このテーブルを囲んだ六人は一〇〇万個の機器を買ってくれるような人を、ひとりも知らない。だけど、わたしたちそれぞれ百人くらいの知り合いならいるでしょう（P235）。その一〇〇人それぞれが、さらに一〇〇人の人を知っている。少なく見積もっても六万人の人間がネットワークにそろっていることになるわ」

「〝人間関係の距離の六段階〟（P227）ね」レニーがそっと同意した。

「そう。六万人のうち誰かが、〝強力な人脈〟――一〇〇万個の機器を買いたがっている相手を知っている人――を持っている確率はどれくらいだと思う？」

「つまり〈ウォルマート〉の創立者サム・ウォルトンみたいな人間だね？」とジェレミー。

「あるいは、その後継者か」とレニー。

「ジェレミーの言うとおりよ」サムが言った。「ウォルトンの生前、誰かがオフィスに押しかけて世

高い梃子効果を持っているため、より高額な給料を獲得できるわけだ。

巨額の金が存在するとき、そこには例外なく梃子効果が利用されている。 たとえばマーク・ハンセンの本『こころのチキンスープ』は大きな価値を付加した。まずは一度書いたきりの文章が、書籍として数百万の人に購入された。いったん本がベストセラーになると、〝チキンスープ〟シリーズが生まれ、グッズ販売（〝チキンスープ〟カレンダーなど）も可能になった。今もグッズは1000万個単位で売れつづけている。この梃子効果は絶え間ない収入の流れを創り出す。著者だけでなく、出版社にも取次店にも書店にも、ほかの多くの人たちにも。

いっぽうロバート・アレンの本『ナッシング・ダウン（頭金なし）』では、不動産取引における梃子の威力が説明されている。たとえば頭金10％（2万ドル）で20万ドルの住宅を買い、1年後、資産価値が5％上がって21万ドルになったとする。この場合、あなたは自己資金の2万ドルだけでなく、借り入れた18万ドルにも梃子効果を利用できたわけだ。2万ドルの投資で1万ドルの儲け。実に50％の収益率だ。

頭金なしで不動産を購入し、その物件が値上がりしたとすれば、あなたは他人のお金で収益を創り出したことになる。もちろん、ある程度の時間と努力は必要になる。しかし分母の投資額がゼロなのだから、収益率を計算すれば無限倍。まさに無限の梃子効果だ。

梃子効果の恐るべき威力

梃子効果とは、大を小で支配する力だ。大きなドアも小さな蝶番《ちょうつがい》を軸に動く。**ビジネスの世界には5種類の梃子が存在する。**

ミシェルの物語

界最高の機器を見せ、氏がもしそれを気に入ったら、指をぱちんと鳴らして二、三日のうちに全国のチェーン店に合計一〇〇〇万個置いてくれたでしょう」

気がつくと、ミシェルはみんなといっしょにうなずいており、サムと自分をひき合わせてくれた〝力〟に、この日一〇〇回目かもしれない感謝を捧げていた。「これがサマンサの言う〝強力な人脈〟（Ｐ１４７）なの。強力な人脈には不可能を可能にする力がある」ミシェルはサムに、講義を注意深く聴いていたことを示したくてしかたなかった。

サムの「よくできました」という表情に後押しされて、ミシェルはややためらいがちに話を続けた。「〝オッカムのかみそり〟という原理があるの」サムと二回も論じ合ったのに、この概念にはまだなじめない。「〝オッカムのかみそり〟は、ウィリアム・オッカムという一四世紀イギリスの哲学者による『最善の解決策は常に、最も単純な解決策である』という理論。わたしたちにあてはめると、一個の機器を一〇〇万人に売るよりも、一〇〇万個の機器を買ってくれる人をひとり探したほうが早いということなの」背もたれに寄りかかりながら、ミシェルは満ち足りた気分だった。サムの言うとおりだ。人に教えると、自分ももっと深いレベルで理解できる。

それからの一時間、ミシェルはサムと〈巌《いわお》〉へのジョギングを始めたときと同じ感覚を味わった。疲労と興奮が入り混じった感じ。

まぶたをマッサージする手や、テーブルの上に置きっぱなしのペンから見て、グループの面々も同じように感じているようだった。なんといってもサムと初めて接するのは、消火栓に口をつけて水を飲むようなものだったろうから。

◆ＯＰＭ――ほかの人のお金（Other People's Money）

不動産投資では、居住用物件を購入する際、たとえ頭金が10％でも、物件の１００％をコントロールできる。『ナッシング・ダウン』では究極の梃子効果を利用する方法、すなわちほんの少しの頭金で、あるいは頭金なしで、不動産物件を取得する方法を紹介している。じっさい、数千人がこのシステムを使ってミリオネアの仲間入りを果たした。

◆ＯＰＥ――ほかの人の経験（Other People's Experience）

独学には長い時間がかかる。だったら他人から借りたり学んだりすればいい。お金持ちとなる最も簡単な方法は、富豪に弟子入りすること。富豪の知識を残らず吸収し、富豪の情報源と残らず接触し、富豪の行動を真似しよう。本人よりうまくできれば、なおよし。弟子入りが無理なら富豪に関する本やビデオを入手し、可能なら直接取材しセミナーに出席しよう。ひとつアイデアを得られれば10年分の努力が節約できる。梃子効果の神髄とは、最小限の時間での成果の最大化。だから本やテープやＣＤや映画やビデオやセミナーの形で、濃縮された一生分の情報と知恵を吸収しよう。これこそが他人の経験を獲得できる最も安上がりで最速の道だ。

◆ＯＰＩ――ほかの人のアイデア（Other People's Ideas）

プロの講演者になろうと思い立ったマーク・ハンセンは、１９７４年の全米講演者協会の大会に参加した。〝講演界の長老〟カヴェット・ロバートの講演のテーマは共同執筆についてだった。さっそくマークはそのアイデアをいただき、１カ月もしないうちにキース・デグリーンと『立ちあがれ、声をあげろ、そして勝て』を著した。出版に際しては14人の出資者から２０００ドルずつ集め、対価にはその本を１０００冊ずつあてた。これはマークにとって最初の「キャッシュ・ゼロの投資」であり、この年、他人から拝借したアイデアは20万ドルを稼ぎ出した（１冊10ドルで２万部が売れた）。あなたが目標とすべき

ミシェルの物語

サムが昼休みを告げると全員がひとしきり伸びをし、近所のチャイニーズかメキシコ料理店に行こうという声がぽつぽつと聞こえた。次の展開を知っていたミシェルは、ひとりほくそえんだ。

「また今度にしましょう、みんな」相談が具体的になりかけたとき、サムが呼びかけた。「ランチはできるわよ、もちろん。〈サマンサ亭〉で」

ほどなく、〈サマンサ亭〉とは会社ビルの屋上にしつらえられた小さな庭園だということが明らかにされた。サムのアシスタントのひとりが、箱詰めのランチを運んできた。近所のデリカテッセンで調達したターキーと野菜のサンドイッチ。

白い錬鉄《れんてつ》の椅子に全員が落ち着くまで、サムは雑談が飛び交うにまかせた。膝に載せた箱からターキーのサンドイッチを選び出し、両手でつかんで自分の口に近づける。「ひと口で、ぺろりと平らげられそうだわ。さて、ミシェルがよくやってくれているから、しばらく話し続けてもらいましょう」

「ええと……」ミシェルはそわそわし、自分もサンドイッチにかぶりつきたいと願った。「まだ触れていなかった梃子の概念は、無限ネットワーク（P247～）です」

「こいつは、また」ジェレミーが溜息をついた。「ややこしいのが来たな」

「なんとでも言って」ミシェルは受けて立った。「要するに、みんなのほとんどが〝大いなる力〟を信じているでしょう?」

「信じてる」サマーが勢い込んで答え、個人的な質問にとまどいをみせるメンバーもふたりほどいたが、大方がうなずいた。

「呼び名はなんでもかまわない」サムの教えを噛み砕いて説明しながら、ミシェルは昼食のことなどすっかり忘れていた。「宇宙、神、大いなる力……」

「神を表わす言葉は六二七種類もあるって知ってる?」サムが食べ物をほおばりながら言った。

は、強力な金儲けのアイデアを分かち合ってくれる人と協力することだ。

◆ＯＰＴ——ほかの人の時間（Other People's Time）

ある種の状況下でなら時間を無償で提供する人もいるかもしれないが、人はたいていの場合、時間、才能、コネ、資源、ノウハウを売ろうとする。ただし、一般の商品と比べて値段は相対的に安い。個性的な秀でた能力を持つプロと協力することで梃子効果を高めよ。

◆ＯＰＷ——ほかの人の労働（Other People's Work）

ほとんどの人は職を欲している。冒険よりも安定を望んでいる。彼らを雇い、あなたのやりたくないこと、やれないことを代行させよう。それによって梃子効果を高め、あなたの成長の糧《かて》としよう。

百万長者とは、５種類の梃子を使いこなす達人のことである。

効果を最大にする

ひとりきりだと梃子効果は望めない。自分の知識、経験、お金にしか頼れない。これでは富への道のりは長く、歩みは遅い。やがて資源は底を尽き、あなたは失望し投げ出すことになる。梃子には５つの種類、６つの形態がある。最大の効果を得るためには形態についても学んでおかなくてはならない。

第１の形態は師。師はそびえ立つ山に挑んだ経験を持つ。地形にも難所にも落とし穴にもくわしく、何をすべきか知っている。もっと重要なのは**何をすべきでないか知っている**ことだ。これは初心者の犯しがちな間違いを正し、時間とお金の損失を防ぐため、あなたにとって最初の近道となる。

第２の形態はチーム。仲間と力を合わせれば、もっと速く、もっと簡単に目標を達成できる。互いの死

ミシェルの物語

ミシェルは話を進めた。「要するに無限ネットワークは〝大いなる力〟をはじめ、精霊、天使、守護霊（P249〜253）、名前は何でもいいけれど、目に見えない力すべてで成り立っているの。それは、わたしたちを取り囲んでいる。助けの手をさしのべようと」

ジェレミーの顔に浮かんだ表情は、納得がいかないと告げていた。

「ねえ、ジェレミー、もしそういうネットワークが存在したら？」ミシェルは迫った。「もしそこに近づくすべがあったら？　効き目を信じてくれと頼んでいるわけじゃないわ。ただ、可能性を受け入れてほしいの」

「どうにも、おれには曖昧《あいまい》すぎるんだよ」ジェレミーがボトルの底に残ったスナップルをゆすった。「コンピュータ人間だからさ。二進法で考えたいんだ」

サムが食べかけのサンドイッチを置き、あとを引き継いだ。「無理もないわ。コンピュータ用語で言うならね、すべてをつなぎ合わせるこころのインターネットが存在すると、わたしは信じている。一日二四時間つなぎっぱなしのね。人が何かを熱烈に望むのは、この〝ネット〟を通じて大容量のメールを配信するのに似ている。そして手応えが得られる……予感がするのは、直観の受信ボックスにEメールが届くようなもの。この予感にもとづいて行動すれば、ものごとはだいたいうまくいくの」

「ははあ」とジェレミー。「それならわかる」

サムは次に全員に話しかけた。「さてみんな、〝大いなる力〟は、あしたどの株価が上昇するかをすでに知っていると思う？　あるいは、今から五年のあいだにどの不動産物件が価値を上げているかを？　あるいは、どんな事業が成功し、失敗する運命《さだめ》にあるかを？」

「もし神が存在するなら……わたしはそう信じてるけど」コートニーが答えた。「知っていなきゃおかしいわ」その目は大きく見開かれていた。こんな考えかたをするのは初めてだったにちがいない。

角も見つけられる。失意のメンバーを元気づけることも、逆にあなたが落ち込んだときは励ましてもらうこともできる。技能《スキル》のすきまも埋めてもらえる。あなたの弱みを強みにできる者が存在するからだ。チームを組織すれば全員が速く走れる。4×400メートル・リレーのチームは、各人の400メートルの記録を足したタイムより2秒ほど速く1600メートルを走れる。スピードが欲しいならチームが必要だ。

第3の形態はネットワーク。チームのメンバー一人ひとりには、少なく見積もっても100人ずつの貴重な情報源がいる。6人構成のチームなら合計600人。その600人にも100人ずついるから、アクセス可能な情報源は6万人にのぼる。しかし、この数字にだまされてはいけない。昔からネットワークの価値というものは、構成人数の2乗に等しいとされている。つまり、直近の構成員が600人のネットワークなら、極端な話、アクセス可能な情報源は600×600＝36万人となる。明らかに、ひとりでは太刀打ちできない。あなたにはネットワークの力が必要だ。ネットワークの内部には数名の〝主要情報源〟――巨大な人的ネットワークを制御する人物――が存在する。主要情報源は〝起動力〟を持ち、そのひと言でさまざまな舞台の幕が切って落とされる。巨大ネットワークの利用価値は**主要情報源を見つけられるかどうかで大きく変わってくる。**ただし全員を見つける必要はない。1人だけで用は足りる。

第4の形態は無限ネットワーク。これは偶然の一致、思いがけない幸運、不思議な巡り合わせなどの世界であるが、馬鹿にしてはいけない。無限ネットワークを利用すれば、究極の梃子効果を獲得できる。

第5の形態は道具と技能。ミリオネアは通信と計算と意思決定を迅速化するため、富の道具――コンピュータ、インターネット、電子メールを使用する。迅速な結果を望むなら、あなたには瞬時の情報が必要だ。

第6の形態はシステム。ミリオネアは富へ至る道をシステム化、能率化、組織化している。情報転送の最も効率的な方法は、師のシステムを学んで追随すること。あなたの選択が不動産だろうと株式投資だろうと、起業だろうとインターネットだろうとかまわない。とにかくシステムを学びとろう。

「だとすれば」サムが続けた。「〝大いなる力〟は、一〇〇万ドルのアイデアが何であるかもすでに知っている」（P117）

サマーが言葉をひきとった。強烈な〝きらめき〟が頭に浮かびかけたかのように小声で言う。「そして、強力な人脈になる人たちの名前も、すでに知っている……」

「ご名答」とサム。「一〇〇万ドルをもたらす偉大なアイデア、強力な人脈は、すぐ目の前よ」

会議室へぞろぞろと戻ると、サマーがちょっとした告知をした。「ところで、今回のために特別な時計を持ってきたの」取り出した小さな長方形の箱には、液晶デジタルの画面がついていた。「期限までに残された日にち、時間、分をカウントしてくれるわ」会議室のすみの、テレビとビデオデッキを重ねた上に、小さな箱を置く。表示にはこうあった。

88日　22時間　51分

ミシェルは身ぶるいした。友に感謝したいような、肩をつかんで揺さぶりたいような……。この時計が最後の一分を刻み終えたとき、自分は地上で最も幸せな女か、さもなければ余生を後悔のうちに過ごす女になっているはずだ。

その後三時間にわたって白熱した意見交換がくり広げられた。議題は〝わたしたちの一〇〇万ドルのアイデアとは何か？〟手始めに〝自慢と不満〟という実習を行なって、めいめいの独創的な才能、特技、趣味のうちどれを一〇〇万ドルのアイデアに昇華させられるかを探った。次に、商品やサービスを考え出すにあたってのめいめいの弱点に目を向けた。いかなるアイデアも却下されなかった。

第2のマニフェスト

「わたしはマネーの磁石だ」

わたしは金の磁石《マネー・マグネット》。

わたしとお金は相思相愛。

わたしはお金を引き寄せる。24時間引き寄せる。

わたしはあふれるほど稼ぎ出す。

賢いお金の創りかたを知っているから。

未来のわたしが今のわたしよりお金持ちになることを、知っているから。

わたしのお金はどんどん増え、やがて勝手に繁殖する。

ずっとずっと、永遠に。

それは無限の額。遣っても遣いきれない額。

わたしはいそいそとお金を蓄える。

収入の10%を堅実に蓄える。

わたしは賢く投資する。

わたしのお金はわたしが何もしなくとも新たなお金を生み出してくれる。

わたしは善良で博愛的な事業に寄付し、精神の資産を増やしつづける。

わたしの財産は最新のシステムで完璧に管理され、やがては意義深く忘れがたい不朽の遺産となる。

お金はあらゆる形態と形式をとって、わたしのもとへ押し寄せてくる。

わたしはたくさんの、たくさんのお金を持っている。

わたしのお金は、心の中に、未来の中に、ポケットの中に、財布の中に、金庫の中に、銀行口座の中に、ビジネスの中に、投資の中に、そして成長を続けるあらゆる場所に存在する。

わたしとお金はともに楽しむ。

お金はわたしに引き寄せられる。

お金はわたしを永遠に、無限に向上させる。

わたしが行なうすべては、わたし自身と世のすべての人のために、豊かさを創り出す。

ミシェルの物語

「〝ダイヤモンドの園〟(P129〜131)の物語を思い出して」サムが助言した。「自分が前から持っていたアイデアでも、知り合いの誰かが温めているアイデアでも、何でもかまわないわ。料理のレシピ。めずらしい道具。ゲーム。本の構想」

午後四時、一同は数十ページのフリップチャートをすべて埋め、一枚ずつ会議室の壁に貼りつけた。一五分の休憩をはさんでサムは、〝ドリームチーム〟の意義はアイデアを出すだけでなく、そのアイデアが磐石かどうか確かめられるところにあると述べた。チームのあるメンバーは、好機を見抜くのが得意かもしれない。別のメンバーは、障害を見つけるのが得意かもしれない。どちらが上でどちらが下ということはない。両者とも、秀逸なアイデアを現実化するには必要だ。そこでサムはグループをふた手に分けた。〈ウサギ〉と〈カメ〉(P203〜205)に。サマンサとミシェル、サマーからなる〈ウサギ〉は、会議室に残った。〈カメ〉――ジェレミー、コートニー、レニー――は、サマンサの角部屋オフィスに入って、ひと足先に一〇〇人の人脈をリストにまとめ始めた。

〈カメ〉が部屋を出たあとで、サムは〈ウサギ〉に一〇〇万ドルのアイデアを、〝勝算が高い〟一〇本の候補に絞らせた。三〇分後、会議室に呼び戻された〈カメ〉はある役割を課せられていた――悪魔の代弁者を務めるのだ。アイデアがひとつ発表されるたびに、生じうる問題を予見していくのがその仕事だった。このプロセスを経て、アイデアは最も障害の少ない三本に絞られた。次に、両チームは力を合わせて、潜在的な問題ひとつひとつに対して対応策を立てていった――たとえA案が座礁しても、いつでもB案に移れるように。

最後に、サムはグループを三組のペアに分けた。各ペアにひとつずつアイデアが与えられ、現実化する責任が課せられた。

ひとつめのペア、サマンサとレニーは不動産に的を定めた。それがサマンサの専門分野だったから

現実のロッキー物語

１９７４年当時のシルベスター・スタローンは、挫折した金欠の俳優兼脚本家だった。しかし、偶然観戦しに行ったボクシングの試合がスタローンの運命を変えた。偉大なモハメド・アリと最終ラウンドまで戦い抜いた〝名もなき〟ボクサーに創作心を刺激されたのだ。

スタローンは急いで自宅へ戻ると、３日間創造力をほとばしらせ、『ロッキー』と題する脚本の第１稿を書きあげた。

有り金わずか１０６ドルのスタローンは、脚本を自分のエージェント宛に送った。すぐさま映画会社は２万ドルを提示してきた。主役をライアン・オニールかバート・レイノルズに演じさせる条件だった。スタローンは申し出に興奮したが、どうしても自分で主役を演じたかった。出演料はゼロでいいと掛け合ったものの、「ハリウッドじゃそんなやりかたは通用しない」とあしらわれる始末。しかし、金の必要に迫られながらもスタローンは提示を蹴った。

すると会社側は、スタローンに主役を演じさせない条件で、脚本料を8万ドルに引き上げてきた。スタローンはふたたび提示を蹴った。

ロバート・レッドフォードが興味を示しており、レッドフォードが出演するなら20万ドル出そう、と会社側は言ってきた。やはりスタローンは断った。

ついに脚本料は30万ドルまで引き上げられた。しかし、〝たられば〟の話に一喜一憂しながら一生を過ごすのはもういやだ、とスタローンは答えた。

だ。また、レニーは公認不動産業者の経験があり、今でも不動産免許をもっていて、彼女とサマンサが組むのは自然のなりゆきといえた。ミシェルが補佐を務めることになった。

ジェレミーとサマーがふたつめのペアを組んだ。彼らの目的はジェレミーのインターネット経験を活かして、オンライン市場で商品やサービスを探すことだった。

ミシェルとコートニーの組は、コートニーが持っているマーチャンダイジングのノウハウを活用することになった。ふたりは、売り出す商品の選択肢を五、六本にまでせばめていった……が、どれもぴんとこない。

「最高のアイデアひとつに的をしぼって、そこに資源をぜんぶ注ぎ込んで実現をめざすわけにはいかないの？」サマーが訊ねた。

「複数の収入の流れ（P295）よ」それがサムの返答だった。「どのアイデアが実を結ぶかはわからない。だから三つとも始動させるの。どれひとつとして単独で一〇〇万ドルを稼げないかもしれない。たとえば不動産で二〇万ドル、オンラインで五〇万ドル、商品の発売で三〇万ドル儲かるとかね。合計すれば一〇〇万ドルが入ってくるわ。あるいは、どのアイデアも思うような結果を出せないかもしれない。〝一〇〇万ドルのアイデアの母〟は、まだそこらを漂っているかもしれない。だから目を光らせておかなくちゃだめよ。日々の生活を送りながら、自覚をガイガー計数器のようにはたらかせなさい。身の回りを定期的に見渡して、一〇〇万ドルのアイデアを探すの」

レニーが、サムに全面的には賛成しかねるといったような当惑の表情を浮かべた。

サムが言葉を継ぐ。「レニー、あなた、新しい車を運転して駐車場に入ったとき、ほかの誰かが型も同じなら色も同じ、まったく同じ車に乗っているのに気づいた経験はある？　どうしてそんなことが起こるのかしら？　日によっては、同じ車なんて一台も見かけない。またある日は、一〇〇台も見

提示額は33万ドルになった。自分が主演できないなら映画化されなくてもいい、とスタローンは言った。会社側はついに折れ、スタローンが主演することに同意した。脚本料は2万ドル。出演料は役者の最低賃金である週給340ドル。経費と、エージェントの手数料と、税金を引いて手もとに残ったのはわずか6000ドルだった。

1976年、スタローンはアカデミー賞の主演男優賞にノミネートされ、『ロッキー』は作品・監督・編集の3部門でオスカーに輝いた。『ロッキー』シリーズは総額で約10億ドルを稼ぎ出し、シルベスタ－・スタローンを国際的なスターに押し上げたのだ！

みずからの直観に従え。節《せつ》を屈するなかれ。

◆梃子効果を1分間で復習しよう

1　梃子効果とはスピードである。

手っ取り早く100万ドルを稼ぎ出すには、梃子効果の使い方を会得しなくてはならない。あなたの付加価値活動に、梃子効果を利用すればするほど、より速くより簡単に大金を稼ぎ出せる。

2　影響の大きさは梃子の長さに比例する。

賢明なミリオネアはたやすさとスピードがビジネスの新通貨であると知っているので長くて強い梃子をつくり出す。

3　ミリオネアとはビジネスの世界で5種類の梃子を使いこなす達人である。

◆ＯＰＭ――ほかの人の金

ミシェルの物語

るような気がする」答えを出す前に、しばらく間を置く。「自覚の問題なのよ。心に磁力を帯びさせる（P107）――気持ちを荷電する――と、いろいろな事柄に気づき始めるわ。もともと存在していながら自覚しなかった事柄に。言っておくわ。一〇〇万ドルのアイデアは、日々わたしたちのまわりに漂っている。たった今もね」

サムが両手を空中にのばし、頭の周囲から目に見えない思考をつかみとるしぐさをした。「今この瞬間、どんな一〇〇万ドルのアイデアがあなたたちの頭の周囲を漂いながら、気づいてもらえるのを待っているかしら？　自覚したとき、あなたは一分間ミリオネア――あとは実行あるのみ」（P18）

その夜、ようやく散会を迎えるにあたって、サムは全員にこんな宿題を出した。一〇〇人の知人リストを完成させたうえで、直観をはたらかせて名前をA、Bふたつのリストに分け、優先順位をつけること。リストAはいずれ〝強力な人脈〟につながりそうな確率が最も高い一〇人。Bは残りの人々。「忘れないで」一同を会議室から送り出しながらサムが言った。「オッカムのかみそりを。もう一度言ってみて」

ミシェルは、ばらばらと答える声に加わった。「最善の解決策とは、常に最も単純な解決策である」

あと86日……

サムは〈巌〉で、ミリオネア・イーグルズとみずからを名づけた生徒たちに、講義を行なっていた。「鷲《わし》の目は、動物王国で最も鋭い。何十メートルも離れた空中から獲物を見つけるの。そして、巣やひなどりを守るために戦う。気高くて、威厳があって、自分たちの力で生き残ってきた鳥よ」

〈巌〉への旅によってミシェル以外のメンバーは、サムが個人トレーニングを行なう聖域を初めて目

◆ＯＰＥ――ほかの人の経験
◆ＯＰＩ――ほかの人のアイデア
◆ＯＰＴ――ほかの人の時間
◆ＯＰＷ――ほかの人の労働

4　ミリオネアは絶えず梃子効果を探し求める。

賢明なミリオネアは〝この状況に対し、この機会に対し、このアイデアに対し、どうやって梃子効果を利用しよう？〟と絶えず問いかける。賢明な1分間ミリオネアになるには、「梃子はどこだ？　梃子はどこだ？」と呪文のように唱える必要がある。

5　最大の効果を得るためには、梃子の6つの形態を理解しなくてはならない。

◆師
◆チーム
◆ネットワーク
◆無限ネットワーク
◆道具と技能
◆システム

にした。まだ午前八時過ぎで、暖かな日差しがすべてを包んでいた。サムと向かい合って、メンバーのほとんどがあぐらをかいて座っていたが、ジェレミーだけは例外で、平らな岩の上にぺたりと仰向けに横たわっていた。瞑想にふけるふりをして目をつぶっていたが、ときおり軽くいびきをかいてしまうので、サマーがつつかなくてはならなかった。朝一〇時前に起きる生活には慣れていないのだ。

「きのうバタフライ効果（P16）について話したわね。あなたがきょう、人生をほんのちょっと調整するだけで、のちのち驚くほどの効果があがるという事実よ。意見を出し合ってみましょう。人生を一変させるような、小さな変化――一分間の習慣、一分間の行動、一分間の思考パターン――って何があるかしら？」

サマーが声を張り上げた。「たとえば、あなたが教えてくれた、自分の目標をくっきりと映像化する方法（P81）とか？」

「そうね」とサム。「一分間あれば夢を細部までくまなく見渡して、自分を磁化して、自分がなりたい人物像に近づくことができる」

「目標を文字に書き記すのはどう？」レニーが述べた。「六つの目標を書き記すのは毎日たったの一分間ですむけれど、頭と心に深く刻み込まれる」

「よろしい。ほかには？」

ミシェルは答える準備ができていた。「実習よ。けさみたいな。一分間じゃすまないけど、ちょっと時間をかけるだけで、ほんとに驚くようなちがいが生まれる」

続く話し合いで、一同は何十もの答えを見つけた。お祈り、瞑想、深呼吸、否定的な思考をしたとき輪ゴムをはじくこと、ヨーガ、予感に気づくこと。

「ビジネスに関して言えば、誰かに名刺を渡すだけでバタフライ効果が起こせるわ。手を握るという

師との出会い

師弟関係における強力な梃子効果

――卓ごしに交わす賢人との問答は、1カ月間の読書と同じ価値がある。(中国の格言)

辞書は〝師〟を「信頼のおける賢い助言者あるいは先生」と説明する。「コーチ」と言い換えてもいい。個人的コーチなしに大成功を収めた人間はほとんどいない。

師の効能その1　ものの見方。

しばしば、われわれは物事を近くから見すぎて客観的視点を失い、激しい感情――恐怖、興奮、驚き、不安、狼狽《ろうばい》、意気阻喪《そそう》――にとらわれてしまう。しかし師は近視眼的な見方を排し、物事を遠くから眺めることができる。経験プラス時間イコール叡智《えいち》。一生分の経験から生まれた叡智を、師はあなたに与えてくれる。

師の効能その2　熟練

われわれの無知というすきまを師は埋めてくれる。あなたがなんらかの新しい仕事を覚える際、師はプロセスを簡略にし、複雑な道を先導し、落とし穴を回避し、危険を知らせてくれる。つまり余分な代価――時間、金、精神的苦痛などの高い授業料――を払わずにすむわけだ。師はあなたに近道をさせてくれ

習慣ひとつでも、のちのちまで印象づけることはできる。誰かと握手するときは、相手の目の色がわかるまで手を放してはだめ。こんな簡単な習慣でも、あなたが本気だ、興味を持っていると伝えられるわ。相手をもっとよく知るようになったら、固い握手は卒業して、握手しながら腕に触れる段階へ進む。次は両手の握手。わたしの場合は、抱き合うのが好き。ほんの数秒だけど、深い結びつきを感じられるでしょう。それに」とサムは続ける。「人の名前を忘れないこと」

「ああ」サマーがうめいた。「わたし、名前を覚えるのが苦手で」

「そう言い続けるかぎり、けっして得意にはなれないわよ」サムがきっぱり告げた。「かわりに『人の名前を覚えるのが、だんだん得意になってきたわ』と言えば、そのとおりになるから。人の名前を覚えてあげるのは、最も価値のある、かつ最もお金のかからないプレゼント。あいさつをする相手だけじゃなく、あなた自身へのプレゼントでもあるわ。もし一〇〇〇ドルあげるから名前を覚えてほしいと言われたら、あなたは実行できるかしら？」

「もちろんさ」ジェレミーが体を起こして座りながら言った。

「けっこう。人とのつきあいは、回を重ねるごとに進歩させていくべきなの。改良して、もっと有意義にしていく。小さな事柄が大きな配当金を生む」ひと息つく。「お金といえばね。お金を使うときには一分間待って、正しい使いかた――百万長者の使いかた（P273）を心がけなさい。正しい買い物をすること。借金をつくらないこと。購入プランを立てること。先々までプランを立てておけば、使うお金も少なくてすむから。割引を要求すること。レシートを見直すこと。小切手帳を厳密に管理すること。日常の出費を仕事上の経費に変える方法を編み出すこと。賢くお金を使うために一分間を費やせば、あなたは百万長者になれるわ。お金に困るのは、それを怠るからよ」

サムがさらに続けた。「人生を変えたいと思ったら、別に大きな変更を加える必要はない。毎日の

る。

師の効能その3　忍耐力

新しい技能を学ぶ際には、習熟曲線というものがある。試行錯誤を続けるあなたに、師は忍耐することを教えてくれる。師なしに独力で成功した人物をひとりでも知っているだろうか？　例として、ウォーレン・バフェットの物語を見てみよう。

バフェットは世界一金持ちの投資家だ。10億ドル単位のお金を何度も稼ぎ出している。彼は大学4年生のとき、ベンジャミン・グレアムの『賢明なる投資家』を読んだ。この本は株式投資理論のバイブルと言われ、たちまちバフェットはグレアムを神とも崇《あが》めるようになった。グレアムのもとで学ぶため、バフェットは彼が教鞭をとっているコロンビア大学の大学院に入り、経済学修士号をとった。

卒業後、バフェットはグレアムの投資会社に就職を希望した（無給でいいとまで申し出た）。何度断られてもあきらめず、3年がかりでグレアムを説き伏せ、その後の2年間、このバイブルの著者を師とすることに成功したのだった。

25歳のとき、バフェットは故郷へ戻り、7人の投資家とともに〈バフェット・アソシエイツ〉社を立ち上げた。このときの元手は100ドル。5年もしないうちに彼は百万長者となり、今や歴史上最も高名な投資家と言っても過言ではない。

ひとりきりで相乗効果は生まれない。最低でも2人の人間が必要だ。賢明なミリオネアはほとんど全員が師を奉じている。賢明なミリオネアは師の必要性を認識している。師は、賢明なミリオネアとなるための梃子である。あなたも師を持てば、師と同じくらい力強くなれる。

ちょっとした心がけで、自分がなりたい人間へ生まれ変われる。蝶々の小さな羽ばたき何回かでね」

講義を終えると、サムは全員を断崖に並ばせ、第二の梃子《てこ》効果として、大声で〝チーム〟（P217）に関する宣言を復唱させた。

「正しい夢と……」

〝夢。夢。夢〟

「正しいチームがあれば……」

〝チーム。チーム。チーム〟

「わたしたちは必ず……」

〝必ず。必ず。必ず〟

「奇跡を起こせる！」

〝奇跡。奇跡。奇跡〟


あと85日……


ミシェルの奥歯はがちがちとぶつかり合い、木材さえ嚙み砕きかねなかった。

コートニーの運転でディアクリークの高齢者福祉施設〈ゴールデンハウス〉へ向かう途中だった。ついに子どもたちの顔を見られる。とはいえ、ニッキーとハンナのほうはこちらを見られない。建物の別棟か、そのたぐいの場所から、ふたりがセント・ジェームズ学園の合唱団の一員として入居者の前で歌うところを眺める予定だった。

この一年というもの、ニッキーとハンナの夢を見ない夜はほとんどなかった。夢はときに悪夢とな

指導モデル

――弱い人間は、実際にある住宅や農場しか見ることができない。強い人間は、想像上の住宅や農場を見ている。その眼が財を生む速さたるや、急を告げる風雲のごとし。ラルフ・ウォルドー・エマソン

誰でもいいから偉人の生涯をたどってみよう。例外なく、ひとりもしくは複数の師の下で修行を経験しているはずだ。偉業や名声や、この上ない成功が望みなら、あなたは師に仕える必要がある。ふつう徒弟奉公の相場は2年以上。この期間内に、盗めるだけ盗めばいい。情報を吸収したり、仕事の秘訣を修得したり、情報源に渡りをつけたり、師が勉強したもの、勉強しているもの、勉強するつもりのものを勉強したり……。できれば経験に裏うちされた師の思考スタイルを学びとろう。師が得つつある結果をあなたも得たいのなら〝**師が考えるように考える**〟方法を学びとろう。

師が弟子をとる理由は〝退屈な仕事〟を任せるため――自分の時間に梃子効果を及ぼさせるため――だ。あなたは進んで退屈な仕事を引き受けよう。誰よりも明るい態度で、誰よりもうまく、速く片付けよう。いつも頼まれた以上のことをやるよう心がけよう。師の要望、欲望、願望を予想しておこう。

マーク・ハンセンはR・バックミンスター・フラー博士に師事していた。この師は弟子兼研究助手に、物事を包括的かつグローバルにとらえること、世界が100パーセント人類愛のために動くよう努力することを教えた。マークは先生の要求に応えるべく寝食を忘れて働いた。仕事の中には先生の妻の運転手を

り、子どもたちは海に流されたり、燃えあがる家の二階にとり残されたりした。ときには楽しい夢も見る。ほっと心が安らぐ夢。家族がふたたびひとつになって、ときには夫のギデオンさえもいっしょにいる。けれど目を覚ますたびに、またすべてを失うのだ。

ようやく厨房の換気用小窓から子どもたちを見ることができたとき、ミシェルはこれがいい夢なのか、悪夢なのか、決めあぐねていた。見ることはできても、触ったり、話しかけたりはできない。〝もしかしたら、死ぬってこんな気分かもしれない〟とミシェルは思った。子どもたちはそろって、白と濃紺のセント・ジェームズの制服を着ていた。そういえば、夢の中でも制服姿が多かったと気づいて、ミシェルは愕然《がくぜん》とした。

合唱のあとには施設の老人たちと子どもたちとの短い交流会が開かれたので、そのあいだにミシェルは急いでレニーと落ち合い、子どもらのようすを聞いた。

「あまり時間がとれないの」レニーはすまなそうに言った。「合唱団の顧問と引率の父兄に怪しまれるといけないから」背後をふり返る。

レニーは週に二、三回、代用教員としてセント・ジェームズ学園に足を運んでいるものの、ニッキーとハンナを見かける機会は少なく、今までのところミシェルに子どもたちの情報を伝えられずにいた。けれど先週から音楽の授業をまかされたので、午後に二回ほど合唱のリハーサルでミシェルの子どもたちと接触していた。

「聞かせて。平気だから」ミシェルは言った。

レニーは吐息をついた。「担任の先生たちと話したんだけどね、ふたりとも、特にハンナはちょっ

務めることも含まれていた。

大学院時代のロバート・アレンは、ビジネス哲学の天才スティーヴン・R・コヴィー博士に師事していた。年商10億ドルの〈フランクリン－コヴィー・エンタープライゼス〉の共同経営者でもあるコヴィーは、弟子に目標の重要性を教え込んだ。そして本の執筆を目標のひとつに据えていたロバートは、6年後、自著をニューヨーク・タイムズのベストセラーリストの第1位に輝かせた。この成功に感銘を受けたコヴィーは、世界的ベストセラー『7つの習慣』を出版する際、草稿の段階でロバートに意見を求めた。そう、弟子が師となったのだ！

ビジネスの世界ではしばしば刀の比喩が使われる。名刀、快刀、鈍刀、駄刀……。あなたは名刀とならなくてはならない。名刀となるには、法則を会得しなくてはならない。最も速く、最も安全で、最も簡単な道は**当該分野のトップランナーに弟子入りすること**。師から可能なかぎりのものを吸収しよう。それから自分の夢を胸に突き進み、自分のチームを見つけ、自分のテーマを築きあげるのだ。

それが実現できたとき、富はあなたの後ろをついてくる。

偶然の師

――ダヴィデにとって最も幸いだったのは、ゴリアテと出会えたことだ。ダグ・ウィード

よく言われるように、「生徒の準備が整ったときには、待っていたかのように教師が現れる」どうしてそうなるのだろうか？　それは、紆余《うよ》曲折の末に決意を固めるまでは、いくらまわりに教師や

と問題があるらしいわ」

「どんな？」

「それが……」レニーは胸のところで腕を組んだ。「ハンナが何度かトイレを失敗したらしいのよ」

「原因はなんなの？」ミシェルはきつい声を出した。「ハンナはいっぺんも、おねしょなんかしなかった。だけど、わたしに責任があるって言われてしまうんでしょうね」

レニーが視線を落とした。「子どもたちがストレスを受けているのはまちがいないわ。まず父親の死、次に新しい学校。そして……」

「言って」

「どうやら、あなたのお義母さんがハンナの毛布を取り上げたらしいの」レニーはおずおずと言った。

ミシェルはしばし口をきけなかった。それから白い買い物袋をレニーの手に押しつける。「これをあの子たちに渡してもらえる？」

「中身は、いったい……？」

ミシェルはソファにくずおれ、両手で顔をおおった。「ギデオンが新しいビジネスを始めたころは、出張が多かった。展示会のたぐいね。あの人はいやがってたわ。だけどいつも留守のあいだに子どもたちに聞かせるカセットテープを置いていったの。本を読み聞かせることもあったし、歌を歌ったり、お祈りを唱えたりもした」

「じゃあ？」レニーが袋の中をのぞき込んだ。

「ギデオンは手先が器用だったわ。〈ギデオン雑貨店〉のアイデアもそこから生まれたの。亡くなるちょっと前には、枕の内側に小型のテープレコーダーを仕込むことを考えついた。子どもが頭を載せると、テープが回りだすというわけ」

コーチがいてもまったく目に入らないからだ。そう、探せば師はどこにでもいるのだ！

師には3つの種類がある。1 偶然の師。2 実践の師。3 英雄的な師。

ほとんどの場合、師弟の出会いは偶然だ。あなたがもし素直で開放的なら、出会った相手はひとり残らず何かに役立つ〝偶然の教師〟となりうる。ただし、「偶然も必然のうち」だ。だから常に自分に対して**「どんなに些細《ささい》な巡り会いだろうと、相手を偶然の師の候補だと思え」**と言い聞かせておく必要がある。

互いに利益が得られるよう全力を尽くそう。あなたも誰かの偶然の師になるかもしれない。あなたの投げかける正しいメッセージが、誰かに新しい目を開かせるかもしれない。あらゆる場面で、「ここでは誰が師なのだろう？」と常に心の中で問いかけよう。

偶然の師は必ずしも人間である必要はない。あなたの人生の針路を変えてくれるなら、文字どおり何でもいいのだ。たとえば、

命に関わる病気
失業
心を揺さぶる本
他の生物との出会い

世界一の海洋芸術家であるワイランドは、「1度この目でクジラを見ちゃったら、もう今までどおりの人生なんて歩めないよ」と言っている。

いつなんどき、あなたの人生という道を偶然の師が通りかかるかわからない。だから毎日目を光らせていよう。困難は悪ではない。困難の変装をはがせば、中からは力が現れるのだ。

ミシェルの物語

「すてきね」レニーがそっと言う。

ミシェルは力をかき集めた。「わたしも手伝っていて仕組みは知っているから、自分の声を入れたテープでふたつ作ってきたの。小さい枕を使ったから、子どもたちが学校から帰るとき、うまく家に持ち込めると思う。それぞれにひとつずつ、お話を吹き込んであるわ。義父母に見つかったときの用心に、個人的なメッセージは入れなかった。これだけでもじゅうぶん――」

「じゅうぶん役に立つよ」どこからともなく声が聞こえてきた。

ミシェルは飛び上がった。ふり向くのが恐ろしかった。警察官か、あるいは不気味な義父の姿を予期したからだ。しかし、そこにいたのは電動車椅子の老婦人だった。ふしくれだった手の指で、前進と後退を切り替えるボタンをまさぐっている。

「ごめんなさい、気がつかなくて」ミシェルはやっと息をついて言った。

「ただ、枕じゃだめだね」老婦人はぼんやりと、ひとりごとのように続けた。

ミシェルがレニーに目をやると、やはり困った顔をしている。きっと自分と同じことを考えているのだろう――気の毒に、耄碌《もうろく》してしまって、あちらの世界に生きているのね、と。

「枕は家庭用品だ。枕の形じゃ連中には受けないねえ」老婦人は何か思い出したかのように、くすくすと笑いだした。

ミシェルとレニーはまた顔を見合わせた。今度は眉を吊り上げながら。

「おもちゃなら、おもちゃらしく見えないとね」老婦人が誰にともなく言った。「いつもそうやってきたよ。あたしが社長のころは」

最後の言葉に、ミシェルは疑念を強めた。老婦人は車椅子の中でちぢこまり、まばらな髪は縮れて真っ白だった。しかし、話す声はしっかりしている。

実践の師

――今のわたしがあるのは、血のにじむような努力の結果だ、ということが知れ渡れば、これほどうらやましがられはすまいに。ミケランジェロ

2種類めの師は、実践の師だ。

あなたの人生をざっと振り返ってみてほしい。きっと1対1で手とり足とり教えてくれた師――運動部のコーチ、大好きな叔母さん、仲のいい友だちなど――がたくさん思い出せるだろう。ロバート・アレンは、ともに歩んだ師を42人挙げることができた。数年間続いた師弟関係もあれば、数分間で終わった師弟関係もあった。しかし全員に共通するのは、人生の重要な〝転機〟に現れたという点だ。師の大多数は、目の前に〝ふらっと〟現れた。残りの少数は、助けを得るためにみずから探し出した。

今あなたのいる場所からミリオネアという将来の目的地まで旅するなら、師の導きが必要となる地点に何十回も差しかかるはずだ。自分には覚悟が、認識が、習慣が、技術が、戦略が欠けていると気づくときが訪れるはずだ。これを乗り越えるには毎日毎日、手とり足とり、基本中の基本から現場重視の姿勢で教えてくれる師が必要となる。

そういう師が〝ふらっと〟現れてくれないなら、あなたのほうから探しに行くしかない。でもいったい、どうやって?

レニーが唇を噛んだ。「もう合唱団のもとへ戻らないと」

ミシェルの心は沈んだ。ニッキー。ハンナ。けれど、どうしようもない。「枕を忘れないで」

「あたりまえでしょう」レニーがミシェルを力強く抱きしめた。

「ニッキーなら、こっそり持ち込む方法を思いつくでしょう」ミシェルはソファから立ち上がり、レニーの手を握りしめた。そうすれば子どもたちを少しでも長く隠しておけるような気持ちで。「嘘をつく人間に育てたくはないけれど、でも……」

レニーがやさしく手を離した。「あなたの思いはみんなわかってる」車椅子の老婦人に目をやって言う。「もう行かなくちゃ」ことさら大きな声を出したのは、耳が遠そうな老婦人のためだろう。

「そうそう、あたしはティリーというんだよ」老婦人はなみはずれて大きな声で返事した。「ティリー・ウォルザック。握手をしたいけど、週に一回訪ねてきて爪の手入れをしてくれる女の子がいてね、ちょうどマニキュアを塗ったばかりなのさ」

「はじめまして」レニーがもごもごと言った。ミシェルは、急いで立ち去るレニーが手にした白い買い物袋から目を離せなかった。

「枕の話は本気だよ。あんたの名前はなんだっけ?」

ミシェルはわれに返った。「ミシェル・エリクセンです」あやうく右手をさし出しかけたが、マニキュアの話を思い出した。ティリーには優しく接したいと思った。今までさんざん邪慳《じゃけん》に扱われてきただろうから。サムならどうするかしら? きっと情けをかけて、いくばくかの時間を献納するはずだ。そして、他人のために何かしてあげると気分がよくなる、と言うはずだ。

ちょうどそのとき、サマーがスウィングドアをぬけて急ぎ足でやってきた。

「ミシェル、探してたのよ」言い終えてから、車椅子の婦人に気づく。「あら、ティリーと知り合い

1　足りない資源のリストを作成する。

目標到達に必要な資源のうち、自分に欠けていると思うものを書き出そう。

2　自分の知人たちをネットワーク化する。

もしかしたらあなたはすでに、質問に答えてくれる人――あるいは質問に答えてくれる人を知っている人――を知っているかもしれない。その場合には該当者に電話して「答えを知りませんか?」と訊いてみよう。「ない」と言われたら、「答えを知っていそうな人は知りませんか?」と訊き、知っていそうな人のリストを作って電話しよう。問い合わせるときには必ず紹介者の名前を出すこと。

3　捜索の輪を広げる。

自分に何が足りないか気づいたら、イエローページとインターネットで探してみよう。授業料を払う覚悟があれば、たいていの場合、師の候補は見つかるはずだ。

忘れてならないのは、あなたが簡単な答えを求めているのではないということだ。あなたは相手に対し、師弟関係を結んでほしい、コーチとして成功まで導いてほしいと言っているのだ。この種の関係はけっして安くはない。とはいえ余分な（往々にして実りのない）苦行に比べれば高くもない。

もうひとつ忘れてならないのは、えてして師の候補は自分自身の目標達成に多忙をきわめているということ。優先順位のリストの中で弟子はきっと最下位のあたりだろう。それを最上位まで持ち上げるには、師の求めるものを見きわめ、目標達成に力を貸し、あなたの価値を認めさせるしかない。それができれば互恵主義の原則（あなたがわたしの背中をかいてくれれば、わたしもあなたの背中をかきましょう）により、師は自然とあなたの目標達成に力を貸したくなる。

つまり、「先に与えよ、さらばあとに与えられん」ということだ。

になったのね」

「ええ、たった今……」

「ティリーはね、まるで爆竹」サマーは、まるでティリーがその場にいないかのように話を続けた。

「気をつけてね。しゃべりだしたら止まらないから」

「母親ぶるのはやめておくれ、お若いの」老婦人がぶつくさ言った。

「やあね、ちょっとからかっただけでしょ」サマーは愛情をこめてティリーの肩を叩き、ミシェルに言い添えた。「ティリーの偉業の話を聞いたら、きっとびっくり仰天するわよ。だけど、今はだめ。コートニーがあなたを探してこいってうるさいの。仕事に戻らなきゃだめだって」声を大きくして、「ティリー、悪いけどミシェルを連れていくわね」

「あたしのことは気にしないどくれ」ティリーが気むずかしい声を出した。「あたしはただ、ドラマを見にここへ来たんだから」車椅子をあやつってミシェルの横を回り込み、テーブルの上にあったリモコンを取ってテレビに向ける。

サマーがミシェルの肘《ひじ》をつかみ、ロビーへと連れ出した。窓の外ではセント・ジェームズのスクールバスが駐車場を出るところで、排気ガスがもうもうと上がっていた。

「救出してくれてありがとう」ミシェルは言った。

「サムのオフィスに戻らなくていいなら、ティリーと仲よくなって楽しく過ごせると思うけどね。すごい人よ。見た目は年取ってるけど、脳細胞はひとつ残らず活動してる」

「自分だけの世界に入り込んでるんじゃないかと思ったけど……社長とか、おもちゃとか、そんな話をしていたから」

「おもちゃ?」サマーは即座に答えた。「ティリーはおもちゃの女王よ。あなたに話さなかった?」

あなたの英雄的な師は誰？

──あなたが崇拝する英雄を教えてくれれば、あなたにぴったりの成功の方法を教えてあげられるだろう。ウォーレン・バフェット

3種類めの師は、英雄的な師。男の英雄《ヒーロー》であろうと女の英雄《シーロー》であろうと、あなたにとって彼らは人間を超越した存在──あこがれの的、理想像、創造力の源──のはずだ。〈クライスラー〉のリー・アイアコッカ、〈ゼネラル・エレクトリック〉のジャック・ウェルチ、〈ワシントン・ポスト〉のキャサリン・グレアムなど、実業界なら経営トップの名前が挙げられるだろう。投資界ならウォーレン・バフェット、ピーター・リンチ。宗教界ならキリスト、モーゼ、釈迦《しゃか》、孔子、マホメット。どの分野にも偶像がいる。

ふつうリーダー的存在の彼らには、一般人など近づくことすらできない。運がよくても、取り巻きグループに潜り込めるぐらいだ。とはいえ彼らの勇気、知恵、洞察力に絶対触れられないというわけではない。ぜひとも成功した人々の人生と教訓を貪欲《どんよく》に学んでほしい。

1 あなたが崇拝する人物の伝記や自伝を読む。

2 その手のテレビ番組を視聴し、偉人や有名人のくわしい生涯に触れる。彼らの人生が挑戦と挫折の連続であること、彼らが決意と粘りと忍耐で困難を乗り越えたことに、あなたは気づくはずだ。

「ええ、あんまり」

「彼女ね、玩具会社を経営してたの。一〇年前に〈ハスブロ〉（訳注・アメリカの玩具メーカー）に売却しちゃったけど。あそこじゃ今でもティリーのおもちゃを売ってるわ。〝びっくりワンちゃん〟って知らない？」

「知ってる。ハンナが小さいころ持ってたから」

「そのおもちゃひとつで、一一〇〇万ドル儲かったらしいわよ。本人だけに聞いた話じゃないわ」

「なら、どうしてここに住んでいるの？」

「息子さんがリヴァーデールに住んでるの。その近所に住みたいけど、同居はいやだって。で、最善策が〈ゴールデンハウス〉。うちはこの一帯でいちばん環境がいい高齢者生活介護センターだから」

「あの人を見くびってたわ」ミシェルは言った。

「わたしも初めて会ったときは同じだったわよ」サマーは白状した。「だけど、あとで上司がこっそり教えてくれたの。ティリーはね、〈ゴールデンハウス〉の入居者のうち、自力でここに住めない人たち一〇人くらいの費用を、匿名《とくめい》で払ってるらしいわ」

前ぶれもなく、ミシェルを大きな〝きらめき〟が見舞った。「サマー、あなた、ティリーを一〇〇人の人脈リストに入れた？」

「ううん。どうして？」

ミシェルはサマーを見つめた。そして、ふたりは声をそろえて言った。「オッカムのかみそり」


あと84日……

3 彼らの情報やインタビューが載った雑誌や新聞の記事を読む。
4 彼らが取りあげられた本、テープ、ビデオを入手して勉強する。
5 彼らの生誕地やゆかりの地を訪ねる。
6 彼らと写真を撮り、自室の壁に飾っておく。

最後に、あなたの英雄を集め、想像のドリームチームを結成してみたらどうだろう。あなたの選んだリーダーたちで輝かしき評議会を結成するのだ。彼らがあなたの個人的諮問《しもん》に答えてくれる場面を想像しよう。彼らがどんな言葉を発するか想像しよう。この特別な評議会から創造的刺激と知恵を引き出そう。

断崖絶壁の教訓

カナディアン・ロッキーの山中、岩だらけの小道を少し登ったところに、断崖絶壁がそびえ立っている。崖《がけ》の上は平らになっており、手つかずの高山湖が3つ、ひっそりと横たわっている。湖では巨大なニジマスの群れが腹を空かせて泳ぎ回っている。ただし、湖までたどり着くには狭くて危険な岩の出っぱりを伝いながら、険しい断崖をジグザグに登っていかなくてはならない。

あなたは登攀《とうはん》を決意する。

崖を登るにあたっては、案内人からコーチを受けられる（まさかひとりで挑戦する命知らずはいないはずだ）。あなたの指は切り立った岩肌にしがみつく。脚は深さ90メートルの谷にぶらさがる。心臓が早鐘《はやがね》を打つ。下を見るなと自分に言い聞かせる。あなたは隠された岩の裂け目へ入り込み、木の幹や根っこを

ミシェルの物語

コートニーが急ぎ足で入ってくるなり、会議室のテーブルを囲むチームに合流した。一睡もしていないような顔だ。サムが時計に目をやった。午前八時一〇分。「おはよう、生徒諸君」サムが始めた。「きのうは大きな進歩があったわ。きょうは正午までしか時間がないの。わたしはデンヴァーで打ち合せがあるし、ミシェルはランチの約束がある。というわけで、それぞれのペアから状況報告を聞かせてもらいましょうか。けさレニーとミシェルとわたしの三人で通信会議を開いたわ。のちほど不動産プロジェクトに関する報告をします。最初に、きのうの授業で何か〝きらめき〟を得られた？」

　コートニーは待ちかねたようすで、ほとばしるように話し始めた。「きのうは眠れなかった。二時ごろになって、やっと眠気がさしてきたけれど。そうしたら、ふいに思い出したの。まっすぐ体を起こして言ったわ。『これだ！』去年、シカゴのギフト見本市に行ったとき、わたし、店に並べる新商品を探して通路を歩いてたの。そしたら、ひとりの女の人が、自分のブースの前を通りかかる人にペーパーバックの本を配ってた。みんなはタイトルを見て、表紙をめくったとたんに笑い転げてたわ。わたしも興味をそそられたから、前を通って一冊もらった。『男が女について知っているすべての事柄』、著者はアラン・フランシス博士（P383）。フランシス博士なんて人はいないのよ。著者の正体は、本を渡してくれたシンディ・キャッシュマンという女性。わたしは本を開いてみた。ページは真っ白だったわ。白紙が一二八ページ続いて、単語ひとつたりとも出てこないの」

　聞くなり、テーブルを囲む女性陣はそろって笑いころげた。

「それは要するに……？」ジェレミーが発言した。

　テーブルの女性陣はまたもや笑いの発作に見舞われた。

「言いまちがった」ジェレミーが、言葉のあやに気づいて言い直した。「それが、おれたちに……このプロジェクトにどう関わってくるんだ？」

足がかりにして這いのぼっていく。

ようやく崖の上に出る。荘重な松林に囲まれた3つのブルーの湖。釣りはすばらしいのひと言だ！　糸を垂らすたびに魚がかかる。数十匹があなたのえさを巡って争い、銀色のうろこを太陽の光に輝かせる。

1日が終わり、あなたは案内人に頼む。ヘリコプターを呼んでくれ、もうあの崖はたくさんだ！　しかし不可能だと案内役は説明する。あなたは来た道を引き返し、苦しい冒険の思い出を胸に、なんとか帰還する。

しばらくしてから、あなたは断崖絶壁の教訓をかみしめる。

◆教訓1　たどり着きにくい湖にこそ最高の魚が泳いでいる。

簡単に行ける湖の魚はすぐに釣り尽くされてしまう。湖岸も釣り人たちでびっしりだ。逆に、なかなかたどり着けない湖は魚であふれかえっている。しかし魚を捕らえるには、まず勇を鼓《こ》して断崖絶壁を登らなくてはならない。リスクは大きいが報酬はもっと大きい。成功したいなら断崖絶壁を登ろう。

◆教訓2　つねに案内人を伴え。

初心者のあなたにとって断崖絶壁は恐怖の的だ。しかし、あなたの案内人にとっては勝手知ったる日常的な場所にすぎない。あなたの〝断崖絶壁〟がなんであれ――会議のスピーチ、お得意様への売り込み、新規事業の立ち上げ――それをすでに征服した師を見つけ、その人に道案内をしてもらおう。

◆教訓3　恐怖に立ち向かえ。

おとぎ話では必ずと言っていいほど、王女様との結婚にはドラゴン退治が条件となる。**あなたが立ち向かう最強のドラゴンはみずからの恐怖だ。**もしも恐怖を手なずける術を修得できたら、世界はあなたのものになる。きょうから恐怖に立ち向かおう。

「今、話すから」コートニーが指を一本立てた。「で、著者に訊いたのよ。『売れ行きはどう？』って。『大繁盛よ！』という答えが返ってきた。婦人服店がロット単位で、衝動買い用のアイテムとして置いてくれたらしいわ。一部五〇セントで印刷した本を、その女性は店に一ドル五〇セントで売って、店は二ドル九五セントの値で売った。いったい何部売れたと思う？」コートニーは間をおいた。「一、〇〇〇万部よ。その女性は、一語も書かれてない本を売って、百万長者になったの」

「あら、気が合いそう」とサマー。

ジェレミーが女性陣のいじめから立ち直り、会話に入ってきた。「とっぴな方法で一〇〇〇万ドル稼ぐといえば、〝白紙の本〟の話で思い出したよ。ブルックリン橋を売った男の話をさ」

「ブルックリン橋なんて売れるわけないでしょう」いつでも現実家のコートニーが言った。

「わかってるさ。だけどポール・ハーチュニアンって男は、橋の断片を売ってひと儲けをたくらんだんだ。実話だよ。奴は看護士として働きながら、うまい話を探してた。ある日ニュース番組で、作業員がブルックリン橋を部分修理してるのを見かけた。古くなった木の桁《けた》をはずして、手押し車で運び去るのさ。そのとき名案がひらめいた。奴はすぐに工事現場に電話して、現場監督に、古い木材を買い取りたいと申し出た。監督は当然、木材をただのごみだと思ってるから、喜んで手放した。

ハーチュニアンは、橋桁だった古い木材を引き取って、縦横二センチ半、厚さ〇・三センチにカットした。それを、〝当証明書の持ち主はブルックリン橋、あるいはその断片を購入したものと認める〟と書いた正規の証明書に貼りつけたんだ。そこからがこの男のすごいところさ。何百ものマスコミ媒体に、〝ニュージャージーの男性、ブルックリン橋を一四ドル九五セントで売却！〟という告知を送ったんだ。やつの電話は鳴りっぱなしさ！　誇張じゃなく、何百ものマスコミ媒体が電話をかけてきて詳細を知りたがった。こうして男は一四ドル九五セント、プラス発送諸経費二ドルの木片を、何千

ミリオネアをランチに招こう

——財産を築く最短かつ最善の方法は、あなたを向上させれば自分の利益になると、はっきり相手にわからせてやることである。ジャン・ドゥ・ラ・ブリュイエール

ひと月にひとり、ミリオネアを見つけよう。グループでの、あるいは2人きりでの面会を、電話か電子メールで要請しよう。ミリオネアの脳みそを拝借するのだ。次に質問リストを示す。これらを口から発したとき、あなたには奇跡が起こるだろう。ミリオネアの答えはきちんと書き留めておくこと。

1 どんな方法で最初の100万ドルを稼ぎましたか?
2 時間はどれだけかかりましたか?
3 今なら、どれだけの時間で100万ドルを稼げますか?
4 あなたが使っていたシステムはどんなものですか?
5 そのシステムは移転が可能ですか?
6 今、誰かをあなたと同じレベルまで育てるとしたら、どれくらいの時間がかかりますか?
7 わたしがミリオネアになるのに、どんな方法をすすめますか?
8 あなたが学んだいちばんの教訓は何ですか?
9 精神的価値をどのように大事にしていますか?

ミシェルの物語

枚も売った。古くなった、役立たずの橋桁を元手に、**七〇〇万ドル**も稼いだんだぜ。嘘じゃない」

「すごい話ね」サムが感想を述べた。「まさにわたしが教えようとしていたこと、そのままよ。一〇〇万ドルのアイデアは、思いも寄らないところに転がっている。心を開いて感覚をはたらかせれば」

コートニーが片手を挙げて発言を求めた。「白紙の本に関する〝きらめき〟の話を終えさせて。わがグループにうってつけの一〇〇万ドルのアイデアだと思うから。もし女性ひとりが誰の手も借りずに白紙の本を一〇〇万部売れるなら、わたしたちが何かシンプルな本を考え出して、相互のネットワークを使った場合、一〇〇万部売れてもおかしくないんじゃない？」

「一〇〇万部……ちょっとした人の数ね」とサマー。

ミシェルも会話に加わった。「だけど、どこかの企業に売るとして、各社が一〇〇部ずつ買い取ってくれるとしたら……」

ジェレミーがすばやく暗算する。「一万社、必要だな」

「ちょっとした企業の数ね」サマーが言い添える。

サムは意見交換をおもしろそうに眺めていた。「どうして、一〇〇万部の本を、たったひとりの顧客に買ってもらわないの？　オッカムのかみそりよ」

一同は、冷水を浴びせられたような気分になった。話が大きすぎる。

「一冊の本を一〇〇万部、一手に引き受けてくれるのは、どういう企業？」もともとの提案をした現実派のコートニーが言った。

誰も答えなかった。ミシェルは思った。〝問いの大きさが、答えの大きさを……〟

「社員が一〇〇万人いる企業とか」ようやくジェレミーが口を開く。

「それとも、顧客が一〇〇万人」サマーも言う。

10　どんな遺産を残したいと思いますか？
11　あなたの最も大切な習慣はなんですか？
12　挑戦してみたかったのに、時間の制約で断念したものはありますか？

ミリオネアとの会見をかみしめ、今度は次の質問を自分に投げかけよう。

1　今回のミリオネアとの会見で、何がいちばん心に響いただろうか？
2　どんなひらめきを得られただろうか？
3　今回の取材をもとに、どんな具体的行動をとればいいだろうか？
4　今回の相手のどの特徴と特質を見習えばいいだろうか？

変革的学習法

——ひとりがひとりに教わり、ひとりがひとりに教え、やがて世界じゅうに教えが広まる。マーク・ヴィクター・ハンセン

自己改革専門家のドン・ウルフは、学習には2つの方法があると説く。情報的学習法と変革的学習法、つまり頭で学ぶ方法と心で学ぶ方法だ。

既存の教育システムにおいては、情報的学習法が主流をなしている。教師はもっぱら話し役。生徒はもっぱら聞き役で、あとはノートをとったりテストを受けたり……。これは記憶と反芻《はんすう》でしかない。

ミシェルの物語

サムが割って入った。「一〇〇万という数字にこだわりすぎないで。要するに、適正な内容の本を適正な価格で、一〇万部買ってくれる企業が、この地球上に一〇社あるかしら？」

なくはない、と言いたげに、いくつかの頭がうなずき始めた。コートニーが考えを押し進める。

「それ以上の金額を、紙をとめるクリップに費やす企業もあるわ」

ミシェルは両手に顔をうずめて、アイデアの規模の大きさになじもうと努めた。「実務の面も考えて。一〇〇万部の印刷と輸送よ。すべてを九〇日で行なうなんて。気が遠くなるわ」

今度はジェレミーの出番だった。立ち上がって全員に話しかける。「さあご婦人がた、左脳人間の腕の見せどころですよ」手品師が、袖の中に何も隠していないと証明するときのように、上着の袖口からカフスを見せる。「印刷しなきゃいいんだよ。輸送もしない。〝Eブック〟（P375）を作ればいいんだ。読者ひとりひとりが、個人宛てのデジタル化された本を、じかに電子メールの受信ボックスで受け取るのさ。一冊あたり一ドルで売ればいい。経費は？　かぎりなくゼロに近い。利益は？　一冊につき約一ドル。ご覧あれ」手品師がトリックをしめくくるときのように、両手を打ち合わせる。

「一〇〇万ドルの出現だ」

「そういう方法を全部知ってるの？」ミシェルは訊いた。

「まあ、多少さびついちゃいるが、ジェレミーとサマーがインターネットに二週間ばかり張りつけば、なんとかなるだろう」ジェレミーがてのひらをさし出すと、サマーがそれをぱちんと叩いた。

決まりだ！　サムが出かけたあと、一同は午前中いっぱいかけて、ぐっとくるEブックの着想を一〇本あまりと、トラブル対策を打ち出した。

解散する直前に、サムの部下がラップトップ・コンピューター――ワイヤレスでインターネット接続できるもの――を二台運んできて、会議用テーブルのすみに置いた。ジェレミーが片方のコンピュー

情報的学習法	変革的学習法
左脳	右脳
知性重視	感性重視
頭	心
型どおり	型破り
気まじめ	知りたがり
がちがち	のびのび
答えを教わる	答えを見つける
反復	直観
受動的関与	能動的関与
ちょっと待て	行け行け
恐怖	信頼
ナンバーワンになる	オンリーワンになる
知識	理解
ああ、まずい！	ああ、なーるほど！

変革的学習法の目的は、自分で答えを見つける能力を生徒につけさせること。歩みはのろくても、意義はずっと深い。だからこそ変革的なのだ。

現代は情報がありすぎ、変革がなさすぎる。誰かが何かに行き詰まったとき、知識不足が原因であることはまれだ。**原因は、すでに持っている知識を行動に応用する能力がないことなのだ。**変革的学習法ではノートをとったりはしない。教訓は心に、あなたの細胞すべてに書き込む。そうしておけば、天命を果たしたいという自然な欲求が、まるで泉のように適切なふるまいを湧き出させてくれる。

神は人間の一生を、変革的経験の場として設計した。だからわれわれはあなたを〝情報〟ではなく〝変革〟でミリオネアにするだけだ。

変革的学習法の目的は、あなたに〝きらめき〟を経験させること。あなたの認識が広がったとき、〝きらめき〟が発生する。光がぱっとひらめいたかと思うと、あなたは心の中で〝はっはあ！〟と叫んでいるわけだ。きょう、あなたは何について〝はっはあ！〟と叫んだだろうか？

タの前に座って、指の関節をぽきぽきと鳴らした。そしてサマーが肩越しにのぞき込むなか、キーボードを打って手品を仕込み始めた。

ミシェルの物語

あと83日……

「ランチをつきあっていただいて、ほんとうに光栄よ、ティリー」

ミシェルとコートニーは、ディアクリークでも新しい上品な部類に属するレストランで、老婦人と向かい合って座っていた。時刻はまもなく午後一時。さかのぼること二〇分、ふたりは〈アップサイド・カフェ〉の前で、〈ゴールデンハウス〉のバンから降りたティリーと落ち合ったのだった。

「おかげさまで、いい遠足になるよ」青いベロアのスエットを着たティリーは、生き生きとして見えた。「服装が場違いでなきゃいいけど。この年になると、見た目よりも着心地が大事なもんでね」

「だいじょうぶ」ミシェルとコートニーは同時に答えて、吹き出した。

料理の注文をすませたあと、話題はビジネス方面に移ったが、ティリーは気にかけるようすもなかった。すぐさま、自分の半生記を語り始める。ときおり混ざる余談は、本筋よりおもしろいくらいで、アイゼンハワー時代のホワイトハウスに招かれた折、顎のとがった副大統領に関する噂を〝アイク〟に漏らしたなどという話も飛び出した。ティリーの話し声は、ほんの数デシベルばかり大きすぎたので、ほどなくまわりのテーブル客たちが、話を少しでもよく聞こうと身をのりだしてきた。

料理が出るころには、三人のテーブルで起こる笑い声がまわりに伝染し、大きな輪に広がっていた。ティリーは人々の注目を楽しんでいるようだった。「こうしてあたしは、アイデアひとつで一一〇〇万ドルを手に入れたのさ」ウェイターが料理を持ってくると、ティリーはくすくす笑った。そしてま

第3のマニフェスト

「ミリオネアの師をもとう」

成功者を師にもとう。
準備が整ったとき、突然師は目の前に現れる。
師はわたしの望む成功へ導いてくれる。
師は大切な成功の秘訣を、喜んでわたしに分けてくれる。
わたしは当然のごとく師に助言を求める。
わたしを助けることこそが最重要課題の解決法だと、師は知っているから。
わたしは必要なものを師から学び、すべてを得たあかつきには
念願の目標へと飛び立つ。
師はわたしとの関係を喜ぶ。
師こそが真実を握る者。
わたしが天分と能力と素質と資源を遺憾なく活かせるよう、
師は真実をわたしと分かち合い、わたしを元気づけ、わたしを指導してくれる。
師の絶え間ないすぐれた手ほどきは、わたしをめざましい実績へと導く。
師はわたしの力を100%引き出す術を知っている。
わたしは師の一挙手一投足をつぶさに観察し、盗む。
師がその師に対してやったように、わたしは師に対して喜んで責務を果たす。
わたしは師の本を読み、学んだことを実行に移す。
わたしは師の友だち、同僚、愛する人々と会えるかぎり会い、
“ミリオネアの住所録”を充実させる。
わたしのさらなる成長と発展に力を貸してくれる師の存在が、
わたしの人生をもっともっと限りなく有意義なものにする。
わたしは師の情熱を学びとり、満足と富にあふれた人生を送る。
師を持たずして偉業を達成した人間などいないことを、わたしは知っている。
わたしは創造的刺激を与えてくれる偉大な師を一生のあいだ持ちつづける。
わたしは師となる方法をも師から学ぶ。
誰かの師となる機会が訪れたとき、わたしには応ずる用意がある。

ミシェルの物語

わりのテーブルに向かって、皇太后のごとき威厳で〝もう注目しなくてけっこう〟といったふうに頭をかしげてみせてから、サンドイッチを小さく切り分け始めた。

「でね、ティリー」ミシェルは切り出した。「〈ゴールデンハウス〉でお会いしたとき、わたしのプレゼントについて意見をくれたでしょう。子どもたちに渡した枕のこと」

「そうそう。枕の形じゃ連中に受けないと言ったんだよ。何か別のものじゃないとね。だっこする人形か、あやつり人形か、テディベアか。枕以外の何か」

「〝連中〟って誰のこと?」

「誰っておもちゃメーカーだよ、もちろん。枕じゃ新製品の企画委員会を通りっこない。前にそういう委員会にいたことがあるがね。連中は、世界でもよりすぐりのアイデアを見てるんだ。一カ月に何百件もさ。賭けたっていいよ。おもちゃメーカーが売るのはおもちゃで、枕じゃない」

「じゃあ、わたしのプレゼントのどこが、あなたの目をとらえたの?」

「そりゃあいい質問だ。あたしはね、一万ものアイデアが、おもちゃの墓場に葬られるのを見てきた。あたし自身でつぶしたのもたくさんあったがね。そしてアイデアの段階を通過して、店の棚に並んで、はては銭《ぜに》を稼ぎ出すということが、どれだけたいへんか、この目で見てきた。だから最高のおもちゃに共通する原則が何かは、自信を持って言えるよ」

「その原則を教えていただきたいの」コートニーが礼儀正しく、しかし率直に訊ねた。上品かつ休みなく食事を続けながら……。ミシェルのほうは食べられなかった。

「あんたがお友だちに仕掛けを説明するのを聞きながら、あたしは内心思ったんだよ。『ほほう、こいつはぜひ孫たちに贈ってみたいね』おばあちゃんからのちょっとしたメッセージってわけだ。最高のアイデアってのはそういうもんさ。ほら、自分自身でも使いたいって思えるだろう? かわいい孫

億万長者ロペス氏の手ほどき◆若き日のロバート・アレンの経験

19歳のときの経験は、わたしの心に一生消えない記憶を刻みつけた。あの夏、わたしはカナディアン・ロッキーのルイーズ湖という景勝地で、観光バスの運転手のバイトをしていた。担当したバスの乗客は、フィリピンからのお金持ちご一行様。年配のロペス夫妻を筆頭に家族、友人、同僚が合計十数人というグループだった。ロペス一族はフィリピンに数多くの大企業——テレビ局、ラジオ局、新聞社、電力会社——を所有していた。今の基準でいえば億万長者だ。

湖のツアーが終わったとき、一行を率いる老紳士から礼儀正しい申し出があった。これからも旅を続けるが、君もいっしょに来ないか、と。わたしは面食らったが、しかし、翌日には億万長者ご一行様のひとりとなっていた。わたしの両肩からは真新しいスーツがぶらさがり、わたしのポケットにはたっぷりとお小遣いが詰まっていた。まるでおとぎ話みたいだった。

サンフランシスコのロペス一族の豪邸に短期滞在したあと、一行はマニラへ飛んだ。メイド、コック、運転手付き高級車——わたしはありとあらゆる贅沢を味わわせてもらい、数日後にはロペス一族所有の別荘を巡る旅に送り出された。北から南まで、フィリピン国内に点在する別荘を泊まり歩いたのだ。わたしは富を直接肌で経験した。まさに感動のひと言!

数週間後、一行は東京へ移動した。1週間のあいだ金額欄がブランクの小切手を携えての観光が続いた。わたしが自宅へ戻ったのは、経費すべて向こう持ちのすばらしい3日間をハワイで過ごしたあとだった。

ここで時間を7年分早送りする。ブリガム・ヤング大学を卒業したわたしは、出張でサンフランシスコ

を思い浮かべて、あの子がおもちゃをだっこしたとき、大好きなおばあちゃんの優しいメッセージや、寝る前のお話が聞こえてきたら、きっと喜ぶにちがいないってね」

ミシェルはふと、事の発端となった枕は、ニッキーとハンナの寝室に無事行き着いただろうかと思った。

ティリーが遠慮ない音をたてて、アイスティーを流し込んだ。「あたしの頭に浮かんでるのは、手触りのいい縫いぐるみ……テディベアみたいな案配で……胴体が大きくて……ミニ枕みたいな形で……ああ、枕の話に戻ってきた……どんな色でも使えて……心底楽しめるやつさ」言葉を切って、きらきら光る黒い瞳で、遠くを見つめる。「前足にボタンを仕込んで、子どもが押すと録音が流れるってのがいいねえ。あたしがおもちゃ産業の第一線にいたころは、その手の電子機器がなかなか見つからなくて……あんたがたは若いから、〈おしゃべりトリーシャ〉なんざ知らないだろうが」ティリーは笑って、またアイスティーを流し込んだ。「あのころ電子機器は壊れやすかったし、おまけに値段が高かった。だけど今じゃ、おもちゃに仕込もうと思ったら、どんな電子機器でも手に入るようだね。早いし、安いし、丈夫だ。こういうことが全部、あんたの話を聞いたとき、三〇秒で頭に浮かんだよ。だけどあんたのほうは、それほど乗り気じゃなかったようだね」思い出して憤慨したかのように、ふんと鼻を鳴らす。「で……」

ミシェルは口をはさんだ。「乗り気でなかったのは、わたし……あの日は気持ちの上下がはげしい日で……ごめんなさい。失礼なことをするつもりはなかったんだけど」

「ティリー」コートニーが咳《せき》ばらいした。「彼女の枕とあなたのテディベアの合作は、売り物になると思う?」眉を吊り上げて、老婦人をじっと見据える。

「さっきも言ったろう」ティリーが指先についたチーズを品よくぬぐいながら、声にかすかないらだ

を訪れたとき、ロペス一族の豪邸に立ち寄ってみた。すでに家長のロペス氏は亡くなっており、一族は運命の反転に苦しめられていた。

1972年、マルコス大統領がフィリピンに戒厳令を敷いた。尋常ならざる権力を獲得した大統領は、それだけでは飽き足らなかった。マスコミ関係の企業を掌握し、なんと国有化（つまりは重窃盗の合法化）までもくろんだのだ。国内の混乱のさなか、あるテレビ局の社長が誘拐された。あろうことか、それはロペス氏の息子だった。アメリカにいたロペス氏は事件直後、誘拐犯から決断を迫られた。フィリピン国内で所有する株式をすべて放棄するか、それとも息子を見殺しにするか、と。おそらくロペス老人は一瞬で決断を下したのだろう。すぐさま息子は解放され、ロペス一族の資産はフィリピン政府に移管された。

子供ひとりの命を助けるか、一生かけて築きあげたすべての財産を投げ出すか。こんな内容の電話を受ける気持ちを考えてみてほしい。あなたは客観的な判断を下せるだろうか？

わたしの財産は長い期間をかけて増え、減り、また増え、という道筋をたどってきた。そのあいだにロペス氏の10億ドルの教訓をけっして忘れまいと、わたしは何度心に誓ったかしれない。

◆師を1分間で復習しよう

1 **成功者には必ず師がいる。**師はものの見方と熟練と忍耐力への近道だ。

2 **師弟関係は強力な梃子である。**師から経験を引き出すのは、ミリオネアの山をのぼる最も簡単で安全で速いルートだ。

3 **師はどこにでもいる。**

ちをにじませた。「あたしが気に入ったんだよ。新しいおもちゃのアイデアなら、うんざりするほど見てきたこのあたしがさ」

「だけど、こういうおもちゃは前にも作られてるんじゃない？　録音機器をつけたおもちゃなら、前例があるでしょう？」

「ああ、コーヒーを出す店が一億やそこらあるのと同じさ。だけど、〈ジョニのジャヴァ・ジョイント〉じゃなくて〈スターバックス〉を街じゅうで見かけるのはなぜだと思う？」

「〈ジョニのジャワ〉なんて、聞いたこともないわ」ミシェルは言った。

「よくお聞き。おもちゃにはね、どこかしらめずらしいところがなくちゃだめなんだ。それを、あんたは見つけた。親自身のささやきを、子どもの耳に届けられるんだからね。ちょっとした子守唄もよさそうだ。ここにぐっとくるんだよ」ティリーが自分の胸をぱしっと叩いた。「世の中にあふれてる、飛行機で出かけてばかりの悪いパパやママは、留守番する子どもに何か自分の代わりになるものを残していきたいはずだよ。こいつはじょうずに売り出せば次代の〈キャベツ人形〉になるかもしれない」

ミシェルとコートニーは目を丸くして顔を見合わせた。

「ほんとうさ。あたしもおもちゃが売れ始めるときは、ロケットに乗ったみたいな気分だった。たまらないよ。開店の一時間も前に、一〇〇人からの母親が、ブロックを一周するくらいの行列をつくってさ、たとえ他人の髪の毛を引っこ抜いてでも、売り切れになる前におもちゃを買おうと意気込んでるんだ。大げさなと思うだろうが、ほら、母親熊は凶暴だからね」ティリーは甲高い声で笑い、しわだらけの両手をこすり合わせた。

「ティリー」ミシェルはあえぎながら言った。「そういうおもちゃを市場に出すのに、どれくらい時間がかかるかしら？　あしたから始めたとして」

出会った相手はひとり残らず、何かに役立つ〝偶然の師〟となりうる。

4 **師はかならずしも人間である必要はない。**あなたの人生の針路を変えてくれるなら、病気や失業などどんなものでも師となりうる。

5 **つねに師弟関係を求めよ。**自分には何かが足りないと気づいたら、それを修得する近道を教えてくれる師を探そう。

6 **好きな英雄でドリームチームをつくろう。**あなたの選んだリーダーたちで輝かしき評議会を結成しよう。彼らがあなたの個人的諮問に答えてくれる場面を想像しよう。

7 **ひと月にひとりのミリオネアを探し出そう。**グループでの、あるいは2人きりでの面会を電話か電子メールで要請し、ミリオネアの脳みそを拝借しよう。

8 **最高の師は変革型の師だ。**変革型の師は情報を与えるのではなく、あなたの認識を広げてくれる。

「そうだねえ、試作品を作るまでが、まずひと山だ。二週間くらいかかるだろうね。次に、新製品委員会の人間に会いに行く。〈ハスブロ〉と〈マテル〉の両方にあたるべきだろうね――業界の二大大手さ。競り合わせればいいよ。運がよけりゃ、今からひと月以内に、二社のどちらかに食い込めるだろう。言っとくが、あたしの顔がきくおかげだよ。それから三週間で委員会の承認が下りて、それから契約が決まって、次に……」

〝どう見ても、結果を出すには六カ月以上かかりそうだ〟ミシェルは考えた。〝九〇日なんて、とうてい無理〟ティリーの声が〈アップサイド・カフェ〉の雑音、話し声や陶器の音に溶け込んでいく。コートニーも食事する手を止めていた。

「お嬢ちゃんがたときたら、どうも話が呑み込めてないようだね」ティリーがとがめた。「このおもちゃは成功まちがいなしだって、言ってるじゃないか」

ミシェルは深く息を吸い込んだ。そしてできるだけ簡潔に、義父とした賭けの内容を話した。話のあいだ、ティリーはスエットスーツの肩のあたりに手をつっこみ、どうやらブラジャーのひもを直しているようだった。ミシェルはしめくくりに、九〇日の期限に触れた。「もっとも、今じゃ八三日を切ってしまったけど」

ティリーがもう片方の肩ひもをぐいとひっぱった。「九〇日だろうが八三日だろうが、関係ないね。どっちにしろ無理だ」

〝無理〟という言葉は、顎《あご》を殴られたような衝撃をともなった。次の瞬間、ミシェルはサムの庭に舞い戻り、車の下にはまり込んでしまった子どもの話を聞いていた。ひとつちがうのは、車の下にいるのが、ミシェル自身の子どもたちだという点だ。すると、ひとつのアイデアがひらめいた。「ティリー、ちょっと想像してみて。お孫さんが誘拐されて身代金を要求されてるの。あなたがこのテディベ

ドリームチームを作る

成功は単独の事業ではありえない。分かち合うべきものだ。また、成功は競争ではない。みんなにじゅうぶん行きわたる数の成功が存在している。あなたは夢や目標を同じくするチームと協働しなくてはならない。チームはあなたの梃子《てこ》であり、あなたの成功を迅速かつ容易にしてくれる。チームとは相乗効果――**1足す1を2ではなく11にすること**――なのだ。複数の人間が手を組めば、別々に働くよりはるかに大きなことを達成できる。

協働がうまくいったとき、信じられないほどの力が生み出される。成功志向を持つ朗らかな同好の士の集団、すなわちドリームチームは、成功の道具として驚くべき効果を発揮する。**偉大な成功を収める者はひとりの例外もなくドリームチームを持っている。**

ドリームチーム編成には簡単な裏技がある。それを使えば、あなたのアイデアは崇高さの領域にまで広がっていく。

あなたのドリームチームはどんな特徴を持つべきだろうか？　成功するチームは、目標を共有する2人以上のメンバーで構成される。構成員たちの心と頭は、互いにハーモニーを奏でていなければならない。つねに最良のメンバーはいないかと目を凝らし、見つけたらチームへの参加を呼びかけるべきだろう。そ

アを九〇日以内に売り出さないかぎり、絶対に、二度と会えない」

「おお、いやだ」ティリーは息を呑んで、胸のあたりを押さえた。「そんな話はやめておくれ」

ミシェルは仮定の話を続けた。「永遠に連れ去られてしまうのよ、ティリー。〝無理〟なことを実現しなかったら——」話を大仰にしすぎただろうかと心配になって、ミシェルはコートニーを盗み見た。

「だけど、今から八三日のあいだにおもちゃを売り出せば、お孫さんは解放される。だとしたら、あなたは動いてくれる？」

ティリーが顎を引いた。今ではミシェルにも、ティリーが想像力豊かな女性であることがわかっていた。きっと、何者かが大事な孫娘を脅かすさまを思い描いているのだろう。唇をすぼめ、目を閉じている。数秒ごとに、頭を左右に振る。それから、うなずく。また頭を振る。そしてうなずく。

ようやくティリーは口を開いた。「こりゃ、みなしごアニーの髪のカールよりもきつい見通しだよ。すべての段階を、一回もつまずかずに、流れるように進めなきゃ」またもや、霞《かすみ》のかかった黒目を細めて遠くを見つめる。

「何より先に、売り込みをする必要があるね」しばらくしてから話に戻る。「よくよくすばらしい製品を作って、何カ月も前から予約が入ってるほかのプロジェクトを後回しにさせないと。いいかい、文字どおり、生産ラインに入ってるおもちゃを押しのけるんだよ。そんな無理を通せるのは、企業のいちばんトップにいる人間だけさ」

アイスティーを飲み終えたティリーは、最後の数滴をストローで騒々しく吸い上げた。「連中が一年に検討するおもちゃの数は、どれくらいだと思うね？〈ハスブロ〉の場合は三五〇〇件。そのうち一五〇〇件が二度目の検討に進む。そのなかから、たった一〇件か一五件が商品化されるんだ。一パーセント以下さ。そう考えると、店に並ぶまでには一年以上かかる……」またブラジャーの肩ひも

のときの態度に気をつけよう。チームの成功がそれにかかっているのだから。

利己的な人物、ネガティヴな人物、独善的な人物は避けよう。編成するのはあなた自身のチームだ。この件に限っては例外を作ってはならない。チーム内を歓喜と献身の精神で満たそう。ひたむきで明るくて決然としたチームだけが大いなる成功を収められる。くれぐれも、チームの各メンバーとあなたとの関係をみだりに口外しないように。

正しいドリームチームを持てば、メンバーたちがあなたを助けてくれる。あなたの欠点を指摘し、成功のためにそれを是正してくれる。メンバーたちはあなたの可能性をあなた自身よりも高く評価する。あなたが弱ったときには、きっと元気づけてくれるだろう。

賢明なミリオネアはドリームチームを持っている。

ドリームチームの人選

全知全能の神はわれわれを不完全に創りたもうた。あなたとあなたのチームは、いわば懐中電灯みたいなもの。効果的に機能させるには、乾電池が2個とも満タンでなければならない。才能、資源、コネ、目標、お金、能力の具現にチームは役に立ってくれる。チームワークは梃子《てこ》効果を発揮し、あなたを金銭的に、精神的に、感情的に、そして企業人として、起業家として、家庭人として大きく飛躍させる。

大きなことをやれるかどうかは、2人以上の人間が調和して働けるかどうかにかかっている。たとえ表向きは、あなただけでやっているように見えたとしても……。大切なのは人選だ。候補者のうち最も良質で、熱心で、聡明で、博学で、協力的な人材を引きつけよう。成長したい、輝きたい、発見したい、なれ

ミシェルの物語

を片方ずつひっぱる。「だめだよ」首を振った。「どうしようもない――」

「お孫さんのことを考えて」思わずミシェルは言った。

ティリーが口をあけてミシェルを見た。あらためて長々考え込む。「まあ、四の五の言ってられないね。勝算なんて知ったことか。孫娘をさらわれたら、ただ必死で打つ手を考えるだけだからねえ」

ミシェルは、希望が胸に戻ってくるのを感じた。

ティリーが警告するように人差し指を立てる。「まだ力を貸すとは言ってないよ。何本か電話をかけるまではね。昔の部下たちが今でも〈ハスブロ〉で働いてる。そのうち何人かは出世のはしごを昇って、けっこう重要な役職についてるんだよ。もちろん社長とは古いつきあいだ」爪の先でテーブルをはじく。先日ほどこされた紫のマニキュアは、早くもはがれかけていた。「何か見返りを与えてやらないといけないね。あの会社は子どもの慈善に力を入れてる。毎年一〇〇万ドルも寄付してるよ。あんた、ロイヤルティーのうちいくらか〈ハスブロ〉の社内プロジェクトに寄付する気はあるかい？」

「もちろん」ミシェルは急いでつけ加えた。「どっちにしろ、お金の一部を献納する先を探してたんですから」（P115）

ティリーはゆっくり深々とうなずき、話すあいだもうなずき続けた。「試作品の職人でひとり、融通のきくのがいるよ」

ミシェルはティリーを畏敬《いけい》の目で見つめた。

「あたしのなかにも、もういっぺん勝利を味わいたい気持ちがあるらしい」ティリーがサンドイッチの最後のひと口をほおばりながら言った。「それに、おもちゃ界の鬼ばばあが、今でも少しはにらみをきかせられるか確かめてみるのが楽しみだ」

るものには何でもなりたいと望む将来有望で情熱的な人物を選ぼう。各メンバーがあなたの理想と価値観に同調していることを確かめよう。**新メンバーを迎え入れるか否かは90日の試用期間のあと満場一致で決定しよう。**何より大切なのは、チーム内に前向きな思考の持ち主を揃えることだ。

前向きな人は〝魂の力〟を創り出し、〝見えざる力〟との接続を可能にする。逆に**後ろ向きな人々は気球に開いた穴だ。**穴あきの気球がどこまで高くのぼれるだろうか?

チームの会合では、人生の向上を至上命題としよう。楽しくて有意義で励みと助けになる場としよう。それが適切に実行されれば各メンバーの能力、才能、資源は大きく広がり、その人生はたちまち向上する。ドリームチームには値打ちがある。ドリームチームには重要性がある。ドリームチームは全員に利益をもたらすのだ。

並はずれたドリームチーム

ライト兄弟は世界ではじめて飛行機を飛ばし、不可能と言われていたことを可能にした。アンドリュー・カーネギーは自分のまわりにチームを結集させ、世界最大の製鋼会社を築きあげた。やがて彼は現代屈指の慈善家となり、設立した基金で世界じゅうに3000以上の図書館を建設した。同様にビル・ゲイツとポール・アレンはマイクロソフト社を立ち上げ、2人とも史上まれに見る大金持ちになって、今や慈善家の中でトップ2を占めつつある。

世界で最も偉大な発明家トーマス・エジソンには多くの仲間がいた。彼のドリームチームのうち最も有名なメンバーはヘンリー・フォードだ。ニュージャージー州にあるエジソンの研究所が全焼した翌朝、フ

ミシェルの物語

あと82日……

サムが背後のアパートを身ぶりで示した。「わたしが最初のころに手がけた不動産取引のひとつよ」

この日、同行したメンバーは、濃い黄緑色の二階建てビルの前に小さな半円を描いて並んでいた。ミシェルは窓の形から部屋を識別していった。ガラス入り格子戸の向こうは、錬鉄《れんてつ》の柵で囲ったバルコニー、大きな窓はたぶん居間か寝室、小さな窓はたぶんバスルームだ。白い窓枠が緑色に映える。

サムが笑い声をあげた。「このデザインを見ていると、大好きなニューオーリンズを思い出すの。でも、だから買ったわけじゃないわ」

入口の門の上に〈シカモア・ガーデンズ〉と書かれた看板がかかっている。目抜き通りから数ブロックひっこんだ静かな並木道だ。道路沿いに並ぶ背の高い鈴懸木《シカモア》が、昇る朝日のまぶしさをやわらげてくれる。

「この物件を買う前は小さな取引が主だった。一家族用住宅、メゾネットといったところね。そうしたら、ネットワークに属する友人がこの物件を教えてくれた。四〇ユニットよ。手に余ったわ。どうやってお金を工面したらいいか考えもつかなかった。だから師に電話して……」

ミシェルは息を呑んだ。サムが他人のアドバイスや、まして指示をあおぐ場面など想像もつかなかったからだ。ほかのメンバーも同じく驚いているのがわかった。

サムは見逃さなかった。「そう、わたしにも師（P157）がいた。あなたたちだって、いつかは師になるのよ」トルコ風の長衣をひっぱって直してから先を続ける。「ともあれ、公認不動産業者と押し問答をしているうちに、ふっと頭に浮かんだの。家主が最近この建物をアパートから分譲マンシ

ォードは7万5000ドルの小切手を持って駆けつけ、〝またやり直せばいい〟と元気づけたのだった。自動車王はけっして利息を受け取ろうとはしなかった。彼はただ、友人に仕事を再開してもらいたかっただけなのだ。

大成功の背景には、ほとんどいつもドリームチームが存在する。チーム（TEAM）とは、「いっしょに（Together）、みんなで（Everyone）、なし遂げよう（Achieves）、奇跡を（Miracles）」の頭字語なのだ。

整然と並んだチーム

――ほとんどの人の人生は、彼らが属している集団をそのまま反映している。アンソニー・ロビンズ

くり返すが、単独ではなくチームで目標を追求することは、とてつもなく大きな優位性をもたらす。いくらあなたが才能豊かでも、ひとりきりで〝相乗効果〟は生み出せない。整然と配置についたチームはつねに個人の力をしのぐ。だからこそドリームチームが重要になってくるのだ。

しかしながら、新メンバーの加入にはデメリットもある。相乗効果を生む鍵となる多様な才能と視野が持ち込まれる一方、彼らなりの価値観も持ち込まれてしまうからだ。

〝価値観とはあなたの人生の舵取《かじと》りをする中心的信念である〟。そう、価値観はあなたの存在の本質であると言っていい。だから、あなたのドリームチームでは、全員の価値観が整然と並んでいなければならない。ドリームチームが大きな成果を出せるのは、目標に向かって努力をつづける中で全員が同じ価値観を持つようになった場合のみである。たとえ大金が稼ぎ出せても、価値観を共有していなければ、仲間割

ミシェルの物語

ヨン（コンドミニアム）に改造する予定をとりやめたという話が（P219、P307）。

『それはいい！』師は言ったわ。『大きな金は、常に大きな拒絶の後ろにひそんでいるはずだよ』」

サムがかすかな笑みをミシェルに向けた。

「師が言いたかったのは、どれだけ多くの人が、金脈の一歩手前で掘るのをあきらめてしまうかってこと。さっそくくわしく調査してみたわ。それでわかったんだけど、市議会の自由主義者たちは、資力のある不動産業者が入ってきてそのプロジェクトで大儲けしたら、市に従来あった低価格の賃貸住宅がつぶされてしまう、と難色を示したらしい。

さて、反対意見の内容がわかった。わたしたちはいっしょに戦略を練ったわ」

「その師って誰なの？」ミシェルは訊ねた。

サムが首を振った。「今は関係ないわ。目立つのが嫌いな人なの。ただ、もしあなたたちの誰かが重い病気にかかってデンヴァーに行くはめになったら……もちろん、そんなことはないように祈っているけど、あなたたちがたどり着く病院には彼の名前がついているはずよ」

「そりゃあ目立たないな」ジェレミーがつぶやいた。

ジェレミーの言葉は聞こえたはずだが、サムはかまわずに取引の話を続けた。「メモをとらなくてもいいわよ。数字はあとでおさらいするから。何はともあれ、この建物がアパートのままだと、一戸につき二万五〇〇〇ドルになる。だけど、コンドミニアムにすると、七万五〇〇〇ドルの価値が出るの。差額は五万ドル。四〇戸合わせれば二〇〇万ドルよ、みんな。師とわたしはこの利潤を〝解き放つ〟手があるはずだと考えた」

第一段階は、建物を購入したいという申し出だった。サムは正価を——値切りなしで——払うかわりに、九〇日で契約をまとめたいと掛け合った。第二段階として、入居者をかたっぱしから訪ねてま

れと機能不全と期待はずれが必ずあとでついてくる。価値観に反して生きるのは、単なるつまずきではない。正真正銘の失敗なのだ。

前にも触れたとおり、ドリームチームの新メンバーには3カ月の試用期間を課する必要がある。その間に、あなたは新メンバーの行動を観察するのだ。必要とされる**高潔さ、情熱、愛情、決意**をこの人は持っているか?

もし持っていないとしたら、そんな自分を変えることを厭《いと》わない人間か? 世の中には、そのような価値観に共感しない者もいれば、その重要性自体を理解しない者までいる。しかし、あなたがチームにはっきりと価値観を提示し、その価値観にのっとった行動を続けていれば、たいていはメンバーの思考を鋳造することができる。新しいメンバーもあなたの価値観を学び、それを自分のふるまいに取り込むだろう。そうなったとき、あなたは強力な盟友を手に入れられる。

しかし、あなたの大事にしている価値観を受け入れない相手なら、誰であろうとチームから排除するしかない。気持ちのいい仕事ではないが、結局はそれがメンバー全員の利益になるのだ。あなたはチームの舵をしっかり握って針路からはずれないよう気をつけ、不適切なメンバーを解放してやろう。そのメンバーには、価値観の適合する別のチームを見つけさせればいい。

われわれは〝賢明なミリオネアの価値観診断(Enlightened Millionaire Values Survey)〟の利用を推奨する。www.oneminutemillionaire.comにアクセスして画面の指示に従い、診断を受けてほしい。短いながらも効果絶大な診断ツールは、あなたの価値観をみごと暴き出すだろう。メンバー候補、あるいは現メンバーに関する判断基準としても使用可能だ。

わり、断りようがない申し出を行なった。今の部屋に、借家人ではなくオーナーとして残らないかともちかけたのだ。購買額は五万ドル。市価を二万五〇〇〇ドルも下回る額だった。サムはすでに担保《モーゲージ》の手続きをすませており、承認も下りていた。入居者はただ書類にサインするだけ。頭金もなし。月々の支払い額は、今までの家賃よりも格段に安かった。びた一文払わずに、入居者は即席オーナーとなり、二万五〇〇〇ドルの利益を手にしたのだった。

話のしめくくりにサムは問いかけた。「もし同じ申し出をされたら、みんなはうんと言う、それともいやと言う？」

「おれなら、いやとは言わないな」ジェレミーが大声で笑った。

「入居者全員に連絡をとって、全員が勝者になれると納得させるのに、三週間かかったわね。市議会で次に会議が開かれたときは、議場いっぱいの人が詰めかけた。ひとり、またひとり、入居者はマイクを握って契約に応じたと宣言したわ。一〇人くらい発言したころ、目の不自由な男性がマイクの前に立った。アパートに長年住んでいて、すみからすみまで知り尽くした人よ。その人は言ったわ。自分が何より恐いのは、次の家を探す憂き目を見ることでもなく、年々上がる家賃を払えなくなることでもない——何よりこわいのは、知らない建物で、いちいち道を覚えていくことだ。だけど今回提示されたプランなら、自分はオーナーになれる。この先二五年間、月々の支払い額は変わらないし、そのあとは完全に自分の持ち物になる。二度と引越しをせずにすむ、と。

市議会は窮地に立たされた。可決すれば四〇組の入居者が、幸せな住宅所有者に変わるうえに、不動産からの税収は三倍にはね上がる。もし否決すれば、怒りに燃えた四〇組の入居者とその親族から集中砲火を浴びせられる。議会は満場一致で……可決したわ。

コンドミニアムへの転換が認可されて、建物の評価額はわたしが提示した購入額の三倍になったか

あなたのドリームチームを創りあげる

――夢とチームとテーマさえあれば、収入の絶えざる流れを創り出せる。

創造性と素質に関しては、誰もが潜在的可能性を持っている。しかし前にも触れたとおり、あなたにドリームチームがあれば相乗効果を呼び起こし、足し算よりはるかに大きな成果を創り出せる。メンバーたちが整然と並んで協働すれば、ひとりのときよりはるかに大きなことをなし遂げられる。偉大なチームとともにあれば、よりよいアイデア、計画、実行能力を手に入れられるのだ。

最高のドリームチームを創る手法のひとつは、あなた自身の能力を客観的ツールを使って評価すること。世の中には評判のいいテストや分析が数多く普及している。ほとんどのツールは、個人の特性を識別したうえで、弱点克服の方法を教えてくれる。

しかし、われわれは正反対の方法をおすすめする。あなたのドリームチームに関しては、あなたはあなたのままでいればいい。われわれがあなたを分析するのは、弱みを見つけ出して克服してもらうためではなく、**強みを見つけ出して大いに活用してもらうため**なのだ。

まずあなたが率先してテストを受け、仕事における自分の強みを確認しよう。それが確認できれば、補完的な能力を持つメンバーを探すこともできる。あなたの〝苦手な仕事〟を、その分野を得意とする誰かに任すこともできる。

ドリームチームのメンバー選定にあたっては、ぜひともわれわれのホームページの〝ＨＯＴＳ適正診断

ミシェルの物語

ら、銀行にクイックローンを許可してもらって、九〇日の期限がくる前に売り主に代金を支払うことができた。二カ月かけて改造をすませて、わたしと師は一〇〇万ドルの利益を得た」

オートバイが通りすぎるあいだ、サムは口をつぐんだ。「これが賢明な相互作用（P24）よ。誰もが勝者になった。入居者も市も銀行も。

賢明なミリオネアになるというのは、利益を手にしないという意味じゃないわ。ただ、みんなが満足する形で問題を解決する方法を探ればいいの」

サムは〝賢明な〟財を成した人間の特徴について、みんなの質問を受けたり、感想を求めたりしながら話を進めていった。〝賢明〟を心がけることで得られる〝光明の〟富——真摯《しんし》な目的のために集めた金——と、逆に利己的な富、つまり自分のためだけに稼いだ金のちがいについて解明がなされた。

「賢明な富、それは実直な富……誠実な方法で手に入れたもの。それは道徳に基づいた富……なぜなら、たとえ巨額の金を投げ与えられても、人にはできないことがあるから。それは付加価値の富……双方が得する方法で得たお金。それは均衡のとれた富……なぜなら世界じゅうのどんな富といえども、そのために家族を傷つけてはならないから。それは梃子を利用した富……なぜなら目に見える無限のネットワークが活動を始めたら、たやすく早く結果が出るはずだから。賢明な道は唯一の道なのよ」

サマーが問いかけた。「目の不自由な男の人は、どうなったの？」

サムが一階の右手にある一室を指さした。「今でもあそこに住んでいるわ」青々とした植物がバルコニーにあふれていた。

「さて、社会見学はもうおしまい。オフィスに戻りましょう。昼食の前に山ほど予定があるのよ」

「悪いけど、出席できないの」コートニーが言った。「ことわざを借りるなら、〝誰が店の番をしてくれるの？〟ってわけ。わたしの店だもの、戻らないと。あとで合流する」

（HOTS Survey）〟を使ってみてほしい。HOTSは手軽な診断ツールで、あなたの強みをはっきりと教えてくれる。メンバー候補、あるいは現メンバーの診断にも有効だ。あなたにとって何より重要なのは、各メンバーにいちばん得意な仕事を担当させ、成功に必要なすべての分野でドリームチームが強みを発揮できるようにすること。それができれば、最小の努力で最大の成果をあげられる。

ところでHOTSとは何ぞや、と思っている人も多いことだろう。その説明は次項で行なう。

仕事の4つのタイプ

アレン・ファーデンとマリー・ウェストの研究によると、ほとんどの場合プロジェクト志向の業務は4つのカテゴリーに分けることができるという。

解決――問題を解決するため、ないしはビジネス・チャンスを活かすために、ブレーンストーミング形式で選択肢とアイデアを出し合う。
戦略――アイデアに優先順位をつけ、第1位となったものについて行動計画を作成する。
分析――解決に穴がないかどうか検討する。
結果――行動計画をもとに具体的なシステムを構築し、実際に動き出す。

働く人間も、このカテゴリー分けに準じて4つのタイプに分けられる。そしてその頭文字を並べるとHOTSになる。

ミシェルは束の間、筋ちがいの憤りをおぼえた。

しかし、サムは落ち着いていた。「話し合いは録音しておくわ」

「けさ、〈シカモア・ガーデンズ〉で待ち合わせたのはなぜだと思う？」会議室でサムがフリップチャートのほうを向きながら言った。1という数字を書いて、弟子たちの答えを待つ。

「どこに目を向けるべきか、教えるためだろう」ジェレミーが答えた。

サムは〝自覚の強化〟と書いた。

「短い期間で、大金をつくるのが可能だと教えるため？」とサマー。

サムはうなずき、〝2、自信をつける〟と書いた。

「全員が満足する金儲けの方法があると教えるため」とミシェル。

サムが〝3、賢明な富〟と書いた。

それから、マーカーをトレイに放り込んだ。「不動産で、手っ取り早くお金をつくる方法はいくつかあるわ。建物の用途を変えた〈シカモア・ガーデンズ〉のようにね。じゃあ、ほかにどんな方法を考えつくかしら？」

「物件の整備」レニーが即答した。「ここ数年、週末を利用して夫とふたりでずいぶんがんばったわ。夫は器用だし、幸いわたしのお給料はあまり多くないから」

「あれは驚きよね」とサム。「五〇〇〇ドルかけて塗装やちょっとした造園を行なうと、物件の値打ちがいきなり二万ドルも上がるんだもの。ほかに方法はある？」

レニーが不動産にまつわる自分自身の体験を話した。「一〇年くらい前、ディアクリークの近くに

◆**ウサギ**（Hares） 行き当たりばったりの思考方法をとるアイデア人。アイデアを思いつくことは好きだが、思いついてしまうと興味を失う。創造力には富む。他者からはやりっ放しという批判を受けがち。

◆**フクロウ**（Owls） 優先順位の設定と戦略の策定を好む。アイデアを与えてやれば、それを実行するとどんな事態が招来されるか、すぐさま答えてくれる。コネづくりと行動計画の案出に長《た》けた辣腕《らつわん》家。

◆**カメ**（Turtles） のろくとも着実な歩みが競争を制する、という信念を持つ。つねに否定的な立場をとり、新しい計画には懐疑的視線を向ける。実証済みの解決法と伝統に重きを置き、リスクのある行動はとらない。問題点の指摘にすぐれ、何がうまくいかないかを見抜く。構想の段階で大半の失敗をシミュレートできるため、チームは時間とお金を節約できる。

◆**リス**（Squirrels） こまかい点にこだわって段階的に作業をしていく人。思考も行動も整然とした論理に基づく。物事を組織化して円滑に進めていくのが得意。きっちりした指示と目標を与えてやれば、すばらしい仕事ぶりを見せる。

ドリームチーム内では、各カテゴリーの業務に対し、最低でもひとりの担当者を割り当てなければならない。ただし、ほとんどの人は2つのタイプにまたがるから、2人で4つの業務をカバーすることもできる。ただわれわれの経験から言って、その場合は〝ウサギ／フクロウ〟と〝カメ／リス〟をひとりずつ、あるいは、〝ウサギ／カメ〟と〝フクロウ／リス〟をひとりずつ、という構成が望ましい。

各カテゴリーに適任者を配置しておけば、さまざまな方法で困難を克服できる。逆に1種類欠ければ、あなたは危機に陥る。2種類欠ければ、災厄に直面する。

あなたはどのタイプだろうか？　ウサギ？　リス？　フクロウ？　それともカメ？

ミシェルの物語

新しいスキーリゾートができるという発表があったとき、物件の値段は劇的にはね上がったわ。わたしはタイミングを逃してしまったんだけれど」

「そういうこともあるわね。ほかには?」

「質問ばっかりだな」ジェレミーがいらついた。「どうして、あっさり答えを教えてくれないんだ?」

「いい質問よ、ジェレミー」サムがくすっと笑った。「どうしてだと思う?」

ミシェルは肩をいからせた。サムがほかの誰かを問い詰めるのは、いい気分転換になる。

「どう?」サムが待ち受ける。

「そりゃあ、おれたち自身に考えさせたいからだろう」ジェレミーが少々むっつりと答えた。

「どうして考えさせたいのかしら?」サムは訊ねたが、今度はジェレミーの限界が迫っているのを見抜いたのか、自分で答えを出した。「なぜって、自分で見つければ〝きらめき〟を得られるし、より深いレベルで学べるからよ」

「だけど、それじゃあ時間がかかるじゃないか」

「急がば回れ、ともいうわ」

「ふーむ……よく考えてみる」

「不動産の話に戻ってもいい?」サムが話を続けた。「不動産で利益をあげる場合、最もポピュラーなのは、掘り出し物を見つける方法。抵当流れや投げ売りのたぐいよ(P307)。わたしは〝量販〟と呼んでる。今いるこのビルが、いい例だわ。買ったのは三年前。元のオーナーは、ほかにもいくつか事業をかかえて、首が回らなくなっていた。即時現金をほしがっていて、必要なお金が集まるなら、ビルの値段をいくらでも割り引くつもりだったの」

サムはフリップチャートに向き直って、取引の図を描いた。「純資産額はおよそ一〇〇万ドル。現

ウサギ	フクロウ	カメ	リス
アイデアマン	戦略家	分析家	仕事人

ドリームチームをまとめあげる

――他人を富ませないかぎり、誰も富むことなどできない。アンドリュー・カーネギー

ドリームチームのメンバー全員に、われわれのホームページでHOTS診断を受けさせよう。得意な業務カテゴリーが判明したら、上の表に名前を書き込もう。得意なカテゴリーが2つある人の場合は両方の欄に名前を書き込むこと。

あなたのドリームチームにおいて、いずれかの業務カテゴリーに欠員が生じていたら、その空欄はただちに埋めなくてはならない。

アイデアマンのウサギと戦略家のフクロウしかいなければ、アイデアばかりが豊富で何も実行に移されなくなる。新しいアイデアにみんなが沸き立ち、計画に取り組んだというのに何も起こらない、というような経験をしたことはないだろうか？　こうい

ミシェルの物語

金払いで五〇万ドルではどうかともちかけたら、オーナーは喜んで承知したわ。すべてを失うかもしれなかったんだもの。その人はお金を受け取って、ほかの問題をかたづけ、体勢を立て直して、今では立派に成功してる。今でも街でその人を見かけるけれど、会うたびにわたしにお礼を言ってくれるわ。つまり、わたしは五〇万ドル用意して、たった一日でそれを倍にしたというわけ」

「うん、でも、おれたちにそんな大金の持ち合わせはないよ」ジェレミーが異議を唱えた。

ミシェルはたじろいだ。あの輪ゴムはとうにはずしてしまったが、今でも〝うん、でも〟（P63）を聞くたびに、ピシッという音を思い出す。とはいえサムがどう反応するか楽しみな気持ちもあった。

「まさか自分の現金を使ったとは思わないでしょうね、ジェレミー？　わたしはOPM――他人の金《アザー・ピープルズ・マネー》を使ったの。別にむずかしくはないわ。取引を見つけるほうがむずかしいのよ」

「うーん……」ジェレミーが人差し指と中指で鉛筆をはさんで揺らした。

「というわけで、この実例から学んでほしいのは」サムは本題に戻った。「どんな市場にも、窮した売り主がいるということ。つまり売却を急ぐ人ね。支払い期限を過ぎてしまったとか、離婚して、家や所有物の純資産を分配する必要があるとか。言ってみれば〝意欲的な売り主〟（P311）よ。

さて、半径八〇キロメートルを見渡すと、何千もの物件が売りに出ている。何千もよ。でも、そのなかで意欲的な売り主が見つかるのは、おそらく千にひとつ。今わたしたちがターゲットとする地域に一〇人、あるいは二〇人いるかしら。要はそれをいかに見つけるか」

「干し草の山にまぎれ込んだ針を探すようなもの、ね」サマーはいいたとえを思いついて得意げだ。

「そのとおり。おまけに、ほかの投資家も同じ針を探しているから〝居眠りしてたら見逃す〟わ」

「どうもしっくりこないの」ミシェルはおずおずと発言した。「問題をかかえた人を見つけて弱みにつけこむなんて、あまり賢明とは思えない」

うチームにはカメを入れて拙速を排除し、理にかなった計画を案出しなくてはならない。計画の効率的実行にはリスも必要だ。

分析家のカメと仕事人のリスだけのチームの場合は、良質なシステムをうまく運用できるが、前進に必要な革新的アイデアと製品を生み出せない。

アイデアマンのウサギと分析家のカメだけの場合、チームはまっぷたつに割れ、果てしない論議が繰返される。カメはウサギをはみ出し者だと考え、ウサギのアイデアを無謀だと断ずる。逆にウサギはカメをただの嫌《いや》みな批判屋だととらえる。カメがウサギのアイデアを却下するという状況が続くため、欲求不満がたまり、志気が衰えて、ほとんど何も実行されなくなる。

うまくいった実例を示そう。創造力の権化のようなウサギが、ある広告代理店の副社長に就任した。ウサギが少数、カメが多数、フクロウがひとりという構成の会社は、新規キャンペーンの展開や、新しい顧客の取り込みで苦戦していた。副社長は社外から数名のフクロウを招聘《しょうへい》し、社内の各プロジェクトに参加させた。すると会社の収益は、初年度に700万ドルから2970万ドルへ、次年度に4400万ドルへと増加した。

あなたが1分間ミリオネアを目指すなら**バランスのとれたチームを持つこと**が重要な一歩となる。

ドリームチームのスピードアップ

すばらしいチームを手に入れたあと、どうやればそれを最大限に活用できるか。まずあなたがすべきなのは、うまくいっていない業務を振り分けなおすことだ。

「父が亡くなったとき、母もそんな感じだったわ」サマーがさっきより明るさを欠いた声で言った。

「くわしく話してみて」サムがうながす。

「ママは家のローンを払えなくなって、家を売却したいって新聞広告を出したの。ある人が、窮地を抜けられるだけの金額を提示してきた。ママは、もっと高く売れるはずだと思って断ったの。だけど、二カ月たっても家は売れないし、支払いは二カ月遅れてしまった」

「で、どうなったの？」

「別の人が現われて前より低い額を提示して、今度はママも手を打ったわ。このときには、家の始末ができて嬉しそうだったわね。どうせなら最初の申し出を受けておくべきだったと言ってた。そうすれば、もっとたくさんお金が手に入ったし、二カ月もつらい思いをせずにすんだからって」

サムが言った。「もし排水溝がつまったら、わたしは配管工を呼ぶでしょう。もし他人に訴えられたら、弁護士を呼ぶ。虫垂炎にかかったら、医師を呼ぶ。彼ら専門家は、問題を解決するかわりにお金をもらうの。あなたたちは不動産の問題を解決するかわりにお金をもらう。だから、問題をかかえた人を探しなさい。公正な心さえ忘れなければうまくいくわ。みんなはコンドミニアムの改造にあたって、わたしが公正だったと思わない？

要約すると、短期間で利益があがりそうな局面に目を光らせていなさい、ということ（P305）。今はただ猟犬のように動けばいいわ。手がかりだけくれたら、それをお金に変えるすべを教えてあげる。精を出せば、みんなが小躍りするようなおいしい取引のひとつやふたつは見つかるはずよ」

サムがマーカーを宙にかざした。「ちょっと苦しいのは、なんといっても時間がないという点ね」

そんなことは不可能だとあなたは思うかもしれない。「いやな仕事を誰かひとりに押しつけるという意味か？」と訊きたくなるかもしれない。いや、あなたは誤解している。なぜなら**バランスのとれたチーム内では、誰かが嫌いな仕事はほかの誰かが好きな仕事なのだ。**

たとえば、ウサギがけっして提出しない経費報告書は？　紙の空欄を律儀に埋め、きっちり収支を合わせることに、リスは達成感を感じる。では、リスをうんざりさせる営業会議は？　これはフクロウが大好物にしている。

いやな仕事など存在しない。ただ、仕事と人員の組み合わせが悪いだけなのだ。ここで業務交換《ワークスワップ》の登場となる。全員が自分の〝いやな仕事〟を持ち寄り、それらを〝好きな仕事〟と思える人に回してやるのだ。この手法は勝ち／勝ちの結果を招く。いやな仕事はわれわれに退屈をもたらし、退屈はスピードの低下をもたらすのだから、いやな仕事がなくなれば効率は3倍になる。スピードはビジネスの新通貨だ。これから、あなたのチームのスピードを劇的にアップさせる方法を説明する。

1　メンバー全員に日常の業務内容をリストアップさせる。
2　ウサギ、フクロウ、カメ、リスの誰に向く業務なのかを分類する。
3　分類済みのリストを参照しながら、自分のタイプと異なる業務を、それに適合するほかのメンバーの業務と交換する。
4　自分の業務すべてが自分のタイプと完全に一致するまで、交換トレードを繰り返す。

この方式を採用すれば、メンバー全員がより速く、より楽しく仕事をできるし、長い目で見るとよりリッチにもなれるのだ。

ミシェルの物語

あと81日……


リィィィイン。

どこかで電話が鳴っている。むさぼるような深い眠りから叩き起こされ、ミシェルは受話器を手探りした。

リィィィイン。

ナイトテーブルにのった安物の時計に目をこらす。午前六時半。ふだんのミシェルとサムなら、とっくに起きて、崖で決意表明を叫んでいる時刻だ。

リィィィイン。

けれど、サムは泊まりがけでデンヴァーに出かけているので、ミシェルはけさだけ〝ミリオネア塾〟の早朝クラスをずる休みしようと決めたのだった。

リィィ……四回目の呼び出し音が鳴り始めると同時に、ミシェルは受話器をとった。「もしもし」寝起きのしわがれた声で呼びかける。

「もしもし。ミシェルだね？　聞こえるかい？　もしもし」ティリーだった。

「あら、ティリー。けさは早起きね」〝よりによって朝寝坊しようという日に……せめて一時間だけストレスを忘れたかったのに〟……ミシェルは、あいた手で顔をこすった。

「早起きは三文の得だよ」ティリーがさえずる。

〝だけど、チーズにありつくのは二匹目のネズミでしょ〟。「何かあったの？」ミシェルは身を起こし、毛布を引き寄せた。九月も中旬に入ると、夜はめっきり冷え込む。

加速会議◆あなたのチームから最大の利益を得る方法

たいていの人は会議を忌み嫌う。いらいらが募るだけの非生産的活動だと考えている。会議が終わると、参加者が成果のなさを噛みしめながら、疲れたとか時間の無駄だとか愚痴をこぼす場面がよく見られる。その一方、**“偉大なアイデアは溺れながら生まれ出ずる”**とも言われる。のちに最高のアイデアとなるものでも最初は誤りがいろいろと含まれているから、溺れないよう手を差しのべてやりなさい、という意味だ。しかし現実の会議では、誤りを含むアイデアには実行不可能のレッテルが貼られる。生まれ出たとたんに、誰か――たいていはカメ――に欠点を指摘され、完膚《かんぷ》なきまでに打ちのめされて死んでしまう。

アイデアはじっくりと育て、養ってやらなければならない。そして、ここぞという瞬間に、ちゃんと選択して完成させなければならない。具体的に言うなら、慎重なカメの危機察知能力と、臨機応変なウサギの解決能力で問題点をひとつひとつ繕《つくろ》い、アイデアをより強固なものにしていくわけだ。

要はタイミングだ。創造にも、想像にも、夢にも、潮時というものがある。初期段階でアイデアに必要なのは支援だけ。懐疑論者に恐れと胸騒ぎの表明を許すのは、充分に成長してからでなければならない。これを守れば、あなたのドリームチームはアイデアの芽を毒舌で摘み取るのではなく、アイデアのすばらしさを手塩にかけて育てられる。そのための加速会議のやり方は以下――。

1　前向きなブレーンストーミングを行なう。

まずはプロジェクトの参加者全員を先の４つのタイプに分類する。問題解決や顧客サービスなどの課題

ミシェルの物語

「知ってるだろう、年寄りは朝が早いんだよ。そんなことはどうでもいい。どうでもよくないのは、あたしがきのう、ろくに眠れなかったことだ。誘拐犯のイメージが頭にこびりついてね。ありがとうよ、ほんとに。なにはともあれ、きのうの報告をしようと思ってさ。前に話した試作品職人に電話したんだよ。ジョニーに」

ミシェルは、受話器を反対側の耳にあてた。心臓が高鳴る。

「事情を話したら、あたしのためなら何もかも放り出して働いてくれるとさ。いい意見がいくつか出てきたよ。試作品は三体作るそうだ。女の子用のデザインをふたつと、男の子用をひとつ。ひと晩で作るつもりらしい。試作品作りの最短記録になるよ……あさってだ」

「まあ、ティリー」ミシェルの眠気は吹き飛び、顔がほてってきた。「ほんとうにありがとう！」

「礼には及ばないよ、まだ序の口だ。合格をもらうまでは、まだ長い道のりさ。〈ハスブロ〉に勤めてる昔の知り合いにも、何本か電話を入れておいた。まだ返事は来ないが、そうは待たされないだろう。何か反応があったら知らせるよ」

ミシェルは、何日か前に行なったＡ案とＢ案に関する話し合いをふと思い出した。「ねえ、ティリー。わたしたちのＢ案は何？　もし〈ハスブロ〉か、もうひとつの大企業に採用されなかったら？」

回線の向こうは静まりかえっていた。

「ティリー？」

ティリーはすでに電話を切ったあとだった。

ミシェルは起き上がり、ジョギングスーツに着替えた。二十分後には〈巌《いわお》〉で、その日の決意表明を叫んでいた。

「わたしはお金の磁石！　わたしはお金が好きだし、**お金もわたしが好き！**」（Ｐ１４９）

に対し、フクロウ以外の3タイプが10分間で可能なかぎりアイデアを書き出す。次に、参加者全員でリストを見せ合い、すべてのアイデアを分かち合う。この時点では、誰も否定や批判的意見を言ってはならない。参加者が口にできるのは、アイデアを支えたり進めたりする発言だけだ。

2　プロセスを決定する。

リストの交換が終わったら、フクロウ・タイプだけを会議室に残し、あとは全員が退出する。フクロウは何を優先すべきか、何が実際に機能するかを嗅《か》ぎ分ける特殊な本能を持っている。また、アイデアの中の輝きを識別する能力も持っているため、複数のアイデアから宝石を抜き出し、それらを組み合わせ、より偉大なアイデアにすることができる。フクロウに任せておけば、潜在的可能性の最も大きなアイデアが選定されるはずだ。

3　欠点を見きわめる。

アイデアの穴を指摘させるため、フクロウ・タイプにカメ・タイプを参加させる（ウサギとリスは退席したまま）。いくら善意から出ているとはいえ、ふつう凶事の警告は歓迎されない。だから、「このアイデアのどこに誤りがあるかひとつ残らず教えてほしい」と頼めば、カメは最大の夢が叶ったかのように、張り切ってその仕事に取り組むはずだ。フクロウとカメで問題点を確認したら、カメは部屋をあとにする。

4　問題を解決する。

フクロウだけの会議室にウサギを呼び入れ、問題解決に取り組ませる。ここで重要なのは、ウサギが満足でき、かつフクロウが是認できる解決策を案出することだ。主な問題点がすべてかたづくまで、同じ手順を何度でも繰り返す。

会議の運営方法についてもっとくわしく知りたい場合は、われわれのホームページの〝HOTS Speed Meeting〟にアクセスしてほしい。

サムの会議室に行くと、いたのはふたりだけだった。ジェレミーとサマー。ふたり並んで別々のコンピュータを操作している。画面が発する光が、ふたりの熱心な顔に反射していた。

「調子はどう?」ミシェルは声をかけた。

「おう、おはよう、ミシェル」ジェレミーが答える前に頭をふったのは、集中をさまたげられた証拠だ。「サマーとおれは、うんと前進したよ」

ジェレミーがコンピュータの前から立ち上がって、部屋の奥へ行く。大きなフリップチャートに、きちょうめんな肉太の赤い文字で表題が記されていた。

中毒者を探す（P365）

「隠すつもりもないが、おれは元ギャンブル中毒だ。ちょっと気色悪く聞こえるかもしれないが、中毒がどんな感じか覚えてるよ。手始めはデイ・トレーディングだった。手に入るかぎりの情報を夢中で集めた。市場について、新しい取引システムについて、注目株の予想について。まるで情報を食って禁断症状を鎮める貪欲なサメさ。本も買ったしセミナーにも出たし、ニューズレターもとった。二五ドルや五〇ドル、一〇〇ドル失うくらい、おれには屁でもなかった。週に三、四冊もの本をむさぼり呼んで特ダネを見つけても、ほんの数時間で効き目が切れてしまう。そして、また同じことのくり返しさ。底なし胃袋だったんだ。わかるかい?」

ミシェルは少し心配になった。一連のなりゆきが中毒の再発を招いてしまったのではないか。そん

第4のマニフェスト
「わたしはドリームチームをつくる」

T

TOGETHER――**いっしょに**

超のつく成功を収めるため、わたしは完璧なドリームチームをつくる。
正しい夢と正しいチームがあれば、奇跡を起こせるから。

E

EVERYONE――**みんなで**

わたしは自分の弱みも強みも知っている。
わたしは自分の弱みを
強みにしている人がほしい。
ドリームチームは
同じ目標に向かって突き進む。
われわれは志を同じくするものだ。
互いに尊敬し、信頼し、当てにしている。

A

ACHIEVES――**成し遂げよう**

わたしのドリームチームは
あらゆる資源にアクセスできる。
資金、情報、市場、見識、コネ、
何でもだ。
われわれは努力を苦と思わず
一心同体となって働く。

M

MIRACLES――**奇跡を**

わたしは支えられている。
上から下まで、内から外まで、支えられている。
わたしは自分と他人を前向きに正しく支え、
ゆえに、他人は優しく正しく完璧にわたしを支えてくれる。
わたしの人生はうまく機能している。人生は奇跡であふれている。
わたしは逆パラノイアだ。誰もが利益を与えてくれると思っている。
わたしは人間関係、友人関係、家族関係を楽しむ。
そしてただひたすら、よりよくなり続ける。

な思いをジェレミーは読み取ったようだった。

「いや、心配いらない。おれはだいじょうぶだよ。一二段階の治療プログラムに感謝だ。だけど、おれだって自分の体験から何かを学んでもいいはずだ。とにかく、ふいにひらめいたのさ。〝なるほど！　誰もが何かに中毒してるんだ〟……誰もがさ。考えてみなよ。ゴルフ好き、ブリッジ好き、人形コレクター、フィットネスおたく、レースファン、映画通、カウチポテト。ここは中毒大国さ」

「確かにね。文化的コメントをありがとう」ミシェルは言った。

「で、そいつをインターネットと組み合わせて、中毒者を探そうと思ったんだ。飽きもせずに特定の情報を追い求める人間をさ。梃子《てこ》効果を望むなら、考えもせず、危機感も覚えず、賛否の両論をはかりにかけもせず、配偶者と話し合いもせずに、購買に走る人間を見つけなきゃならない。中毒者は衝動買いに走るし、往々にして同じ中毒者同士で話をするんだよ」

「言いにくいけど、そういう好みを中毒と呼ぶのは、あまり愉快じゃないわ」ミシェルは言った。

「うーん、それもそうか……」ジェレミーは眉をしかめ、やがて明るい顔になった。「〝熱中する人々〟っていうのは、どうだ？」

　やりとりを聞いていたサマーが、くるりと椅子を回してコンピュータからこちらに向き直り、口をはさんだ。「わたしの場合、靴ね」

「じゃあ、わたしはキルティングかも」ミシェルはコンセプト自体に親近感をおぼえて言った。「あなたが説明してくれたほど、極端じゃないわ。それでも、書店でキルトの本を見つけると飛びついてしまう。たとえ五〇ドルでもね。キルト以外だったら、絶対にそういう本の買いかたはしないのに」

「そういうのを探してるんだよ。そういう人たちのグループ、彼らが夢中になってる情報を、かたっぱしから調べたいんだ。サマーとおれとで集めてるデータを見てくれよ。ネット上にはキルト作家や

誰もが勝ち組となる不動産会社

マーシャル・サーバーは60年代末、ロースクールに入学するためサンフランシスコへとやってきた。クラシカルな美を感じさせるヴィクトリア朝風の街並みに、彼はたちまち心を奪われた。ロースクール在学中、サーバーは祖母から1万ドルを借り、ヘイトアシュベリー地区に最初の不動産物件を買った。ヘイトアシュベリーの自由奔放な土地柄に触発され、ぼろぼろのヴィクトリア朝風住宅を、派手なハイコントラストの色で塗り直すと、物件にはすぐさま買い手がつき、手もとには大きな売却益が残った。

突然、サーバーの脳裏にひらめきが走った。「ヴィクトリア朝風の建物を、〝タテハチョウの色〟に塗り変えてやったら、サンフランシスコをもっと美しくできるのでは？」

夢を抱きながらも、彼は冷静に状況をとらえていた。自分ひとりでは実現などできない。ドリームチームが必要だ、と。幸運にもロブ・キャシルとビル・レイモンドという完璧な2人組が見つかった。理想と使命感で結ばれた3人は、〈ホーソーン／ストーン不動産投資〉という会社を設立した。

彼らは最初の3年で１００を超える建物を改装した。購買の基準はつねに変わらず、〝即時に価値を付加できないものには絶対に手を出さない〟だった。

あるときサーバーたちはカリフォルニア州ヴェンチュラで２８７戸の賃貸アパートを手がけた。賃貸アパートとして買い、分譲マンションに改装して市場価格よりもかなり割安で売る計画だった。

はじめ、この用途変更は市の都市計画課に却下された。しかし異議申し立てをしたところ、市監理委員

ミシェルの物語

新聞記事のスクラップ魔、ワイン愛好家なんかのグループが何百もある。インターネットのおかげで、今までにないレベルでのつながりかたが可能になった――ってことは、おれたちも彼らとつながりをもてるんだよ」ジェレミーはこぶしを握って力説した。

ジェレミーの熱に浮かされたような話しぶりに、ミシェルは不安をかきたてられた。しかし自分も、三カ月で新作おもちゃを売り出して財を成そうなどという、常軌を逸した企てを進めているではないか。

ミシェルは問いかけた。「世間一般のビジネスと、どこがちがうの？」

「つまりさ……」ジェレミーがじれったそうに髪をかき上げた。「通常のビジネスだと、まず商品を作ってから中毒者を探すだろ。おれたちは先に中毒者を見つけてから商品を作る。なぜかって？ 自分たちの人生がかかってて、九〇日と期限が切られてる以上、消費者の望みをあれこれ探ってるひまはないんだ。ゲートを出た瞬間から売れてくれる商品でなきゃ困るんだよ。

だから、それを指針にサマーとおれとで意見を出し合って、人が夢中になるいちばん中毒性が高そうな対象をリストにしてみた」（P365、373）。

エクササイズ	ダイエット	財テク	ゴルフ
趣味	ゲーム	スポーツ	マタニティ
コーヒー	コレクション	精神世界	食べ物
チョコレート			

会が開かれて、都市計画課の決定は満場一致で覆《くつがえ》された。公聴会に数百人の〝賃借人〟が出席し、アパートの借り手からマンションの所有者になる権利を要求したからだった。

賃借人は市価よりずっと安くマンションを買え（勝ち）、市は建物の課税基準額を高くでき（勝ち）、物件を見つけた営業マンは収益の一部を手にでき（勝ち）、サーバーたち3人は90日で10万ドルの投資を300万ドルに増やしたのだ！

◆ドリームチームを1分間で復習しよう

1 **夢の実現にはチームが必須。**成功は単独の事業ではありえない。

2 **相乗効果は1足す1を11にする。**チームは最大の梃子効果を生み出す。

3 **価値観とは人生の舵取りをする中心的信念である。**たとえ大金が稼ぎ出せても、価値観を共有していなければ、仲間割れと、機能不全と、期待はずれが必ずついてくる。価値観に反して生きるのはたんなるつまずきではない。正真正銘の失敗なのだ。

4 **〝賢明なミリオネアの価値観診断〟を受ける。**

www.oneminutemillionaire.comにアクセスし、あなたの中心的価値観を見つける。

5 **ドリームチームの新メンバーには3カ月の試用期間を課す。**

あなたの価値観を受け入れない相手なら、誰であろうとチームから排除するしかない。

6 **あなたの生来の強みを見きわめる。**自分の強みが確認できれば、補完的な能力を持つメンバーを探すこともできる。あなたの〝苦手な仕事〟を、その分野を得意とする誰かに任すこともできる。

「メンバーが一〇人のところから数百万人のところまで、何千ものグループがあるんだ。神の本質について語り合いたい人から、世界の終わりに向けて強力な防空壕を造りたい人まで」

サマーが忍び笑いした。「わたしのお気に入りはね、〈チョコ中《ちゅう》〉っていうチョコレート愛好会。彼らの合言葉は『あの世に行ってから、チョコを食べ足りなかったなんて後悔したくない』」

ジェレミーがフリップチャートをぽんぽんと叩いた。「だけど、そういう人たちに商品を売るつもりはないんだ。情報を売るのさ。そのほうが安いし、速いし、デジタル化できる。それに何よりありがたいのは、情報をただで入手できる点だ」

「どうやって？」ミシェルは訊ねた。

「インターネットには、誰でも自由に閲覧《えつらん》できる情報があふれてる。言ってみれば共有財産さ。制作も発売も、配送もただですむから、おれたちには九九パーセントの利益が入る」

ミシェルは大きく息を吸い込んだ。まだ少し突拍子もない感じはあったが、確かに心そそられる。

「前向きな、役に立つ情報だけを送り出さないとね」

「心配しなくていい」ジェレミーは強気だった。

話は、もっと実務的な手順の説明に移った。まずは二週間かけて、リストに挙がったグループを確認し、代表者と知り合いになる。次の二週間で市場調査を行なう。どんな情報が求められているかを調べるのだ。いくらまでなら払うか？　支払いにはどんな方法を使うか？　どれくらい急いでいるか？　どんなフォーマットで受け取るのが好みか？　それがすんだら、およそ三〇日で、〝飛びつきたくなるような目玉商品〟を作り出す予定だった。

ジェレミーはメロドラマをまねてあえぎ、顔の前で両手を振り動かして、気絶した人――この場合は自分自身――を正気づかせようと必死になる人の形態模写をしてみせた。「おれの考えが甘いと思

7 あなたはウサギなのか、フクロウなのか、カメなのか、リスなのか。

www.oneminutemillionaire.comにアクセスし、HOTS診断を受けてみよう。この作業はドリームチーム編成に重要な意味を持つ。

8 いやな仕事など存在しない。ただ仕事と人員の組み合わせが悪いだけのことだ。

HOTS診断の結果を参考に、チームの業務の割り当てを見直しなさい。

9 偉大なアイデアは溺れながら生まれいずる。

初期段階でアイデアに必要なのは支援だけ。懐疑論者に恐れと胸騒ぎの表明を許すのは、アイデアが充分に成長してからでなければならない。これを守れば、あなたのドリームチームはアイデアの芽を毒舌で摘み取るのではなく、アイデアのすばらしさを手塩にかけて育てられる。最大の成果を望むなら、加速会議を開こう。

ってるだろ。自分の話ばかりして悪かったよ、ミシェル。おもちゃのプロジェクトはどうなってる?」

「それを聞きたかったのよ!」

ちょうどデンヴァーから帰り着いたサムが、戸口を入ってきた。目の覚めるようなサフラン色と琥《こ》珀《はく》色を組み合わせた模様のアフリカ風長衣をまとっている。

そのあとからレニーがせかせかと入ってきた。「ふうっ! 出遅れた? 学校のほうは休みだったけど、グラウンドにかり出されてしまって」

わずか数秒後、背後から「話がたくさんあるわよ!」とコートニーが現われた。一〇〇万ドルのプロジェクトにもっと時間を割けるように、店番をひとり雇ったという。

ミシェルは喜び勇んで、けさ早く電話がかかってきたこと、試作品の製作が始まったことを伝えた。あちこちであがる「うわあ」という声。けれど、肝心のひとりからは「うわあ」がない。ミシェルは心配になってサムの無表情な顔をのぞき込んだ。

「ミシェル」しばらくたって、サムは口を開いた。「悪いけれど、おもちゃプロジェクトには少々不安を感じているの。大手企業の仕事というのは、ハチミツのようにゆっくりゆっくり流れていくものよ。実らないかもしれない計画に貴重な時間をとられるのは、感心できないわ」

やる気を試されているのだろうか? ミシェルは落ち着かず、テーブルのすみを指ではじいた。

「前に、無限ネットワーク(P247)について教えてくれたでしょう? わたしたちが送った信号に応えてくれる人たちが出てきたのよ。おもちゃ業界での経験と人脈がこれほど豊富な相手に、今後出くわす可能性があると思う?」

サムはまだ疑わしそうな顔だった。

「確かにティリーは一〇年前に会社を人手にゆだねた」ミシェルは認めた。だけど去年までは、世界

ネットワークを広げよう

――ふたりの人間が手を組むと、単独投資の場合に比べ、その価値は2倍の速さで増大する。
『ニュー・エコノミーのためのニュー・ルール』ケヴィン・ケリー

人間関係のネットワークは梃子《てこ》効果を増大させる。コネを持てば持つほど、得られる効果も大きくなる。ふたりの人間が手を結んで何かに投資したとき、そこには〝粘着性〟が生まれる。関係を断ち切った場合、自分だけでなく相手が投資した分まで失われるので、簡単には離れられなくなるわけだ。

ネットワークという梃子を拡大したいなら、**〝弱い結びつき〟の法則**に着目する必要がある。ほとんどの人は頭から、緊密な友人関係や強い結びつきこそが重要だと思い込んでいる。しかし真実は逆。**〝弱い結びつき〟のほうがもっと重要なのだ。**

たとえば、新しい情報が欲しい場合を考えよう。強い結びつきの人々、すなわち近しい関係の人々はあなたと似たような観点を持ち、あなたと似たような経験をしている。だから、所有する情報も似たり寄ったりで、あなたからすると既知のものばかりになってしまう。他方、弱い結びつきの人々は違う世界に住んでいるから、あなたの身近にない情報を持っている可能性が高い。弱い結びつき、あるいは緩《ゆる》い結びつ

じゅうの企業で顧問を務めていたのよ。時間がないし、可能性が低いのもわかってるけど、とにかく、何かが起こりそうな気がするの。ただ感じるのよ」ミシェルは胸の左側を叩いてみせた。「ここで」

サムの顔がやわらいだ。「わかったわ。ただ、ティリーやその周辺を相手にするなら、ほかに即金を手にする方法がないか、よくよく目を光らせていなくてはだめよ。勘に関してわかったのはね、ある物事が期待どおりの成果をあげてくれない場合も多いけれど、もともとの目標を追いかける過程のどこかで、別のチャンスが顔を出す場合も多いということ。そちらのほうが、ほんとうに追いかけるべき目標だったわけ……それまで走ってきた道と、垂直に交わる道。勘は、論理でくれない。ひとつの事柄が、まったく別方面の人脈へとつながって、さらに思いも寄らないチャンスが重なって、気がついたら、めざしていた人物の義理の弟に行き当たることもある。

前にも説明したわね。無限ネットワークは、あなたが求めるものを知っていて、〝人間関係の距離の六段階〟に沿って、あなたを正しい方向へ後押ししてくれる。頭に描いたとおりの結果が、頭に描いたのとはちがう方法でかなうかもしれない。到達さえできれば、どんなルートをたどるかは関係ないでしょう、ちがう？」サムはひと呼吸置いた。「つまるところ、わたしの勘と、あなたの勘とは食い違うかもしれないけれど、たぶんふたりとも同じ無限ネットワークの一員なのよ。横道にこそ、往々にして黄金がひそんでいるのを忘れないで。いいわね？」

レニーが言った。「サム、わたしきのう、まったく同じ感覚を味わったのよ。わたしが免許を置いている不動産オフィスで、物件情報データベースを調べてみたの。かれこれ二年くらい免許を使っていないから、少し頭が錆びついていたけど、だんだん調子が戻ってきたわ。ちょうど昔から仲のよかったブレンダンという仲介人もそこにいて、手伝ってくれた」

「たまたま、そこにいたってわけだ」ジェレミーが眉を小刻みに動かし、今にも「ヒュー、ヒュー」

きのネットワークを育てれば、あなたはとてつもない優位性を手に入れられる。経済の情報化が著しい現代では特に。

マルコム・グラッドウェルは自著『ティッピング・ポイント』の中で、〝コネクター〟という種類の人間を紹介している。コネクターは膨大な数の知人を抱え、弱い結びつきを自在に使いこなす。そして好奇心と自信と社交性とエネルギーを原動力に、巨大なネットワークを創りあげる。世界をまとめる特別な能力の持ち主と言ってもいい。

1960年代末、スタンリー・ミルグラムは人と人の結びつきに関する画期的な実験を行ない、**「人間関係の距離の6段階」**という概念を導き出した。具体的に言うと、社会的ネットワークを5つか6つたどれば、われわれは地球上のあらゆる人とつながっているということだ。

ほとんどの人は〝弱い結びつき〟の関係を育成しようとはしないものだ。しかし、大金を短期間で稼ぐには、この技能を磨く必要がある。あなたは**〝弱い結びつき〟の強み**を修得しなければならない。

肝に銘じてほしい——ネットワークが大きければ大きいほど、あなたはより大きな梃子効果を手にできるのだ。

ネットワークをつくって大金持ちに！

ネットワークをつくれば大金持ちになれる。あなたの先人たる大金持ちは全員、住所録を利用して100万ドルに到達した。だったらあなたも自前の**〝100万ドルの住所録〟**を作ればいい。ネットワークの達人は情報、支援、助言、紹介、資源活用を目的に手持ちのコネを発展させる一方、必要なときに

と言いそうな顔をした。

レニーが体をかがめ、テーブルの上にブリーフケースをどさりと投げ出した。ケースを開けて、ファイルホルダーを何冊か取り出す。「リストに何度か目を通してみたわ。一〇〇万ドル以上の値がついた家はぜんぶ除外した――そういう物件はなかなか売れないから。物件の数が少ないし、欲しがる人の数も少ないでしょう」

話の展開が速すぎて、ミシェルには細かい部分までわからなかったが、レニーは弾丸のように突っ走っていた。

「残ったなかから、売り主の純資産額が高くて、ローンの残額が少ない物件を拾っていったのよ。一五五件あったわ。それを片っ端から読み込んで、売り主が融通がきくタイプかどうかヒントを見つけようとしたの」

「具体的にいうと……」サムがいかにも先生然とうながした。

レニーはばたばたとファイルをめくった。「具体的にいうと、〝転居〟〝事情により売却〟〝売り主は交渉に応じる可能性あり〟〝オーナーは資金調達に協力する意思あり〟なんてところかしら」

サムがうなずく。

「で、手がかりは少なかったけれど、一〇件ほど融通がききそうなのがあった。きのうの晩、売り主それぞれの仲介人に連絡をとったわ。仲介人が自分から、登録の書類に融通性をつけ加えているとしたら、それは売り主よりも仲介人の意向だと思ったから。このエリア一帯でいちばん頭のはたらく仲介人なら、きっとどの売り主が積極的か、きっちり把握しているはずだし」

「それで、何がわかった?」とサム。

「まだ四人しかつかまってなくて……。残りの六人には伝言を残しておいたわ。でも、嬉しくなるよ

必要な人物と会って新しいコネを築いていく。

大金を手っ取り早く稼ぎ出すには、成功という結果を迅速に、徹底的に、安定的に生み出せる人と関係を結ばなければならない。実質上破産状態だったクライスラー社の会長に就任したとき、リー・アイアコッカは自動車業界内の知人２００名のリストを手に会社に現れた。つまり、クライスラーを急成長の軌道へ戻すにはどこの誰に相談すればいいかを、彼ははじめから知っていたわけだ。２００名分のリストがなければ、あれほど速く最高の結果を出すことなどできなかっただろう。あなたも自分の場所《ニッチ》で財をなしたいなら、アイアコッカを見習って、リストの作成に取りかかろう。

各業界にはスーパースターが必ずいる。あなたは彼らについて（本、講演、ビデオなどで）学び、彼らと親しくなり、彼らの裏方となり、彼らの活動の一部とならなくてはならない。業界団体の全国大会に参加すれば、スーパースターと直接会うことも可能だ。実際に会えたら、彼らが必要とする仕事や課題を代行したいと申し出よう。そして予想以上の実績をあげ、あなたの本領を示してやるのだ。現在のスーパースターはひとりの例外もなく、業界の巨人の下で真剣に見習い修業をした経験を持つ。あなたの目標も、師の偉大さに追いつき追い越すことだ。見習い期間中に誰かと知り合ったら必ず相手の名前と住所と電話番号を控えておこう。

やるべきことはいくらでもある。たとえば好感度を極限まで高める。力強く握手をし、磁石のような視線を送り、燦然《さんぜん》と輝く存在感を身につける。奉仕のための奉仕を心がける。手助けできる相手は誰でも手助けする。全人類に貸しを作るつもりで、どんどん奉仕しよう。どんな相手とでも、けっして錆《さ》びつかない蝶番《ちょうつがい》のような関係を築き、じっくり時間をかけて深みと意味を付加していく。どんな相手とでも電話やファックスで個人的に連絡をとりつづける。ピクニック、パーティー、イベント、セミナーなどを主催し、必ず顧客や友人を招待する……。じっさいマーク・ハンセンはこの20年間、毎年結婚記念パーティー

ミシェルの物語

うな展開があったの。ひとりひとりに希望――九〇日以内で即金が入りそうな物件――を伝えてみたら、わたしの勘は当たってた。物件情報データベースを見て印をつけたなかに、わたしたちのきびしい条件を満たす物件はなかったわ。でも、公認不動産業者のひとりが教えてくれたのよ。すぐに現金化できれば大幅に割引する気のあるクライアントが、ひとりいるって」

ジェレミーが〝現金〟という言葉にひかれて目を上げた。「分業体制にしてくれてよかったよ、サム。おれには雲をつかむような話だから。だけど、いつでもきっちり理解できる言葉がひとつある。〝現金〟さ。その、おれたちが用意しなくちゃならない現金は、いったいどこから来るのか、わかるように説明してもらえるかな？　おれの財政状態を知ったら、誰でもすたこら逃げ出すだろうから」

「投資の初心者は誰でもそう考えるものよ」サムが指摘した。「自分の現金、自分の預金を使わなくちゃいけないと思うから……」

「もし誰かにおれの預金額を知られたら、取引は即お流れだよ」ジェレミーがくり返す。

「わたしも同じよ」ミシェルも言った。〝そんなこと、みんな知ってるわ〟

「そういう固定観念で不動産に手を出さない人は多いのよ」サムが言った。「今、口をはさまれる前に言いかけたんだけど」と抵抗勢力を一瞥《いちべつ》して、「たとえば、あなたの現金での貸し出し限度額が一〇〇〇万ドルで……」今度はまっすぐジェレミーを見据える。「……好きな不動産物件を卸値で買えると想像してごらんなさい。どれくらい自信を持って交渉に臨めるかしら？」

「そうしたらおれも……ああ、少しは自信を持てるだろうな」ジェレミーの皮肉からは、それがほんとうだったら、とてつもなく自信を持てるだろうことが伝わってきた。

「そこが肝心。今はまだ交渉の席につくには押しが弱いのよ。不実な気がしてね。物件を買うだけの資力が自分にないのを知っている。預金も、現金も、安定した収入の流れもない。銀行ローンの審査

を開いている。友人、親族、顧客など500人を招待し、新たなる結婚の誓いというセレモニーで参加者たちの心をがっちりつかむのだ。

アメリカ講演界の長老カヴェット・ロバートは、**「接触《コンタクト》なくして契約《コントラクト》なし」**と言っている。あなたはネットワークの中心であり、ネットワークは純資産《ネットワース》を創り出す。なぜなら、ビジネスを突きつめると人と人のやりとりに行き着くからだ。偉人の伝記や自伝を読めば、これが真実だとすぐにわかるだろう。とびきり上等なネットワークをつくると、インサイダーのそのまたインサイダーとなることで絶え間ない鼓舞と興奮が得られ、あなたのＭＱ（動機づけ指数）はどんどん上昇していく。

さあ、まずはあなたが会いたい、話したい、学びたい、ともに成長したい、ともに過ごしたい、追いつき追い越すまで手本にしたいと思う人物を**200名リストアップ**しよう。

ネットワークのネットワーク

――ネットワーク＝純資産《ネットワース》。これが普遍の真理となる日がやがて訪れる。ティム・サンダース

あなたの社会的ネットワークは、伝統的手法を使うかぎり一度にひとりずつしか増えていかない。しかし、それではいかにも遅すぎる。ネットワークの世界では**〝ネットワークをネットワークする〟者こそが最高の梃子効果を獲得する。**重要なのは、どれだけ大きな社会的ネットワークを利用できるかなのだ。

世界には無数のネットワークが存在し、超弩級の蜘蛛の巣《ウェブ》を形作っている。人と人の関係だけでなく、ネットワークとネットワークの関係においても〝弱い結びつき〟の法則が成立する。

を受けたら実情がばれてしまう。そういう考えがすべて、あなたの身ぶりや、あなたの姿勢や、あなたの言葉づかいや、あなたの目に表われるの。『おれは一文なしだ！』という看板を背負って歩いてるようなものよ。オファーする前に自信をつけないとね。自信は、銀行に現金を預けるのと似ているわ。で、その現金をどこで見つけるかって？　今だってあなたのまわりにあるじゃないの。他人の銀行口座で、何十億ドルもの大金が、現在の三パーセント、四パーセントなんていうささやかな利率よりも有利に運用してもらいたいと、うずうずしているのよ。そう思ってわたしは取引に臨んでいる。自分のお金は使わない。自分の預金も使わない。他人のお金を使う。梃子の原理よ」（P143）

「すばらしい」ジェレミーの皮肉は消えなかった。「いったいどこを探せば、おれたちみたいな連中にへいこらして、現金をぽんとゆだねようなんておかたがいらっしゃるんだ？」

「今のところは教えないでおくわ。でも、もしあなたが大騒ぎするほどの取引を見つけてきたら、現金は電話一本で手に入る。信じなさい」

「その電話番号、ぜひ教えてほしいもんだな」とジェレミー。

はたしてジェレミーは、サムが一同の尻を叩くために話をでっちあげているとでも思っているのだろうか、とミシェルはいぶかしんだ。実在しないニンジンと、あまりに現実的なムチ？　〝わたしも、そう思っている？〟

「合言葉は」サムが続けた。「発見せよ、算段せよ、転売せよ（P309）。まず最初に、お得な取引を見つける。次に、資金にあてるお金を見つける。それから、転売して利益を得る」

レニーがふたたび会話に加わった。「だったら、わたしは方程式の最初の部分を見つけたような気がする。ブレンダンは切れ者で、わたしが何を探してるか、完全に把握してるわ。今もくまなく獲物を探してくれているはずよ」

あなたはどんな興味と経験を持っているだろうか？　まずは自分があれこれ蘊蓄《うんちく》を傾けられる話題を目録にしよう。目録が完成したら、各項目に関連がありそうなネットワークを探そう。このとき、商用ネットワークだけで満足してはいけない。インターネットのサーチエンジンを使えば、効率的に目当てのネットワークを探し出せる。あなたの興味・経験に関連するキーワードを打ち込めば、いままで存在さえ知らなかったネットワークが出現するはずだ。

ためしに好みのサーチエンジンを使い、〝LOHAS〟という5文字を打ち込んでみよう。あとは結果をご覧じろ（LOHASは〝健康で環境に優しい生活様式［Lifestyles of Health and Sustainability］〟の頭字語）。LOHASに関連するネットワークの成長ぶりが垣間見えただろうか？　環境と社会正義という価値観に基づいて購買決定をする消費者のネットワークは、アメリカでは急成長中の巨大市場であり、ヨーロッパではさらにそれ以上の広がりを見せている。

あなたにはこういうネットワークを利用するつてはあるだろうか？　あれば大いに役立つとは思わないだろうか？　ぜひとも、この2つの質問を自身に投げかけながら、あなたのネットワークをつくっていってほしい。〝弱い結びつきのネットワーク〟には絶大な利用価値がある。なぜなら、普段は交流のない人材や情報にアクセスできるからだ。

弱い結びつきのネットワークに食い込みたいなら、ネットワークの構成員にとって貴重な何かを無償で与えよう。ネットワークづくりの標語は**〝与える者が得る〟**だ。与えるという行為により、あなたは注目を浴び、信頼を育むことができる。けっしてギブ&テイクを期待してはならない。優れたネットワーク構築者は自分から見返り《リターン》を求めたりはしない。しかしこういう態度を貫けば、自然とリターンがやってくる。それは知名度と信頼だ。この2つさえ確立されてしまえば、あなたは必要なときにネットワークからお金を掘り出せる。

ミシェルの物語

こうしてパズルのピースがはめ込まれていくのを聞いていると、無限ネットワークを信じずにいるほうがむずかしい、とミシェルは考えた。

「わたしの見積もりだと」とサム。「あなたが言う獲物《えもの》探しをして、見込みのある不動産取引を洗い出すのに三〇日から四五日。となると、転売にかけられる時間は六週間くらい。きつい期限だけど、少なくともひとつやふたつ、多くて三つは転売に値する取引が見つかるはず……ひとつにつき五万ドルから一〇万ドルが、みんなのシチュー鍋に放り込まれるというわけ」

「ほんとに九〇日で、一〇〇万ドルの四分の一でも集められると思う?」サマーが息をはずませながら言った。

「通常ならノーよ」サムが答える。「およそ人というのは、人生をかけて、あるいは子どもたちの人生をかけて、夢を追ったりしないものだから。人はたいてい〝これを試して、あれにも手を出して〟という方法をとる。トラブルの気配を感じたら、いつでも逃げ出す用意ができているのよ。そして、うまくいかなければ運の悪さや他人のせいにする。わたしはミシェルを助けるなりゆきになったけれど、じつを言えば生まれてこのかた、自分の人生がそこにかかっているような生きかたをしてきたの。実際かかっているんだけど」にやりと笑う。「わかるかしら」

サムは赤いペンで大きく書いた。

期限
結果
選択肢なし

強力なネットワークをつくるための指南書を2冊紹介しよう。ひとつはトーマス・J・スタンリーの『百万長者とのネットワーク構築法』、もうひとつはティム・サンダースの『デキる人の法則』。ネットワークを構築できたら、それを維持するためにあらゆる手を打とう。ネットワークの黄金律は、**「コネをつくる時は迅速に。コネを断つ時は慎重に」**だ。

100万ドルの住所録

――ネットワークはユーザー数の2乗に比例して成長する。メトカーフの法則

あなたの〝ダイヤモンドの園〟はどこにあるのだろうか？　きっと身近なところ――あなたの才能と技能と機会の中――に隠れているはずだ。そして、それはまさにあなたの住所録の中に見出せるはずだ。〝100万ドルの住所録〟という呼称の由来はここにある。

平均的な人間には最低でも250人の知り合いがいる。この250人全員が〝ダイヤモンドの園〟の主《あるじ》であり、ひとりひとりがさらに250人ずつ知り合いを抱えている。つまり、あなたは6万2500人（250の2乗）の〝ダイヤモンドの園〟の主にアクセスできるのだ！

可能性は果てしない。だからこそ〝100万ドルの住所録〟をつくることが大切になるのだ。その方法を説明しよう。

まず住所録づくりを目標に据え、日々そのための作業を行なうこと。いっしょに働きたい、成長したい、お金持ちになりたい人を**1日にひとり**加えていこう。各分野に複数のコネを持てれば理想的だ。

「ミシェルには期限と結果があって、選択肢がない。自分だけではにっちもさっちもいかない、そんな状況ってあるものよ……よそから力を借りるしかないことが。なぜわたしたちはミシェルを助けたくてたまらないのかしら？　ミシェルに選択肢がないからでしょ。こういうとき、人の美点がおもてに出るの。誰もがというわけじゃないけど、しかるべき人たちは必ず集まってきてくれる。みんな、あなたが大舞台に臨んでいるからこそチームに加わったのよ」

「サム」ジェレミーがさえぎった。「おれたちに何かニュースがあると言ってたんじゃないか」

「そう。みんな、よーく聞いてほしいの」

説明が始まった。サムは計画立案委員会で郡の職員として働いている友人に電話したのだという。大きな開発プロジェクト案は、郡の委員会で最終承認を下される前に、必ず彼のオフィスを通過することになっている。その友人によれば、新しい巨大ショッピングモールに関する採決が近々行なわれるとのことだった。

「新聞にも少しは書いてあったけれどね。友だちがつかんだ噂によれば、否決を求める政治的圧力が委員会に相当かけられたにもかかわらず、案は通過する見込みが強いらしい。そうなれば、周辺地域はぐんと活気づく。建設ラッシュよ。物件の評価額も、大きく動くわ。モールに面した通り沿いの住宅地を事務所スペースに転換するには、今をおいてないでしょう。今までは商業地区化する必要がなかったけれど、今なら通り一帯を商業地区化すれば、転換の可能性は大きく広がる。

ちょっと例を挙げてみましょうか。たとえば、床面積一〇〇平方メートルのアパートを月一〇〇〇ドルで貸している場合。小さな事務所スペースに変えれば、同じ場所の賃貸価格が月二〇〇〇ドルから三〇〇〇ドルになるわ。そうすれば、物件の評価額は二倍か、うまくすれば三倍にはね上がる。物件の評価額については、もういくつか見通しが出ているけれど、あのテリトリーに集中して探せば、

◆住所録の人物とは最低年に2回、電子メール、電話、手紙、あるいは直接会うことで接触を保つ。
◆住所録の各人をAからDまでランクづけする。
◆Aは最大級のデータベースと最大級の潜在的機会を持つ人物。
◆Aとの関係を深めるには大いに時間を費やす。
◆リストを100名の〝鷲《イーグル》〟——A評価の最高のコネに絞り込む。

あなたの住所録はまさに金のなる木である。なぜなら、あなたのビジネス・データベースの雛形《ひながた》となるからだ。**マーケティングにおける梃子効果の最高の形態とは、巨大なデータベースの持ち主と接触し、あなたの製品やサービスをそのデータベース全体に宣伝してもらうこと。**少しでも早く製品を市場に出したいのなら、自分で顧客リストを作成するのではなく、データベース（ネットワーク）の所有者との関係を深めることにエネルギーを傾注しよう。

最大のネットワークを持つ者がつねに勝利を収めるのだ。

ミシェルの物語

まだおいしい取引が眠っているんじゃないかと思うの。そんなわけで、ミシェル、あなたはティリーからの次の電話を待つあいだに、郡庁舎まで行って、ショッピングモール建設予定地の周辺一〇ブロックが載った土地測量図をもらってきてちょうだい。持ち帰ったらテープで貼り合わせて、この壁に貼っておいて」モネの複製画がかかっているあたりを指さす。「部下に絵をはずすように言っておくわ。そうすれば地図を貼れるでしょう。それから、あらゆる物件のすべてのオーナーに、徹底的に電話をかけてほしいの。もし必要ならじかに足を運んで。オーナーの大半は再区分の件を勘づいているだろうから、物件に最高値をつけてくるでしょうけど。このエリアでオーナーが割安価格での売却を迫られている物件を、一〇〇〇あるなかから四件でも五件でも見つけてごらんなさい」

ミシェルは承諾のしるしにうなずいたが、具体的に何をすべきかはわからなかった。

「さて、今後、意欲的な売り主（P311）を求めて、われらがネットワーク（P225）に探りを入れていくにしたがって、物事はややこしくなっていくはずよ。レニーはすでに公認不動産業者の線で複数の情報を手にしている。新聞に広告も出さなきゃいけない。電話作戦に、ダイレクトメール作戦に、郡庁舎通い……まだ始まったばかりなのよ。巨大なじょうごみたいなものね。いちばん上では、取引すべてがわたしたちの前に流れ込んでくる。うち九五パーセントは使いものにならない。目を向ける価値があるのは二〇にひとつだけ。目標は、今から三〇日で一〇〇〇件の物件を評価すること。追うべき手がかりは一〇〇を超えるでしょう。骨の折れる地味な仕事よ。小さな失敗がたくさん起こる。数少ない成功のきざしも消えていってしまう。だけど一、二件の取引ですべてが報われるの。電話が鳴りだす。人が次々とやってくる。ここも、まるでグランドセントラル駅みたいになるわよ」

レニーが軽い電気ショックでも受けたように、体をこわばらせた。「携帯電話をバイブモードにしておいたの」みんなの視線を浴びて、言いわけする。取り出した電話の液晶画面を見て、こう言った。

第5のマニフェスト
「わたしはミリオネアだ！」

わたしはミリオネアだ。考える時も、話す時も、歩く時も。

わたしはミリオネアのように信じ、感じ、行動する。


ひとつの周波数だけを受信するラジオのように、わたしはミリオネアの周波数だけを受信する。

そして心のダイヤルを富と潤沢と繁栄に合わせる。

もしも聞いてくれるなら、限りない可能性について話そう。

わたしはミリオネアの読むものを読む。

ミリオネアの伝記と自伝をむさぼり読む。

そして先人の叡智《えいち》と洞察力と深い理解力に酔いしれる。


わたしは昼も夜も100万ドルのビジネスについて考える。なんて楽しいことだろう。

清く正しく美しく、100万ドル単位で稼ぐのだ。

でも、お金はわたしの主人じゃない。わたしがお金の主人なのだ。

そして、わたしは社会にお返しをする。心を込めてたっぷりと。するとまた大きな報酬がやって来る。心をくだいて世の中にお返しすれば、わたしはさらに大金持ちになる。

わたしはミリオネアの山を登ろう。頂上には繁栄の宴。財と心の豊かさをめざす人たちに手を貸しながら。

ミリオネアの人生は、成長と奉仕と共有に彩《いろど》られた、豊かで円満な人生なのだ。

ミリオネアはすばらしい。

「例の公認不動産業者みたい。ちょっと外に出て、廊下で話してくるわ」

レニーが部屋を去ると、サムは一同に行軍命令を出した。ジェレミーとサマーはふたたびインターネットの干し草から一〇〇万ドルの針を探し出す作業へ。ミシェルは郡庁舎へ。サム自身は地元紙に出す案内広告の文章書き。グループが解散しようというとき、レニーが戻ってきた。

「抵当流れの、いい手がかりが見つかりそうよ」興奮の面持ちで言う。「ミシェル、よかったら同乗しない？　物件を確かめたあとで、郡庁舎まで送ってあげる」

ミシェルの物語

あと79日……


ミシェルとサムは〈巌《いわお》〉をめざしていた。いっしょに行くのは数日ぶりだが、秋たけなわのさわやかな夜明け、ふたりの目には、丘の斜面に生えた木々が美しい黄や赤に色づいているのが見てとれた。息を呑むような眺めだった。いつもどおり、目標と決意表明を叫ぶ儀式をすませてから、サムとミシェルは並んで腰かけた。

ミシェルは、心を占める心配事をサムに打ち明けたくてたまらなかった。今まで想像もしなかった未知の領域に、次々と踏み込んでいるような気がする。目がくらみそうだ。まるで脳に通じる経路に情報がつかえて、吸収するひまがない感じだった。おもちゃ、不動産、インターネット、何もかもがごちゃまぜ。ミシェルは、自分がすべての中心、全プロセスにおける支点だと感じていた。支点は強くなければいけないのに、自分には強さがまったくない。仲間たちに無理をさせ、時間を浪費させ、いたずらに希望をいだかせているのではないか。

サムなら理解してくれるし、なんらかの答えを出してくれるとわかっていた。サムはミシェルの隣

粘りに粘った物語――マジックテープ開発秘話

修理工場を経営する発明家ジョルジュ・デ・メストラルは、スイスアルプスに自宅を構えていた。1948年のある日、愛犬と散歩から帰ってくると、人にも犬にもいががびっしりとくっついていた。いらつきながらいがをむしり取っているとき、メストラルは突然興味を覚えた。どうしていがはこれほど強く付着できるのだろう?

いがを顕微鏡で見たところ、フック状の細かい棘《とげ》が、ループ状の服の繊維に引っかかっていた。ここに〝フック・ループ型ファスナー〟というアイデアが生まれた。しかしフック・ループの仕組みを商業ベースにのせるのは、ひと筋縄ではいかないということがわかった。メストラルはフランスのリヨンへ出向き、織維の専門家たちに商品コンセプトを説明して回った。専門家たちは鼻で笑った。しかし、ひとりの織工がこのアイデアに興味を持った。ふたりは共同作業を始め、実用的な試作品の開発に成功した。

メストラルはスイスの織物工場に生産を請け負ってもらった。しかし、生産はあまりにもむずかしく、工場は白旗をあげてしまった。

メストラルはひとりで事業を進めざるを得なくなり、数カ月のあいださまざまな実験を繰り返した。刻々と時は過ぎていく。いまだ解決策はなし。支援者は全員手を引いた。破産したメストラルは失意のまま山小屋に引きこもり、問題点についてじっくり考え直した。

メストラルはリヨンへ戻ると友人の織工とふたたび接触し、新たなアプローチを話し合った。ふたりは実用的な特殊織機を開発した。この新規事業に資金援助してくれる投資家も見つかった。メストラルは新

で〈巌〉から足を垂らし、雲をまとった美しい山の頂きを眺めてから口を開いた。

「あなたの旦那さま、興味深い名前だったのね——ギデオン。どんな意味か知っている?」

「ううん、あんまり」

「〝敵を打ち負かす者〟という意味よ」

ミシェルは眉根を寄せた。「どこで拾った知識?」

「このあいだの夜、聖書を拾い読みしていたら、旧約聖書のなかでギデオンという英雄の物語に出くわしたのよ」

「へええ」

「ギデオンは、イスラエルがミデアン——南方の、今のサウジアラビアあたりの国——に支配されていたころの人物よ。七年間というもの、弾圧と赤貧に苦しんでいたイスラエル人は、神に助けを求めたの。ある日、ギデオン青年がわずかばかりの小麦を脱穀《だっこく》していると、天使が姿を現わした」

「さぞびっくりしたでしょうね」

サムがくすりと笑った。「天使は哀れな農夫に話しかけたわ。『偉大なる戦士よ、主は汝《なんじ》とともにある』ギデオンはあたりを見回した。『えっ、わたしですか?』『そう、汝だ。さあ、祖国を救いにゆくがいい』そこでギデオンは言ったの。『どうやって救えと? わたしの一族は国で最も弱いうえに、わたしは家族の末子なのです』天使は答えた。『汝の持てる力で戦うがよい。わたしもついている』」

「ギデオンはどうしたの?」ミシェルはがぜん興味をそそられて訊ねた。

「ここからがいいところよ。ギデオンが三万二〇〇〇の民を集めたあとで、天使が言うの。『数が多すぎる。その数でミデアン人を討ったのち、汝がそれを自分の手柄と触れ回ることがあってはならぬ。恐れをいだいている者に、家へ帰るよう言いなさい』そして二万二〇〇〇人が家に帰った。残りの民

製品のファスナーを〝ベルクロ（マジックテープ）〟と名づけた。ベルベットのベルと鉤針編《クロッシェ》みのクロを組み合わせたのだ。メストラルは1955年に特許をとり、1959年まで毎年6000万ヤード以上のテープを売った。昨年の会社の年間総売上高は2億5000万ドル。従業員は3300人を数えた。ジョルジュ・デ・メストラルの8年間の粘りは、盛大に報われたのだった。

◆ネットワークを1分間で復習しよう

1 **人間関係のネットワークは梃子効果を増大させる。**
コネを持てば持つほど、得られる効果も大きくなる。

2 **ネットワークの梃子を拡大するときは、〝弱い結びつき〟に着目せよ。**
ほとんどの人は、緊密な友人関係や強い結びつきが最も重要だと思い込んでいる。しかし真実は逆。〝弱い結びつき〟のほうがより重要なのだ。

3 **〝弱い結びつき〟の強みを修得すべし。**
ほとんどの人は〝弱い結びつき〟の関係を育成しようとしない。しかし大金を短期間で稼ぐには、この技能を磨く必要がある。

4 **〝ネットワークをネットワークする〟者が最高の梃子効果を獲得する。**
あなたのネットワークの価値は、構成人数の2乗に等しい。

5 **ネットワークづくりの標語は〝与える者が得る〟。**
ネットワークの構成員にとって貴重な何かを無償で与えよう。与えるという行為により、あなた

は一万人」

ミシェルはぽかんとした。

サムが人差し指を立てる。『しかし、まだ多すぎる。民を川へ連れてゆきなさい。水を手ですくって口に運んだ者と、膝《ひざ》をついて飲んだ者とに分けるのだ』そうやって、戦いへの覚悟ができた人を見分けたのね。一万人のうち、残ったのはたった三〇〇人。天使はこの三〇〇人の前に敵を連れてくることをギデオンに約束した」

サムは言葉を切った。「どんな戦法かというとね。ギデオンと民は真夜中に、ミデアン人が陣営を張った谷を取り囲んだの。敵兵の数はいなごのように多かったし、彼らを乗せるらくだの数は、浜辺の砂と同じで数えきれなかった。ギデオンの民はめいめい、らっぱと、たいまつを仕込んだ素焼きの壺《つぼ》だけをたずさえていた。そしてギデオンの号令一下、壺を地面に叩きつけ、らっぱを吹き鳴らして叫んだの。『主のための剣《つるぎ》、ギデオンのための剣』陣営で眠っていた敵兵たちが、らっぱの響きで目を覚まして、天幕の外に出てみると、谷一帯がたいまつで囲まれているじゃないの。あわてふためいた兵は、味方同士で戦い始めた。とんでもない誤爆ね！　命からがら逃げ出した兵も、あとで打ち負かされた。一二万のミデアン人が、一日で滅びたんですって」（士師記6〜7章）

「うわあ」ミシェルは言った。

「今、目がくらむような気持ちなのはわかってるわ。ギデオンみたいに疑問をいだいてるんでしょう。『か弱い女ひとりで、エリクセンの軍勢を倒せるだろうか？』」

ミシェルは顔をほころばせた。

「だけどギデオンが誰をパートナーにしたか、忘れてはだめよ。神といっしょなら、なんでもできる。でも、あなたに精神的なよりどころがなかったら、たとえミデアン人のように強くても、兵は同志討

は注目を浴び信頼を得ることができる。けっして見返りを期待してはならない。

6 ネットワークの構築後は、その維持のためにあらゆる手を打とう。

ネットワークの黄金律は、「コネをつくる時は迅速に。コネを断つ時は慎重に」

ちを始めて、軍勢はちりぢりになり、敗北を喫してしまう」

「なるほどねえ」ミシェルは考え込んだ。

「わたしは、精神の数学（P117）と呼んでる。神とともにあれば、無限大の掛け算。神とともにないと、ゼロの掛け算。一かける無限大は、無限大でしょう。でもゼロを一〇〇万回かけても、やっぱりゼロなの。だから、わたしは自分の富を他人にも分かち与える。神を味方につけるために」

ミシェルは亡き夫の名前が秘めていた意味に、感銘を受けていた。

サムはミシェルをひっぱり起こした。「いらっしゃい。午前中、チームでおもしろい実習をやろうと思うの。遅刻しないようにね」


あと78日……


ミシェルは会議テーブルについた。席の前に、紫と黄色のリボンをかけた小さな白い箱が載っている。チームのメンバーひとりひとりの前に、同じ箱が置いてあった。

「どうぞ、あけてみて」サムが笑顔で言った。

箱のなかには、できたての白い名刺が五〇〇枚入っていた。メンバーそれぞれの名前が金のエンボス文字で浮き彫りにされている。名前の下には〝ミリオネア・イーグル〟の肩書き。

「すごいよ、サム」と、ジェレミー。「ありがとう」

「裏を見てごらんなさい」サムがうながす。

一同は名刺をひっくり返し、黒文字で〝一〇〇〇ドル〟という金額が印刷されているのを見つけた。

「どういう意味？」サマーが訊いた。

無限ネットワーク

あなたが他人の利益を一番に考えて自分の時間や心を捧げているなら、
安心していてよい。肝心のときには必ず
天があなたに味方してくれるはずだから。
R・バックミンスター・フラー

賢明なミリオネアは、富というものには精神的次元があることを知っている。その目に見えない世界が、限りない豊かさの源だということを理解しているのだ。この源に合流すれば、あなたも限りなく豊かになれる。

では、どうすればこの無限の豊かさを秘めたネットワーク（これを無限ネットワークと名付けよう）に足を踏み入れられるか。「富を生む24の法則」ですでに説明したとおり、われわれは**1割献納の威力**を信じている。これを実行すれば、あなたのすべての行動は広がりを持ち、価値が付加されるのだ。

無限ネットワークにアクセスする手段はもうひとつある。ただ高潔であればいいのだ。高潔でありさえすれば、長期的には必ず成功を手にできる。

「訊いてくれて嬉しいわ」師が答える。「誰かにこの名刺を渡したら、その人も同じ質問をするでしょうから。『どういう意味ですか?』って」

全員が期待に満ちてうなずいた。

「こう答えてほしいの。『この名刺には一〇〇〇ドルの価値があるから、なくさないでください。わたしは不動産投資家です。もし、物件を切実に売りたがっている人を見つけたら、連絡をください。わたしが物件を購入した際には、情報料として一〇〇〇ドルを現金でさしあげます』」

「すごい! 大金じゃないの」とコートニー。

「でも、あなた自身が得る利益に比べたら些細《ささい》なものよ。だって、最低でも二万五〇〇〇ドルの利益が出なければ購入を検討すらしないでしょう。思わぬ収穫のほんの一部を、教えてくれた人に分けてあげてもいいじゃない?」

コートニーはしぶしぶ賛成した。

「さて、あなたたちの任務だけど。もっとこのエリアに探りを入れたいの。メッセージを広めるスピードは速ければ速いほどいいわ。というわけで、行く先々で——食料品店でも、レストランでも、クリーニング店でも、ガソリンスタンドでも、銀行の行列に並ぶときも——最低ひとりとお近づきになりなさい。相手の名刺をもらって、自分の名刺を説明を添えて渡しなさい。普段の行動範囲をはずれてみてね。毎日ちがう場所へ出かければ、いろんな人と知り合いになれる。一日に五枚から一〇枚の名刺をわたすこと。その名刺からどんな実りがあるかわからないから」

「ちょっとやりすぎじゃない? 人がどう思う?」レニーが抵抗した。

「じゃあ、こう考えてみて。きょう一日できちんと配れた名刺一枚につき、一〇〇ドルをあなたにあげるとしたら?」

こうした精神的次元が存在することを承知していれば、人生のストレスは大幅に減るだろう。それだけでなく、成功への階段を昇っていくにつれて、深い感謝の念に満たされるはずだ。

富の精神的な要素を受け入れて、無限ネットワークの存在を認識してこそ、梃子《てこ》効果は最大かつ最強になる。賢明なミリオネアは誰でも、自分たちがこの無限ネットワークに寄せる信頼を謙虚に認めている。

見えない力

「自分を取り囲む異世界を見も聞きもできないとは、
われわれにはどんな感覚が欠けているというのだ?」
フランク・ハーバート著『デューン 砂の惑星』より

1981年にオスカーを勝ち取った映画『炎のランナー』(原題を直訳すると『炎の戦車』)は、1924年のオリンピックに出場したふたりの英国人ランナーの物語だ。ひとりは反ユダヤ主義に反発して競技に打ちこんでいくユダヤ系のハロルド・エイブラハムズ、もうひとりは走ることで神の存在を感じるキリスト教宣教師エリック・リデル。この映画の題名が、旧約聖書の中でも格別すばらしいある物語から着想を得たものだということをご存じだろうか?

その物語は旧約聖書「列王記・下」の第6章15〜17節に書かれている。

シリア王がユダヤ人の預言者エリシャに腹を立てて、彼を捕らえるために大軍隊を送り出す。エリシャの従者が朝目ざめると、町は〝馬と戦車を引き連れた〟シリアの大軍に取り囲まれている。

「つまり、名刺を一〇枚渡したら、現金で千ドルもらえるってわけ?」

「そう。だとしたら、人がどう思うかなんて気にする?」とサム。

「そういうことなら気にしないし……一〇枚ぽっちじゃやめないわ」レニーがにんまりした。

ジェレミーが息をはずませながら宣言した。「人を見かけたら、かたっぱしから話しかけてみせる」

「わたしの好きな格言にこうあるわ。人にどう思われているかと、あなたが心配するほど……向こうはあなたを気にしていない」サムはそう言って、いつもの大らかな笑い声を響かせた。

「名刺を一枚渡すごとに一〇〇ドルになるの?」ミシェルは思わず訊いた。

「狙いを定めて渡した五〇〇枚の名刺が、流れ流れて五万ドルの利益をあげるような優良物件に引き合わせてくれるとするわね。これで、名刺一枚かける一〇〇ドルの埋め合わせができる。つきつめると、名刺を一枚渡すのは、未来の一〇〇ドル札をとり返すようなものだと思わない? いずれ、こういう人脈が効果をあげ始めるわ。『あなたのパンを水に浮かべて流すがよい。月日がたってから、あなたはサンドイッチを見出すだろう』というわけ」

「ははあ……」何人かが声をそろえた。

「新聞広告を見て電話をかけるのも同じよ」とサム。

「じつを言うと」サマーが訴えた。「どうしてかわからないんだけど、新聞広告を見て電話するのは気乗りしなくて……もし、向こうから何か訊かれたら、答えに詰まりそうで」

「よろしい、サマー。ここに新聞があるわ」サムが会議テーブルにのった新聞をさし示した。「電話はここ。もし、不動産の案内広告を見て一本電話をかけるごとに一〇〇ドルあげると言ったら……ただし、今から一時間のあいだだけよ。何本くらい、電話をかけられそう?」

「できるだけたくさん」

従者はエリシャのもとに駆けつけて言う。「ああ、ご主人様！　どうすればいいのでしょう？」エリシャはこう答える。「恐れることはない。われわれには、向こうより多くの味方がついているのだから」

これを聞いた従者がどう思ったかは想像するしかない。〝馬鹿らしい！　向こうは何千人もいるのに、こっちはふたりきりなんだ！〟といったところだろうか。するとエリシャは「主よ、この男の目を開かせ、物を見させたまえ」と祈る。主が従者の目を開いたとき、従者の目に映ったのはエリシャを取り囲む山々に所狭しと居ならぶ炎の馬と〝炎の戦車〟だった。

もしあなたの目が〝開いて〟いたら、あなたには何が見えるだろう？

南の海でシュノーケリングをしてみると、異世界を垣間見ることができる。マスクをつけて潜《もぐ》ったとたん、あざやかな色をした魚や奇妙な形の生き物たちなど、華やかな新しい次元が目に飛び込んでくる。通常の単調な暮らしの中ではこのような華やかな色彩に馴染みがないが、だからといって、その色が存在しないわけではない。ウェイン・ダイアーのたとえを引くと、この物質界は１０００もの部屋がある大きな屋敷の中の一室にすぎない。われわれの肉体的な感覚を超えたものが、探求しきれないほど多く存在するのだ。

呼びかたはどうあれ――〝向こう側〟〝異世界〟〝精神世界〟など――大多数の人はなんらかの形で精神的存在を信じている。今この瞬間も、われわれのまわりには異世界が――目に見えない世界が――存在しているのではないか？　その目に見えない世界とわれわれとを分け隔てる薄いカーテンが存在するのではないか？　何十もの目に見えない存在が、われわれの命令を実行し、手助けしてやろうと待ち構えているのではないか？　あなたのまわりにも炎の戦車があるのではないか？　戦車はなくとも、天使がひとりかふたりは応援してくれているのではないか？

「相手の質問に答えられなくて、馬鹿みたいな思いをさせられるかどうかが気になる？」

「電話一本につき一〇〇ドルもらえるなら、平気だわ」

「それに、向こうはきみの顔なんか知らないだろ」ジェレミーが含み笑いした。

「そうよね」サムが笑顔を向ける。「今月わたしたちが見つける人脈すべて、電話で問い合わせる不動産広告すべて、オファーの手紙すべてが、〝未来のお金〟貯金よ。だから、きょうは外に出かけて未来のお金を稼ぎましょう。きょうは土曜日だから、せせこましい会議室にこもっているよりも、チームに分かれて三時間くらい通りを流してみるといいわ」

「本気かい？」とジェレミー。

　サムが一〇〇ドル札を二枚取り出し、テーブルの真ん中にぴしゃりと置いた。「今から三時間のうちに、いちばん多く名刺を渡したチームが優勝。だけど、コインランドリーにごっそり置いてくる、なんていうのはだめよ。必ず手渡しすること。それから、もし話しかけた相手がお返しに名刺をくれたら、追加点が入る」時計を見る。「本コンテストは一二時半をもってダウンタウンの食堂にて終了。お昼はおごるわ」

　瞬間、誰も動かなかった。イーグルたちは師がとうとうやけを起こしてしまったのではないかと、互いに顔を見合わせた。やがてミシェルがコートニーを見て、眉をぴくりと上げた。

「乗った！」コートニーが言うなり立ち上がり、バッグをつかんで戸口へ向かった。

　十五秒後、会議室はからになっていた。


　サムとレニーが陣取っていた角のボックス席に、残りの二チームが笑いさざめきながらやって来た。

たしかに現実離れした話かもしれないが、ほんとうにそうだとしたらどうだろう？　ユダヤの言い伝えでは、草の葉１枚１枚に天使が宿り、「大きくなれ！　大きくなれ！」と励ましているのだという。自分がひとりきりではないと知ること、自分のまわりには強力な支援体制があるのだと知ることは、心地よいものではなかろうか？

われわれは、そういう目に見えない世界があなたの願望をかなえるため、〝炎の馬と炎の戦車を駆って〟あなたのもとに馳せ参じてくると信じている。

こころのインターネット

——神が何かはっきりとしたサインを与えてくれさえしたら！

たとえば、スイス銀行の口座にわたしの名義で預金をしてくれるとか。

ウッディ・アレン

梃子《てこ》効果を最大限まで高めるには〝あなた〟という名の放送局から、広がりつつある帯域幅をいくつも利用して放送を流す必要がある。

この影響範囲はまさに無限大だ。あなたはいわば、世界の中心にいる。精神と頭脳は、あなたの選んだメッセージを送り出すラジオ局。想像力が生み出すそのラジオ番組が、あなたの未来を創り出すのだ。間違ったメッセージを発信すれば、間違った結果が返ってくる。一貫して正しいメッセージを放送しつづければ、その場ですぐに正しい結果が得られる。

ミシェルの物語

時刻は一二時四五分。

「すごかったの、サム」サマーがボックス席にミシェルと並んでどさりと腰を下ろした。「この三時間で知り合った人の数ったら、三カ月ぶんの合計より多いわ。変な顔をする人も何人かいたけど、いい人がほとんどだった」

「確かに」ミシェルも口をそろえた。「あるレストランじゃ、支配人に追い出されたけどね」

「でも、その支配人にさえ名刺はもらえたのよ」相棒のコートニーが言った。「これが証拠の名刺」得意満面でテーブルに名刺を叩きつける。

「それじゃ、イーグルたち。得点を数えましょう」とサム。

サムとレニーのチームは三五枚の名刺を渡し、二三枚を受け取ったので、合計五八点を記録した。ミシェルとコートニーは三〇枚渡して一八枚もらったので、合計四八点。ジェレミーとサマーは、いわくありげに、ぎりぎりまで成果を明かさなかった。サマーがバッグに手をつっこみ、名刺の束を取り出すと、誰もが息を呑んだ。

ジェレミーが得点を告げる。「五六三点だ。あと二時間あったら、手持ちの名刺を使いきったかもな」

「ジェレミーの思いつきよ」サマーが話し始めた。「最初に、どこだったら人が大勢集まってるか、ふたりで話し合ったの。ジェレミーが、昔〈マリポーサ・プラザ〉で働いてたっていうから、まずそこへ行ったわ。着いてみたらちょうど会議が三組、午前中の小休止に入ったところで、入り口やロビーのあたりに何百人もの人がひしめき合ってた。で、たまたま不動産セミナーを開いてた代表者の人に出くわしたのよ。だから、わたしたちは不動産投資家で、数百万ドルを投資できるって言ってみたの」サマーが問いかけの目を師に向けた。「そう教えてくれたわよね、サム？」

すでにご理解いただいているとおり、第1段階で必要になるのは師であり、案内者であり、努力と冒険心を忘れずに成功への近道をともに歩んでくれる人物だった。われわれが今まで出会った成功者にはみんな、まわりを勇気づけてくれる偉大な師がついていた。

そして、第2段階であなたの放送局から生まれる集団が、ドリームチームだ。チームが始動するには、自分以外に少なくともあとひとり人員が必要だ。献身的なドリームチームがなければ奇跡は起こらない。すばらしい結果はチームに対してのみ、そしてチームを介してのみ現れるものだ。

第3段階では、ドリームチームを結成したことによって、あなたの味方とネットワークが幾何級数的に広がっていく。〝幸運を招く力《セレンディピティ》を備えた兄弟たち〟（注・おとぎ話『セレンディップの三王子』の主人公）のように、ふさわしい人々とともにふさわしい時機に目的地へたどり着くことができるだろう。あなたの〝100万ドルの住所録〟がじつにさまざまな形で情報源となり、役立ってくれる。

世界は絶えずあなたを試し、あなたにフィードバックする。送信したメッセージがこだまとなって返ってくるのだ。問題は、そのフィードバックにある程度の時間がかかることだ。そのため、それに気づいて理解するのが困難になるときもある。

ひとりきりだと、自分と仕事は1対1の関係になる。すると、仕事は手間のかかる困難で退屈な骨折り作業と化してしまう。だが、適切な師とチームとネットワークがついていれば、あなたの力は大きく増幅して、無限ネットワークが本格的に機能し始める。チームが意義のある大きな夢を持ち、全員がその達成について前向きでいれば、こころのインターネットが動き始めるのだ。ほかのどんな方法でも、こういう望ましい結果は得られない。

ミシェルの物語

サムが肯定のしるしにうなずく。

ジェレミーが割って入り、話をひきとった。「けさがたの、電話をかける回数でどれだけ金を稼げるかって話を実践してみたんだよ。セミナーの代表者は喜んで参加者におれたちを紹介してくれた。おれたちはその団体に、条件さえ整えばパートナー契約を結ぶし、教えてもらった情報をもとに物件を購入できたら、それだけで一〇〇〇ドルの仲介手数料を出すと言った。まるで部屋じゅうに猟犬があふれてるみたいだったよ。みんな興奮してた」

サマーが勢い込んで口をはさんだ。「わたし、心配だったの。あんなに大勢の団体に話しかけるのは初めてだったから。室内に二五〇人はいたはずよ。だけど、ふたりで名刺を二五〇枚——ひとりにつき一枚——配って、お返しに一七五枚もらえたわ。たった一団体でよ。そのあと、もっと広い領域をカバーしようと思って、ふた手に分かれたの。ジェレミーは別のホテルをいくつか回って、わたしのほうはショッピングモールやレストランをあたった。しばらくすると、初対面の人に話しかけるのがぜんぜん苦じゃなくなったわ」

「なんて話しかけたの？」ひっこみ思案の友が殻《から》をやぶるまでを聞かされて、ミシェルは舌を巻いていた。

「なんて言うべきか、最初はわからなかったけど、そのうちほんとうのことを伝えればいいんだって気づいたの。九〇日間で一〇〇万ドルつくらなくちゃいけないって。百万長者に弟子入りしてるとも言ったわ」サマーはサムに視線を投げた。「あなたの名前は明かしてないわよ」

サムが頭を下げて、感謝の意を示した。

「だけど、じきに気づいたのは、それだと話を切り上げるのがすごくむずかしいってこと。くわしく知りたがる人が多くて。こっちは時間がないでしょ。だから言ったの。名刺をいただけたら九〇日が

第6のマニフェスト
「わたしは与える者だ」

この世には与える者と受けとる者がいる。
わたしは与える者だ。
与えることが大好きなわたし。
与えることがわたしの生きかた。
偉大な目的のためにはアイデアを与える。
お金が役に立つなら、お金を。
与えることで、もっと多くのものが生まれる。
だから、みんなも与えよう。
わたしの使命は与えること。そして大金持ちたちにもそうさせること。
そうしてはじめて、この宇宙船地球号にふたたび人間の尊厳がもたらされる。
与えることは、神の行為。
これこそ宇宙の真理。
与えることは、わたしの行動を何倍にも大きくする。その満足感と達成感よ。
与えることは、重大な変化を引き起こす。
与えることは、ミリオネアの大きな喜び。
わたしは大金を稼ぐ。
わたしは大金を貯める。
わたしは大金を投資する。
わたしは大金を与える。

明けたあとに連絡を入れて、顚末《てんまつ》をお知らせしますって」サマーは間を置いた。「聞いてよ。ある男の人なんて、もしわたしが二日間行動をともにして仕事のやりかたを見せてくれたら、一〇〇〇ドル払うって言ったのよ」（P373）

「それはね」コートニーが横槍を入れた。「あなたが醜からざるブロンドだって事実と関わりがあるんじゃないかな」

みんなが笑った。

「ちがうわ」サマーが少々むっとしながら言い返した。「あの人、奥さんといっしょだったし、ふたりとも教えてほしいって言ったのよ。信じられる？　このわたしに一〇〇〇ドル払いたがるなんて」

「ごめん、サマー、そんなつもりじゃ……」

「それだ！」ジェレミーがどなり、コートニーの謝罪をさえぎった。全員の目がそそがれる。ジェレミーは虚空をにらみ、なかば自分に、なかば仲間たちに語りかけていた。

「この一週間というもの、おれは一〇〇万ドルのアイデアを探してネットサーフィンを続けていただけど、あったんだ、目の前に、ずっと」

「何の話よ、ジェレミー？」

「まいったな……」ジェレミーは〝きらめき〟に顔を輝かせつつ言った。

「ジェレミー？」サマーがひき戻そうとする。

「悪い、みんな。ちょっと試してみたいことがあるから」

そう言うと、ジェレミーは席を飛び出し、仲間たちの視線を浴びながら外へ走り去っていった。

◆無限ネットワークを1分間で復習しよう

1 **精神性を受け入れよう。**
富の精神面を受け入れてこそ、賢明なミリオネアの梃子効果は最大かつ最強になる。

2 **目に見えない世界が限りない豊かさの源である。**
その源に合流すれば、あなたも限りなく豊かになれる。

3 **高潔さが「無限ネットワーク」を利用する鍵となる。**
高潔でありさえすれば、長期的には必ず成功する。

4 **1割献納を実行しよう。**
収入にかかわらず、無限ネットワークとの関係に感謝して、収入の1割を社会に還元しよう。庭師が伸びた木を刈り込み、形を整えてさらなる成長を促すのと同じように、神はわれわれが1割献納によってお金の木を刈り込むよう奨励している。

5 **精神的次元の存在を認めれば、人生のストレスは大幅に減る。**
それだけでなく成功への階段を昇っていくにつれて、あなたは深い感謝の念に満たされる。

6 **かなわぬ夢を見よう。**
こころのインターネットでは、神が大型汎用コンピュータ、各個人はパソコン端末である。チームが意義のある大きな夢を持ち、全員がその達成について前向きでいれば、こころのインターネットが動き始める。

ミシェルの物語

あと76日……

ジェレミーが、〝驚天動地の発表〟があるといってチームを会議室に呼び出したのは、朝の七時だった。全員が、レニーまでもが顔をそろえた。もっとも学校に遅れないために、七時四五分には退席する必要があったが。

会議室に足を踏み入れたミシェルは、ひとり笑みをこぼした。ジェレミーとサマーは部屋の隅で、サイドボードにコンピュータ端末を置いて作業を始めたのだが、じわじわとふえ続けるフリップチャートや本が、今や部屋の半ばあたりまで埋め尽くそうとしていた。

会議室の椅子は、ジェレミーの手で部屋の隅に半円を描いて並べられていた。「みんなそろったか？　よし、それじゃ、定位置について、ご静粛に」ジェレミーが檻《おり》の中のトラさながらに歩き回る。かつては不恰好だった歩きぶりが、堂々として優雅なものに変わったのに、ミシェルは気づいた。これ見よがしに髪型を変え、なんとスポーツコートまで着ている。〝いつかネクタイを締めてこの部屋に現われたら、心臓の薬でも飲まなきゃ〟

ミシェルは素直に席につき、ほかのメンバーもそれにならったが、サムだけはテーブルの端に腰かけた。ジェレミーが奮闘していたこと、この発表に心躍らせていることは、みんなわかっていた。興奮に見合うだけの内容でありますように、とミシェルは祈った。

ジェレミーが、割れた爪をためつすがめつしているサマーを一瞥《いちべつ》してから話し始めた。「みんな、トイレはすませたか？　一五分だけ時間をくれたら、あとは質問攻めにしようが、おれの頭がおかしいと言おうが自由だ。もっとも、そうはしないだろうが。

1分間ミリオネアの技能と道具

産業革命の到来により、ビジネスの原動力は劇的な変化を遂げた。生産手段（カール・マルクスが言う意味での）が、個人では維持管理できないほど高価で複雑になってしまったのだ。テーブルならひとりで造れても、自動車を造るとなると、もっと多くの資源が必要になる。

われわれは今、情報経済の中で暮らしている。**生産手段はあなたの手中に戻ってきた。**コンピュータ・チップを利用した安価なグリーティングカードに、ひと部屋分はある１９５０年代のコンピュータを超える生産力が秘められているのだから。コンピュータとプリンタとインターネット接続回線をきちんと設定しておけば、巨大な力を手にすることができる。ＩＢＭの小型コンピュータの広告にあるように〝巨大複合企業を築くことはできなくても、それを脅かすことはできるはず〟だ。

ワールド・ワイド・ウェブ（ＷＷＷ）に参加するのに障壁はほとんどない。インターネットにアクセスするすべての人を対象に、年中無休24時間営業の店をあっという間に構えることができる。ダニエル・Ｈ・ピンクは、これを〝デジタル・マルクス主義〟と呼んでいる。現在では、誰もが権力を手中に収めているのだ。『フリー・エージェント社会の到来』でピンクが指摘しているように、〝コンピュータやワイヤレス・ハンドヘルド・デバイスが安価になり、至るところからグローバル・コミュニケーション・ネット

前回もちょっと話したが、おれは無料の情報を集めてる。公有の情報さ。それを体系化して転売するんだ。ちょっと背景を説明させてくれ。必要ない人も多いだろうが、全員に同じウェブページを見てもらいたい。意味がわかるかな。

サマーとおれが最初に取り組んだのは、リストの作成だった。企業は何年もかけて顧客リストをまとめていくだろ。昔はダイレクトメール――今は電子メールがどんどんふえてる。スタートしたとたん、サマーとおれは時間がたりないのに気づいた」

「わたし、数学の天才じゃないけど」サマーが口をはさむ。「そのわたしでさえ、二年を九〇日に短縮できないっていうのはわかるわ」

この言葉にジェレミーがいらだちを見せたのでミシェルはとまどったが、そっとしておいた。ジェレミーが先を続ける。「おれはこのプロジェクトに不眠不休で取り組んでる。トイレ休憩だって、なるべく控えてるくらいだ。だけど……」頭の横を叩いて言う。「史上まれにみる献身のおかげで、合計〈一〇〇万近い〉人数を掲載したEメールのリストが手に入ったんだ」

ミシェルは真っ先に拍手した。

「いったいぜんたい、どんな手を使ったの?」レニーが訊ねる。

「『簡単さ』と言いたいし、やりとげた今となっては、そう言ってもいい気分だよ」ジェレミーは満足げな笑みをたたえていた。「だけど、少し話を戻させてくれ。

リスト探しと併行して、おれたちは体系化して転売できるようなとびきりの情報を探してた。政府のウェブサイトものぞいたよ。なぜって……」こぶしを口にあてて軽く咳払いする。「つまり合衆国《アンクル・サム》にちょっと桁外れ《けたはず》の借金があって、返済しようとがんばってるところだからさ。まあ……偶然の一致か? 判断はまかせるよ。だけど、おれの発見について聞くまで待ってくれ」

ワークに低コストで接続できるこの時代、労働者たちは生産手段を所有できる〟のである。

あなたはこれらの道具を所有して、その使いかたを知らなければならない。コンピュータ、ハンドヘルド・デバイス、モデムはすべて賢明なミリオネアになるための梃子《てこ》である。成功するためには、これらの品々（道具）を手に入れて、その使いかた（技能）を知ることが不可欠だ。そうすることによって、そのほかのミリオネアの梃子との結びつきもいっそう緊密になる。これら情報処理の道具をそろえて、それを使用する技能を身につければ、あなたのチーム、師、優秀な協力者グループのすべてが急激に強化されるだろう。

あなたはきょう、馬の背に乗って出勤しただろうか？　78回転レコードを聴いただろうか？　もちろん、そんなはずはない！　世界もあなたも変化を遂げたのだ。あなたに選択の余地はなかっただろう。成功のためには車の運転やCDを再生する方法を学ばなければならなかったはずだ。

コンピュータ、ハンドヘルド・デバイス、モデムについても同じことが求められている。**選択の余地はない。**あなたは道具とそれを使う技能の両方を手に入れなければならないのだ。

ここで、ベティ・フォックスの話を紹介しよう。ベティの夫は33歳で亡くなり、妻に少しばかりのお金とふたりの息子を残した。ベティは銀行の窓口係を勤めたあと、服飾メーカーの事務員になったが、やがてそこは倒産。失業手当で生活したのち、今度は小さな決済会社に仕事を見つけた。ところが67歳のときにその会社が移転することになり、ベティはふたたび失業した。

ベティの息子はそんな母親のためにウェブTVを接続してやった。ウェブTVはテレビを利用してネットサーフィンをするためのサービスだ。それから1年も経たないうちに、ベティはGrandmaBetty.comというサイトを開設した。このサイトが好評を博し、夢にも思わなかったほどの高額で買収された。

67歳のベティ・フォックスが道具と技能の両方を極められたのだから、あなたにだってできるはずでは

ジェレミーがいちばん近くにあるフリップチャートの一枚目、白紙ページをめくって、ずらりと並んだタイトルを見せた。

『新車を買って得するには』
『急成長ビジネスのマーケティング戦略』
『自動車保険額を抑える九つの方法』
『住宅所有者保険額を抑える一二の方法』
『パワースマート：お財布と地球にやさしい豆情報』
『預金を整理する：信用報告書の誤記をなくすには』
『貯蓄六六か条：毎日の出費を確実にカットする』
『投資詐欺：その手口と予防策』
『フィナンシャル・プランナーを選ぶとき知っておきたい一〇項目』

「こういう記事が、誰でも自由に閲覧《えつらん》できる。ただってことさ。無料、お代いらず。なんでか、わかるかい？」ジェレミーは答えを待とうとしなかった。「納税者が払った金で編纂《へんさん》してるからさ。共有財産ってわけだ。つまり、誰でも好きなようにこの情報を使える。ジェレミー・カヴァリエリと勇猛果敢なミリオネア・イーグルたちを含めて」

「で、どういう計画なの？」ミシェルは訊かずにいられなかった。「その報告をコピーして売るの？」先日聞かされた、特定の関心事を持つ人々のグループと、その手のグループのメンバーに情報を売るという話が頭によみがえった。

ないか?

説得力を身につけよう

説得の技能を極めようとする人物は、世界中の何百万もの人々によい影響を与える可能性を秘めている。あなたもそういう人物のひとりだ。そうでなければ、この本を読んでいるはずがない。

ベテラン教師やリーダーたちは常に話術を駆使して、効果的に自分の観点を伝え、主張の内容をわかりやすく説明するものだ。思わず引き込まれてしまうような生き生きとした描写で語りかけ、心と心、魂と魂のコミュニケーションを可能にする。

話をする時は文脈《コンテクスト》がすべてだ。次の典型的な例について考えてみよう。ふたりの副牧師が主任牧師にある行為の許可を求めようとしている。ほぼ同じ内容の質問を、別々の方法で主任牧師にぶつけてみたところ、まったく別々の答えを得る。

ひとりめの副牧師はこう願い出る。「お祈り中に食事をしてもいいでしょうか?」

主任牧師はこう答える。「だめだ。それは最上級の冒瀆《ぼうとく》行為にあたる。絶対にだめだ」

数時間後、ふたりめの副牧師がこう尋ねる。「食事中にお祈りをしてもいいでしょうか?」

主任牧師はこう答える。「もちろんだ。使徒パウロがおっしゃるとおり、〝絶えず祈る〟べきなのだから、何があろうとも祈りつづけなさい」

どちらの牧師も、食事とお祈りを同時にしたいと同じことを頼んでいる。しかし、一方は承諾を得て他方は拒否される。唯一の違いは、質問のコンテクストだ。最初の人は「祈りというコンテクストにおける

ミシェルの物語

「最初の案は、そこから遠からずってところだな」答えたジェレミーは、人名リストをほれぼれと眺めた。「だけど、たった一部にすぎない。財テク情報のほんのひとかじりってところだ。記事を見つけたとき、ぴんときたよ。おれたちのテーマは金だ。前に〝チョコ中《ちゅう》〟をターゲットにしようかって冗談を言ってただろ。だけど金は、大多数の人にとって最も強い関心事じゃないかな。たぶんセックスを別にすれば」

「どうかしら」レニーが居心地悪そうにした。

「女性に囲まれて頭がぼうっとなってるんでしょ」サマーがややそっけなく言う。

「坊やに話を続けさせてあげましょう」とサム。

「理にかなってるんだよ」ジェレミーがサマーのほうを見て言った。「おれたちは、どうやって一〇〇万ドル稼ぐかを学習してる。だったら、おれたちと同じくらい金儲けに熱心な連中をターゲットに据えればいいじゃないか。そんなわけでおれたちは、『お金はあなたを愛してる』という、とても有益な電子ブックの編纂にとりかかったんだ」

「どうやって読者を見つけるの?」ミシェルは質問を発した。

「世間には、財テクに関するメールマガジンが何千もあるからね」ジェレミーが答える。

「メールマガジンについて説明して」とサム。「恥ずかしくて訊けない人がいるかもしれないから」

「メールマガジンは、Eメールで送られてくる電子雑誌さ。〝雑誌〟というと大仰だけど、普通はこんな感じだ――ウェブサイトをのぞいて、オンラインのニューズレターを無料購読できるって表示があったら、自分のメールアドレスを登録しておく。すると毎週か、ものによっては毎日、Eメールが届くんだ。ひらめきを与えるようなメッセージひとつのもあるし、本格的なニューズレターもある」

「わたしのところにもいくつか届いてる」とコートニー。「ただ、呼び名は知らなかったわ。わたし

食事の可否」を訊ねている。当然、答えは「ノー」だ。このコンテクストでは、食事が祈りを減じてしまうことになる。一方、次の人は「食事というコンテクストにおける祈りの可否」を訊ねている。当然、答えは「イエス」だ。理由は言うまでもないだろう。説得の名人は好ましい答えが得られるよう、コンテクストを工夫するものだ。

もうひとつの説得の道具は、修辞疑問。つまり、答えを想定した質問のしかただ。たとえば、「あなたは百万長者になりたい、そうですよね？」というような……。これによって、聞き手は巧妙に賛成へと誘導される。特に説得者が優しげに何度もうなずき、同意を求めて微笑んでいる場合には。

ユーモアたっぷりのメッセージも非常に強力だ。たとえば、こんな話がある。リンカーンは大統領選討論会で、対立候補者に「リンカーンは表と裏の顔がある」と攻撃された。リンカーンは反論する番になると、にっこり微笑み、聴衆に向かって得意げにこう言った。「紳士淑女のみなさん、もしわたしに表と裏の顔があったら、こっちを表にすると思いますか？」

洞察力あふれる謙虚なユーモアが、正直者エイブ（リンカーンの愛称）の当選に役立ったのだ。大統領となったリンカーンは、奴隷制は誤った不道徳な制度であり廃止すべきだとアメリカを説得した。説得力のあるコミュニケーションと、北部にとって奴隷制は悪しき行為であるという強い信念とが、奴隷制の廃止を謳《うた》った奴隷解放宣言への道を切り開いた。

経営コンサルタントのマーシャル・サーバーは、**説得の3つの秘訣は明るさと暗さと繰り返しである**と言っている。まず明るい言葉で、自分のすすめる行動が招来する前向きで活気に満ちた未来像を描き出す。次に暗い言葉で、自分のすすめに従わない場合に訪れる陰気で恐ろしい未来像を描き出す。それからメッセージを（広告のように何度も何度も）繰り返す。すると、やがて相手はそれを受け入れて、彼の提案を自動的に実行するようになる。

ミシェルの物語

が属している小さな商業組合から来るんだけど」

「それだよ」ジェレミーが話を進めた。「サマーとおれは何十というメールマガジンの管理人たちに連絡をとって、合弁事業を呼びかけたんだ」

「どうして、その人たちが顧客名簿を使わせてくれるの?」ミシェルは質問した。

「ああ……おれはずっと方法を考えてたんだよ。そしたら、こちらの女王鷲さまが(と、ジェレミーはサムに会釈をした)名刺配りの小旅行に連れていってくれた。みんな、サマーに弟子入りできたら一〇〇〇ドル払うと言った男のことを覚えてるか?」

サマーが唇をとがらせた。

「食堂であの話を聞いたとき、十億分の一秒《ナノセカンド》ですべてがぴたりと嚙み合ったんだ。今おれたちはなんらかの本を、一冊だいたい一〇ドルで売ろうとしてる。だけど一〇〇万ドル稼ごうと思ったら一〇万冊売らなきゃいけない。

だから、かわりに『サムのセミナー』を売るんだよ。実際のタイトルは『賢明なミリオネアの手引き』。女王おんみずからによる二日間の集中セミナーさ。料金はたったの一〇〇〇ドル。サムには時間をさいてもらうかわりに、サムが指定する慈善基金に一割を寄附する」

「じゃあ財テク本の企画は、ぽつになったわけ?」レニーが時計を見て顔をしかめた。

「とんでもない! こういう仕組みさ。おれたちの手もとには中小企業経営や財務計画、はては個人の財テクまで含めて計二〇種類のメールマガジンから集めた一〇〇万人のリストがある。きょうから一週間のうちに、このメールマガジンすべてが、おれたちのウェブサイトを見てくれた人を対象に『お金はあなたを愛してる』を無料発行するのさ。

控え目に見積もっても、二万五〇〇〇人から五万人が無料の電子ブックをダウンロードするはずだ。

あなたも説得の術を学ぶことができる。言葉や文に細工を施して傑作に仕上げ、それによって望みどおりの答えを引き出す術を。

誰もが何かを欲しがっている

ミリオネアになるためには、動機づけの研究者となることが必要である。すなわち**大衆行動の裏に隠された欲求の見分けかたを学ぶのだ。**動機づけの権威である講演家ジグ・ジグラーはこう言っている。「他人の欲求をかなえる手助けをじゅうぶんにしていれば、自分の欲求もすべてかなえられる」。誰もが何かを欲しがっている。あなたはただ、**みんなが何を欲しがっているのかを探り出して、それを与えてやるだけ**でいいのだ。

効果的に人の話を聞き出すのは、たぐいまれな技能だ。聞き取り調査をする場合は〝外の耳〟と〝内の耳〟で話を聞いて、相手のほんとうの欲求を見つけ出すようにする。もちろん、直接尋ねて答えを得られる場合もある――直接的なやり方が効を奏することも多いのだ。また、もっとくわしい調査が必要になり、相手の助手、秘書、同僚、友人、親類などと話をする場合もある。直接的・間接的な質問を駆使して、相手が何を欲しているのかをじっくり考えてみれば、答えは驚くほど速く見つかるだろう。

ときには手助けが必要になることもある。ある友人は、出版社との争いに手を貸してもらおうとコンサルタントを雇った。その友人は自分の本を電子出版してもらいたかったのだが、出版社が反対していたのだ。ある朝の散歩時に、そのコンサルタントは急に友人を呼び止めて言った。「1分間だけ目を閉じて、出版社のつもりになって考えてみてください。なぜ電子出版に反対するのですか?」友人はしばらく思い

ミシェルの物語

伝染性マーケティングが重なれば、その二倍か三倍にふえるかもしれない。おれたちの最終目標は、一〇万人集めることだ。もちろん、その全員に無料ブックを配信する。で、今度はその一〇万人が、こちらのメーリングリストになるんだ。続く二日で、ひとりひとりにEメールを送って、われらがサマンサ・アン・マンローに教わるという抗《あらが》いがたい誘いをかける。一回につき一〇〇〇ドルとして、一〇万人のうちたった一〇〇〇人がイエスと言えばいい。たかが一パーセントだよ。一〇〇〇人がめいめい一〇〇〇ドルを出してくれれば一〇〇万ドルに届くんだ」（P391〜393）

「すごい！」レニーが口笛を吹く。「見込みありそう。ねえ、みんな、わたし仕事に行かなくちゃ。学校が終わったらすぐ駆けつけるから」バッグを肩にかけると、レニーは戸口へ向かった。

〝学校〟そう思うと、ミシェルの胸は痛んだ。レニーのクラスからほんの何室か離れたところには、自分の子どもがいるのだ……。

「わたし、秘密を守るのがうまいでしょう？」サムがにやっと笑った。「じつはジェレミーとふたりで、基本セミナーの先も考えてるのよ。不肖わたくしが一年間の指導を行なう五〇〇〇ドルのコース。希望者はけっこう集まると思うわ」

「サム、謙遜しなくていいよ。人生を変えるような体験ができるんだから、この金額でも安すぎるくらいだ。どうだい？」ジェレミーは両手を広げた。「最も単純な解決策。〝オッカムのかみそり〟だ」

あと75日……

世界で二番目に大きなおもちゃ会社のオフィスは、ロードアイランド州プロヴィデンスと隣り合った小さな田舎町にあった。社屋は二階建ての煉瓦《れんが》造りで、六〇年代初頭の雰囲気を残すきれいな町並

を巡らせてから答えた。「印刷機に２０００万ドル投資しているし、わたしを頼りにしている１６８人の従業員がいるからだ」。ここに注目してほしい。この友人は、出版社がなぜそんなに反対するのかを理解しようと、相手の身になって考えてみた。その結果、両者はようやく和解に達したのだ。誰にとっても都合のよい解決法を見つけるには、時にはひとり静かに他人の視点から物事を眺めることも必要だ。

わたしは最近、ある大企業の役員に電話をかけた。ビジネスの可能性を模索するために、ちょっとした会合を設定しようとしたのだ。最初のうち、その役員はぶっきらぼうで横柄だった。しかし、わたしは相手の話に注意深く耳を傾け、その言葉の裏から相手の欲求を正確に聞き取った。それは、世界進出を狙う10億ドル規模のベンチャー企業と取引をすることだった。わたしはこう言った。「その実現をお手伝いしたら、わたしどもが次にニューヨークへ行くときに会ってくださいますか?」われわれは言ったことを実行し、そのあとの商談を兼ねた朝食会は大成功を収めた。その役員は市の有力者を紹介してくれた。まるで夢のようだった。

しかし、わたしが〝内の耳〟で相手の欲求を聞き取っていなければ、この会合は成功しなかっただろう。これだけは覚えておこう。誰もが何かを欲しがっている。あなたの務めはそれを見つけ出すことなのだ。

みに建っている。

その建物がミシェルには、黄色い煉瓦道の果てにたどり着いたエメラルドの都のように見えた。受付で訪問者用の入館証を受け取る。そのバッジを黒いスーツのえりにつけて、ミシェルはいとおしい気持ちで車椅子のティリーを見つめた。ティリーはかさかさの頬に紅をさし、薄い唇にも口紅を塗っていた。化粧のりはあまりよくないものの、ティリーはかさかさの頬に紅をさし、薄い唇にも口紅を塗っていた。化粧のりはあまりよくないものの、膝の上で守るように抱えているのは試作品で、洗練されているとは言いにくいがインパクトはある——少なくともミシェルはそう思う。明るい紫色の熊のおなかは、ぬいぐるみにしても並外れて大きいし、縫い目もがたがただ。その粗い縫い目の顔、黒いボタンの目には愛情がたっぷり込められていて、ミシェルは見るたび胸をきゅんとさせられた。とはいえハスブロ社でのティリーのコネがなければ、今回の会議にこぎつけられなかったことも明らかだ。

ロビーを右に出て三〇メートルほどのところに会議室があった。部屋で迎えてくれたのはふたりの役員だった——ジル・ランソンは小柄な女性でゲーム部の部長、ポール・マーシャルは三〇代後半のまだ若い男性で国際商品部の責任者だ。他の人間たちも三々五々集まってきたが、やがて新商品開発部の責任者が到着すると、CEO（最高経営責任者）はティリーに会議の進行を任せた。

ティリーは生まれたばかりの孫を見せるようにテディベアを掲げた。

「——さて、あたしはこの一〇年間、もう一度おもちゃを造る力が自分にあるだろうかと思ってきたけど、どうやらできたようだ。さあご覧あれ」

ミシェルは目をあけた。味気ない蛍光灯の下でもティリーは光り輝いていた。魂の輝きが肌を透かしているようだ。もはや体の不自由なしなびた老女ではない。ミシェルがティリーの内面に見ていたものが外見に現われていた。

「わかっているだろうけど、あたしはいつでも、お金儲けのためだけじゃなく、子どもたちゃ親御さ

富を生む7つの技能

一生のうちにわれわれの10倍以上ものお金を稼ぐ人がいるのはなぜだろう？　10倍必死に働いているからだろうか？　10倍賢いのだろうか？　もちろん、そうではない。じつはお金持ちというのは、次の7つの技能に長《た》けているのだ。この技能は誰でも習得できる。

◆富を生む技能その1――大切にする。

ドル紙幣1枚1枚をお金の種として大切にする。小さなどんぐりに巨大な樫《かし》の木へと成長する力が秘められているように、ドル紙幣1枚1枚に巨大な金の木へと成長する力が秘められているのだ。どんぐりをつぶしてしまえば、樫の木も消えてしまう。お金の種の場合も同じだ。お金持ちは1日1ドルが100万ドルへと成長する可能性があることを知っている。だから1ドル1ドルを非常に大切につかう。

◆富を生む技能その2――管理する。

自分のお金を1セントに至るまで管理する。裕福な人は、お金を使うたびに余分にいくつかの手順を踏むものだ。（1）お買い得品を探す、（2）割引を要求・期待する、（3）領収書に間違いがないかよく調べる、（4）支出はなるべく課税控除対象となる経費に含める、（5）家計簿などの収支を1セントに至るまで合わせる、（6）自宅や仕事場に戻ったらすぐに領収書を整理する。これらの行動にほんの1分余計に時間をかけるだけで、お金について末長い心の平安が築かれる。

◆富を生む技能その3――蓄える。

んのためになるおもちゃを造りたいと願ってきた。あらゆるぬいぐるみを見てきたし、最近ではかつて想像もしなかったような機械が売られていることも知っている。孫の持っているCDはなんとチェスを教えてくれるんだからね。でも、そういうもののなかでもこれは特別」

ティリーは顔の横で熊を揺らしてから、衝動にかられたようにぎゅっと抱きしめた。すると中から優しい声が聞こえてきた。「かわいい坊や、ママは今も坊やのことを考えているわ。いい夢を見られますように…」

しんと静まりかえった部屋でメッセージの残りが再生されていく。コートニーの声。彼女に子どもはいないが、心の中の息子に語りかけているので、母親のいつわりない愛情は香りのよい香水のように部屋にしみわたっていった。

完璧な間をとって、ティリーはより実務的な調子で製品としての利点を挙げていった。このテディベアのデザインはユニークで、色鮮やかで、おもしろい。胴体はまくらのような形だから、子どもがベッドに持ちこむこともできる。だが製品として最高の点は、ぬいぐるみと個人的なメッセージをひとつにしたところにある。ティリーは巧みに委員会のメンバーたちの想像力をかきたてた。幼い息子や娘に特別なメッセージを贈れたら、そして子どもたちが何度でも繰り返しそれを聞けたらどうだろうか。内容はお話や、詩、歌、お祈りでもいい。

ティリーは続けて、最近流行している写真立てのことを話した。世界じゅうの祖父母世代に何百万台も売れているらしい。それはしゃべる写真立てで、おじいちゃんやおばあちゃんの写真といっしょにメッセージを残しておけるものだ。しかし、こちらの試作品のほうがずっと優れている。なぜなら子どもたちは写真立てをだっこすることはできないのだから。

「小さな子どものいる人ならわかるだろう。まだ一〇歳に満たない子どもって意味だけど、結局のと

お金持ちはお金を賢く使って節約するのが大好きだ。しかもそれだけにとどまらない。稼いだお金の最低10%を蓄えに回す。

◆富を生む技能その4――投資する。

お金を投資するシステムを持つ。一列に並んだバケツの中に、銀行口座からお金が流れ込むところを想像してほしい。最初のバケツは非常用。10%の貯金を最初はそこに流し込み、最低でも3カ月分の生活費が口座に貯まるまでこれを続ける。この最初のバケツがいっぱいになったら、あふれた10%を今度はほかの3つのバケツ――保守的な投資、やや攻撃的な投資、非常に攻撃的な投資――のどれかに流し込む。評判のよい投資顧問と接触し、その助力を得て、これら3種類のオープンエンド型投資信託に貯金を使うのだ。振り込み忘れがないように、金は銀行口座からの自動引き落としにしておこう。

◆富を生む技能その5――稼ぐ。

本職以外に〝複数の収入の流れ〟を確保する。本書では一貫して、お金を稼ぐ能力を劇的に高める方法を説明している。

◆富を生む技能その6――守る。

信託会社、株式会社、合資会社（LP）、有限責任会社（LLC）などの法人組織を利用して自分の資産を防衛する。実際のところ、あなたがめざすべきは百万長者ではない。自分名義の資産はわずかしか持たない百万長者のような暮らしを目指すべきなのだ。

◆富を生む技能その7――分かち合う。

思い切り気前よく収入の最低10%を寄付する。種を明かせば、お金は分割すると最速で増殖するものなのだ。惜しげなく分かち合うことが、天のポンプに呼び水を差すことになる。後世に残る遺産を確立しよう。お金の木を植えて、その果実は他人に収穫してもらう。これこそ真の豊かさだ。

ころあたしたち大人が、太陽となり月となって一日じゅう子どもを見守っていられるわけじゃない。ときには子どもを残して出張に出かけることもあるはず。毎日仕事に行くのにも子どもを置いていかなくちゃならない。そういうときに子どもがさびしくなったら、小さなボタンを押すだけでお母さんやお父さんが現われるというわけさ」

年配の男性が笑いをもらした。「そりゃありがたいね。でも、うちの子どもたちはもう三〇代だ」ティリーはにらみつけて言った。「じゃあ、孫のことを考えなさい」

つかの間の静寂のなかで、ミシェルはこっそり出席者の顔つきをうかがった。催眠術にかかったような表情だ。しかしティリーからは、重大な局面ではあっても、まだ第一段階に過ぎないと警告されていた。反対意見がもしあるなら、それを予測してこの場で引き出さなくてはならない。今引き出せなかったら、あとで委員会か卸売業者か小売業者の口からそれを聞くことになるからである。最悪の場合、消費者の口から。

ティリーは質疑応答を始めた。委員会全体が活気づく。新商品開発の責任者が手を上げて発言した。「あの、いつも思うことですが、こういうものはマインドコントロールに近いのではないでしょうか。わたしだけかもしれませんが、そのことにやや不安を感じます」

ミシェルはまた感謝の祈りをつぶやいた。今度は下準備をさせてくれたティリーに対してだ。それから勢いこんで答え始めた。「マインドコントロールとおっしゃいますが、わが国の子どもたちが平均して週に五〇時間もテレビの前に座っている事実を考えてください。それこそマインドコントロールです。子どもの人生のうち、せめて一分間だけでも両親がコントロールしてもいいと思いませんか？　声を録音する一分間だけでも。子どもの教育に対して、テレビではなく両親が主導権を握りなおすべきときが来ています。子どもたちにメッセージを吹きこむ一分間がその第一歩になるでしょう」

ミリオネアの行動様式

お金持ちは時間を大切にする。次の10のヒントは、あなたの1日の活動量を増やすのに役立つだろう。

◆ヒントその1――少数の重要部分に集中する。

あなたの行動の85％は、結果の15％しかもたらさない。逆に言えば15％の行動だけで、結果の85％がもたらされるのだ。したがって重要な物事だけを処理すれば、より速く少ない労力で結果が得られる。

◆ヒントその2――先延ばしの方法を学ぼう。

先延ばしは、成功には絶対不可欠だ。何を先延ばしにするかを過《あやま》たず選ぶこと。85％は延期して、15％に取り組むのだ。敗者はまったく逆のことをする。85％に取り組んで、15％を延期するのだ。

◆ヒントその3――〝To-Do（やるべきこと）〟リストを捨てる。

代わりに15／85のリストを作成しよう。上部の15％の欄に優先順位の高い項目を書き込む。下部には優先順位の低い項目。そしてリスト上部の項目だけを処理する。

◆ヒントその4――正しいことをしたら自分に褒美を与える。

マイケル・ルボーフの書いた『GMP――何をすれば報われるか』というすばらしい本がある。その内容を簡潔にまとめると、〝報われるとわかっている仕事は必ず成し遂げられる〟ということだ。自分の最も建設的な行動に対して自分に褒美を与えるようにすれば、もっと多くのことを成し遂げられるようになる。しかも、ほとんど苦労することなく。

◆ヒントその5――〝いやなことを先に（Feared Thing First）〟実行する。

ミシェルの物語

黄色いネクタイの男性が意見を返した。「女性は一般にそういう機械にメッセージを残すのをいやがる、という調査結果を見た覚えがあります。母親らしくふるまうことにかけて完全主義者になりがちで、絶対に完璧なことしかやりたくないというわけです。スランプに陥った作家みたいに」「じゃあ、父親にやらせればいい」別の男性がまぜかえしたが、反応はといえば、数人の女性がむっとした視線を投げつけただけだった。

ティリーはそんなやりとりを無視して、質問者の懸念にだけ答えた。「一分間で読める台本を収めた小冊子を付けて、親御さんに利用してもらうつもりだよ。楽しい内容のものばかりをね」

小冊子に収められるのは、古今のおとぎ話や愛唱歌の歌詞。そして最も重要になるかもしれないのが、暗闇や災害や死など子どもに共通の恐怖と、おねしょや引っ込み思案など、克服するのがむずかしいことに対処するために書かれたものだ。この最後の題目に関しては、全国的に有名な心理学者たちが準備を進めてきた、とティリーは請け合った。

ミシェルは唇を固く結んで、笑みを抑えつけた。心理学者のくだりは、ほんとうはまだアイデアの段階だったのだ。ティリーがはずんだ声で、「さらに、追加の台本をインターネットのウェブサイトに用意する。ダウンロードは無料」と言ってウインクした。

ブルネットの髪にきつい顔立ちをした女性が不安要因としてあげたのは、実際に録音する両親の中には操作がむずかしいと感じる人がいるかもしれない、ということだった。それにも、ミシェルは答えを用意してあった。「従来の録音機器は、概して仕組みが複雑なうえ、種類やメーカーによって操作方法が異なりました。ですが、この熊に仕込まれている録音機は、留守番電話よりやさしく、携帯電話のボイスメールの一〇倍も簡単に操作できます。録音も消去もボタンひとつ押すだけです」

ブルネットの女性は完全には納得しなかった。「店頭に並べた商品に、子どもたちが勝手にメッセ

リストの中でいちばんいやな活動はどれだろう？　それがあなたのFTFだ。1日の初めに、「きょうのFTFはなんだろう？」と自分に問いかけて、それを最初にすませてしまおう。そうした自己訓練を重ねていると、無意識のうちにもっと困難な課題にも進んで取り組めるようになる。

◆ヒントその6――毎日、充電時間をとる。

毎日数分間は――1時間もかける必要はない――計画作成にあてる。計画作成はリハーサルのようなものだ。一流の俳優はみな、舞台に踏み出す前に何度もリハーサルを繰り返す。自分の行動のリハーサルをせずに人生という舞台に踏み出してはならない。

◆ヒントその7――運動する。

運動をすると、より精力的に、より長く働き、より明晰に物事を考えられるようになる。健康状態もよくなって寿命も延びる。また運動をしながら学習テープを聴くのもいい。その結果、身体だけでなく頭脳も同時に鍛えられる。これは次のヒントともつながってくる。

◆ヒントその8――複数の活動を同時に行なう。

待ち時間を有効利用しよう。一度に2つのことを行なうのだ。運動や運転をしたり、列に並んだりするときは、同時に学習テープも聴く。つねに自分に問いかけよう。「これは最も有効な時間利用法だろうか？」

◆ヒントその9――毎日目標を書き出す。

これはブライアン・トレーシーから学んだことだ。彼は最優先の目標を毎日ひとつずつ書き出すという。（ところで、時間管理に関するすぐれた本に、ブライアンの著書『カエルを食べてしまえ！』がある。どうぞ召し上がれ！）

◆ヒントその10――きっぱりと断る。

厄介事を押しつけられて黙っていてはいけない。ときには、きっぱりと断ることも必要だ。

ージを録音してしまったらどうします？　買う前に、お客様が試せるようにしておくわけでしょう？」

先ほど商品開発部の者だと自己紹介した男性が割って入った。「それこそ、われわれの豊富な経験がものをいうところですよ。かつての教訓を生かして、一〇秒ほどのデモモードでメッセージを試聴できるようにすればいい」そう言ってテーブルを見まわす。「彼女が何を心配しているのか、おそらくおわかりでしょうな。ティーンエイジャーが来て、汚ない言葉を吹きこんでいくことです。しかし、わが社のおもちゃにはそういうことはさせません。購入後も、両親が録音したメッセージをロックして勝手にいじれないようにすることができます」

ブレーンストーミングが続き、ティリーとミシェルも委員会のメンバーに負けじと試作品の欠点をあげていった。不安要因が指摘されては解決策が講じられていくうちに、どんどん興奮の度合が増してきた。マーケティングやパッケージ、デザインについてのアイデアがテニスボールのように行き交う中で、ミシェルはベテランの専門家に囲まれていることを心よりも体で感じていた。

いつのまにか、話し合いは「もし商品化したら」という内容から「いつ商品化するか」に移行していた。しかし、ティリーがこの態は九〇日以内に市場に出す必要があると言ったとき、黄色いネクタイの男性は、今度ばかりはティリーが正気を失ったとしか思えないと言い、ほかの出席者たちも口々に同意した。「一二カ月から一八カ月かけるのが、うちでは普通だ」

ティリーはこの局面もうまく切りぬけた。ミシェルが前もって聞かされていたように、サムの言葉を借りれば〝不可能を可能にする〟力のある人たちが社内にいることを知っているのだ。これは急を要するおもちゃだ、という声が天から下れば、そのとおりになる。今まで四カ月以下の速さで市場に出たおもちゃがあったかどうか誰も思い出せなかったが、ティリーは確実な手応えを感じたようだ。

この勝利の雰囲気の中で、会議の終盤は商品の名前を考えることに費やされた。語呂のいい名前が

◆技能と道具を1分間で復習しよう

1　**現代では、生産手段は個人の手の中にある。**
コンピュータやワイヤレス・ハンドヘルド・デバイスが安価になり、グローバル・コミュニケーション・ネットワークに至るところから低コストで接続できるこの時代にあって、あなたは生産手段を所有しているか、あるいは所有できる状態にあるのだ。

2　**これらの道具を所有して、その使いかたを知らなければならない。**
コンピュータ、ハンドヘルド・デバイス、モデムはすべて賢明なミリオネアとなるための梃子である。成功のためにはこれらの道具を手に入れて、その使いかた（技能）を知ることが不可欠だ。そうすることによって、そのほかのミリオネアの梃子との結びつきもいっそう緊密になる。

3　**説得力を身につけよう。**
説得の技能を極めようとする人は、世界じゅうの何百万もの人々によい影響を与える可能性を秘めている。あなたも説得の術を学ぶことができる。言葉や文に細工を施して傑作に仕上げ、それによって望みどおりの答えを引き出す術だ。人はみな自分を説得して正しい方向に導いてくれる誰かを求めている。あなたはその誰かになれるのだ。

4　**お金持ちは7つの技能に長けている。**
1　大切にする。ドル紙幣1枚1枚をお金の種と見なす。
2　管理する。自分のお金を1セントに至るまで管理する。
3　蓄える。稼いだお金の最低10％は蓄えにまわす。

何百とあげられた。ミシェルは、この部分に関してはプロに任せたほうがいいと思って黙っていたが、思わず口をはさんだ。「いつでもいっしょベア」

小さなどよめきが起こり、いくつかの頭が賛成のしるしにうなずいたあと、ミシェルは言葉を続けた。「わたしの夫は仕事で家を空けることが多かったのですが、出かける前にいつも子どもたちにキスして、こう言いました。『パパの姿が見えなくても、心配しなくていい。パパはいつでもいっしょにいるから』」ほろ苦い思いを噛みしめながら、ミシェルは締めくくった。「この熊がいれば、パパやママがどこに出かけていても、心はいつでもそばにあると、子どもにわかってもらえます」〝そう、ニッキーとハンナ、もうすぐほんとうにいっしょにいられるようになるからね〟

あと73日……

ハスブロ社の会議から帰ったあと、ミシェルは郡裁判所へ行って、抵当《モーゲージ》に対する支払いが滞っている不動産を調べた。この一カ月で起こった債務不履行は何十件どころではない。これは驚きだった。どうして家の支払いができなくなったりするのだろう？　いや、自分だって家のローンを払い続けられなかったではないか。そう気づいてからは、他人事ではないという思いでリストを見ていった。

滞納の原因は人それぞれだろうが、不動産自体もさまざまだった。高価な家、高価でない家、コンドミニアム、空き地、タウンハウス。

半時間ほどかけて、こうした不動産の所在地と所有者の名前を書き留めたあと、ミシェルは直観に頼ることにした。ばかばかしい気もしたが、〝無限ネットワーク〟に飛び込むしかなさそうだ。これほど情報量が多くては、論理的な選別法などないに等しい。できるだけ批判的な目で見るように心が

4　投資する。お金を投資するシステムを持つ。
5　稼ぐ。本職以外に複数の収入の流れを確保する。
6　守る。法人組織を利用して自分の資産を守る。
7　分かち合う。収入の最低10％を寄付する。

5

賢明なミリオネアは時間を大切にする。

あなたの行動の85％は、結果の15％しかもたらさない。逆に言えば15％の行動だけで結果の85％がもたらされるのだ。したがって重要な物事だけを処理すれば、より速くより少ない労力で成果をあげられる。

ミシェルの物語

けて、一枚一枚見直す。ぴんとこないというただそれだけの理由で、多くの物件を却下していった。

最終的に、二〇〇件ほどのなかから三件を選んだ。さらにそのうちの一件がとりわけ気にかかった。その物件の抵当額は三万五〇〇〇ドルで、支払いは二カ月の滞納。裁判所に提出された請戻《うけもど》し権喪失の手続によって、所有者が家の権利を失う最終期限はわずか二週間後だった。ミシェルは所在地のコピーを取った。とても環境のいい地域だ。これから車で行って家の状態の良し悪しを確認し、できるなら純資産額の査定もしてみよう。

あとになって、なぜこの物件を選んだのかとレニーに訊かれたが、言葉で説明できるようなものではない。なんとなく紙面に並ぶ数字の向こうの事情が読み取れたのだとしか言えなかった。所有者の姿が頭に浮かんだわけではないが、助けを呼ぶ声が聞こえたような気がしたのだ。

ふたをあけてみれば、家の持ち主はジェイン・ジャスコという名の未亡人だった。物件はタウンハウスで、所在地はリヴァーデールの南部、すばらしい景色が広がる場所だ。家の状態もかなりよく、少なくともおもてから見たかぎりでは上々だった。〝売家〟の看板が何枚か窓に貼ってある。

ミシェルは確認のためにもう一度メモを見た。この家には三万五〇〇〇ドルの抵当がかかっているだけで、ほかに負担はない。つまり、この不動産全体の価格から抵当額を引いた純資産は相当な額にのぼるが、現在の所有者はあと二週間でそれを失ってしまうことになる。

ミシェルは玄関に近づきながら、心に動揺を感じた。ギデオンの死後、家を失うのがどれほどつらかったかを思い出したからだった。

呼び鈴を鳴らしてから、待っているあいだにブラウスやスカートのしわを伸ばした。たっぷり一分間待って、もう一度鳴らした。ついにドアが開いて、小柄な白髪の女性が現われた。少し腰が曲がったその女性は当惑したようすではあったが、どこか好戦的な表情を浮かべている。ティリーよりも少

1分間ミリオネアのシステム思考

次のような状況を思い浮かべてほしい。時刻は夕方近くで、あなたは疲れている。その日の夜は大事な接待があるので1時間の仮眠をとろうと心に決める。目覚まし時計をセットする代わりに、あなたは居合わせた友人に1時間後に起こしてくれと頼み、承諾を得る。

それから2時間後に起こされて、あなたはこう尋ねる。「どうして1時間で起こしてくれなかったんだ?」友人はそれに答えて、2時間後に起こしてくれと頼まれたからそうしたんじゃないか、と言う。こうして、あなたは大急ぎで駆けずり回って準備を整えながら、ぶつぶつひとりごとを言うはめになる。他人《ひと》に頼んだりせず、自分で目覚まし時計をセットしておくべきだった、そうしておけば、こんなにあわてることもなかったのだ、と。

この結論は正しい。自分の使ったシステムに着目して事実を分析しているからだ。友人があなたを起こしそこねた原因は、伝達の誤りにある。友人が聞き落としたか、あなたが言い間違えたかだ。

前に述べたとおり、自分や他人を責めても線より上で活動したことにはならない。そうではなく、常に責任は自分にあるという視点で状況を見ることが大切だ。では、状況に責任を持つには、どうすれば一番いいのだろう?　その答えはシステム思考にある。

し若いようだ。しかし、かなりくたびれた部屋着や、家の中から漂ってくるかびのにおいから判断すると、生活も頭もティリーほどしゃんとはしていないらしい。

ミシェルはゆっくりと（もしかすると大きすぎるほどの声で）言った。「こんにちは、奥さま。ミシェル・エリクセンという者です」さっと出して見せた運転免許証は無視された。「ミセス・ジャスコでいらっしゃいますか？　おじゃまして申しわけありませんが、郡裁判所で調べたところ、差押えが予定されている物件のリストにお宅が載っていたものですから」

ミセス・ジャスコは喫煙常習者に特有のしわがれ声をしていたが、煙草のにおいもしなかったし、吸っているという証拠も見当たらなかった。「そう言いに来たのは、あなたで一〇人め。全員に同じことを言ってるけど、何かの間違いよ。この小さな家を買うのに、わたしは貯金のほとんどをつぎこんだし、夫の年金が入って真っ先にするのは月賦を払うことなんだから」そう言って、節くれ立った指で部屋着のえりを引っ張る。「だから、うちが差押えをくらったりするわけがない」

〝第一の拒絶〟だ、とミシェルは心のなかで思う。「すみません、そんなふうに大勢に押しかけられて、ご迷惑なのは承知しています。ですが、何かの手違いで奥さまが家を失うことになってしまったら、残念でなりません。支払いをしてらっしゃるのは確かですか？　支払い済み小切手を見せていただけません？」

「あなたを中に通す気はありませんよ」ミセス・ジャスコは顔をしかめて、ドアを閉めかけた。

〝第二の拒絶〟……今度はどう乗りきればいいだろう？　ミシェルは書類ケースを開きながら、ドアの下のほうをそっと足で押し戻した。「奥さま、すみませんが、こちらに書類を持ってきています。住所だけでも確認したいのです。お願いですから、郡裁判所から持ってきたこの文書を見ていただけないでしょうか？」

アメリカの統計学者W・エドワード・デミング博士は、日本に品質管理の慣行を持ち込んだとされている人物だ。デミングが1950年に来日するまで、〝メイド・イン・ジャパン〟のラベルは低品質の代名詞だった。その同じ〝メイド・イン・ジャパン〟のラベルが、今では高品質の代名詞になっている。

デミング博士は日本人に何を教えたのだろう。いかにして、これほど製品の品質を変えることができたのだろうか？　答えは、非常に単純だが奥深い。長年の統計分析に基づいてデミングが立証を可能にしたのはこういうことだ。すべての失敗のうちの94％は、人がちゃんと仕事をしないから発生するわけではない。実際は、大多数の人がきちんと仕事をしようとしている。

人でなければ、何が原因なのだろう？

原因はシステムだ。**すべての失敗のうち94％は、人ではなくシステムが誤っていたのだ。**

あなたが新規事業でひと山あてようとして失敗し、自分を責めた経験があるなら、根本的な原因を考え直してみたほうがいいだろう。システムこそが、経済的自由が生み出されるかどうかを左右するのだから。

賢明なミリオネアは金儲けに乗り出す前に、できのよいシステムを探しておくものだ。**正しいシステムがあれば、莫大な梃子《てこ》効果が得られる。**

これがシステム思考の本質だ。

お金持ちになるためのシステムとは

財を築くためのシステムは何十種類もある。〝システム（System）〟という言葉は次のような頭文字に分解できる。

ミシェルの物語

「眼鏡がないわ」ミセス・ジャスコは、なぜ閉まらないのかといぶかるようにドアを見つめた。「ミセス・ジャスコ、お願いします。眼鏡を取ってきてください。どうしても見ていただく必要があります。何か手を打たないと、ほんとうに困ったことになりますよ」

最終的になぜミセス・ジャスコが気を変えたのかはわからない。ミシェルを追い払うには言うとおりにするのがいちばんだと思ったのかもしれない。一度しっかりとドアを閉めてから、数分後に戻ってきた。待っているあいだ、今のが最後の言葉になってしまったのだろうかと気が気でなかった。しかしミセス・ジャスコは鼈甲《べっこう》の老眼鏡を鼻に掛けて出てきた。ミシェルから文書を受け取って、目を凝らす。読むのに合わせて唇が動いた。といっても法律文書が理解できるとは思えない。そこでミシェルは黄色い蛍光ペンで〝通告〟〝不履行〟〝没収〟など、鍵となる言葉に線を引いていった。

不吉な言葉をはっきり理解すると、ミセス・ジャスコは顔を上げて口を開いたが、そのしわがれ声は哀れな響きを帯びていた。「これはほんとに、ほんものの公式文書なの？　ばかな年寄りをにせの書類でだます連中がいるって聞いたことがあるよ」

ミシェルは心をこめて言った。「絶対にほんものです。今お話ししているのは、ほかならぬこの家のことで、わたしはほんとうに奥さまのお力になりたいと思っています」

ミセス・ジャスコが額に手を当てる。「どうしてこんなことになったのか、まったくわからない」

ミシェルには見当がついていた。もうそれほど不審に思われていないようなので、ふたたび頼んでみる。「わたしに記録を見せていただけますか？」

今度は中に通してもらえた。室内のようすからさらに、生活に無頓着《むとんちゃく》なことがうかがえた。右手のキッチンに目をやれば、壁は油っぽく、リノリウムの床は剝《は》がれている。リビングに入ると、カーペットはしみだらけ、カーテンもよごれて、雪だるまを作れそうなほど厚くほこりが積もっている。

Save Your Self, Time, Energy, Money
（あなたの時間とエネルギーとお金を節約しろ）

この言葉どおり、システムがあれば時間とエネルギーとお金が節約できる。しかしシステムがなければ、それは不可能と言っていい。

ロバート・アレンはかつて、ある小さなセミナーで聴衆にこの点を説明したことがある。まずはテーブルに青いベルベットのパッドを敷いて、その中央に宝石用ルーペと専用ピンセットと50個の光り輝くダイヤモンドの山を並べた。

それからこう説明した。「これらの光り輝く宝石はダイヤモンドではありません。この宝石の山のうち49個はキュービック・ジルコニア（模造ダイヤモンド）。ほんものはひとつだけで、非常に高価な品です。ほんものを当てた方には、そのダイヤモンドを差しあげます。試してみたい方はいらっしゃいますか？」

全員が名乗りをあげた。「1回で当てなきゃだめですよ。60秒以内でお願いします」

聴衆はひとりずつほんもの探しに挑戦したが、そんな短い制限時間で成功する者はいなかった。そこで、ロバートがシステムを披露することになった。時間を計りながら、宝石をひとつひとつひっくり返して、平らな面を下に、カットされた面を真上に向けていく。こうしてすべて並べなおすのにかかった時間は55秒。それから、残りの数秒間、上から裸眼で宝石を見渡しただけで、たくさんのにせものの中からほんものを選び出してみせた。置きかたさえ正しければ、百発百中、ごく簡単にほんものを言い当てることができるのだ。

なぜか？　キュービック・ジルコニアはひとつ残らずまったく同じ造りで、疵《きず》のない完璧な状態だった。

案内してもらった先はトランプ遊び用の小さなテーブルで、その上に紙類が山と積まれていた。よくよく見たところ、紙の山脈は大部分が未開封の封書でできているらしい。上から一〇通ばかりどかして、埋もれていた封書から適当に消印を確認していった。どうやらミセス・ジャスコが事務仕事を放棄してから数カ月はたつようだ。

ミセス・ジャスコの了解を得て、見当をつけていたことを確認するのに多少の時間がかかった。数分後、ミシェルはため息をつき、目の前のテーブルに手を置いて、精いっぱいの力でミセス・ジャスコに現状を説明した。つまり、支払いが著しく滞っているため、差押えを防ぐ確実な方法はただひとつ、ローンを完済することであると。しかし、ミセス・ジャスコ宛の郵便物を見たかぎりでは、多少の収入はあっても、三万五〇〇〇ドルを現金化できるほどの資産があるかどうか疑わしい。

ミシェルは慎重に言葉を選びながら、問題の原因がミセス・ジャスコの過失であることを正直に伝えたが、老化現象が始まっている可能性についてはほのめかすにとどめた。利益を得たいと思う気持ちに変わりはないが、今やこの老婦人を助けることのほうが重要だ。

ミシェルは純粋な気持ちで話を結んだ。「奥さま、この問題を解決するのにわたしがお役に立てると思います」

ミセス・ジャスコがまた額に手を当てる。「困ったわ。どうしましょう。ほんとうに助けてくださるの？　うちに来たほかの人たちは、誰も助けてくれるとは言わなかった。ひとりの男なんて、おそろしいあごひげを生やしていて」

ミシェルは安心させるように腕に触れた。「ええ、わたしが助けてさしあげます。お約束します」

くわしい話に入る前に、ミセス・ジャスコはミシェルにお茶を淹《い》れるのだと言ってきかなかった。

「あなたはとても親切なかたね」そう言って、震える手でミシェルにカップを手渡す。「初めに見た瞬

ところがダイヤモンドにだけは傷が――インクルージョンと呼ばれる小さな炭素のしみが――あり、光の反射加減がほかの石とはわずかに違っていた。この違いは裸眼で見ても明らかだった。

こうしてシステム（秘訣）が明らかになると、全員が再挑戦したがった。

「そうはいきません」ロバートは説明した。「みなさんにはチャンスがあったのに、システムを知らなかったせいで何も得られなかった。一方、わたしはシステムを知っています。だから毎回ダイヤモンドを手に入れられる」

お金持ちはみんな、何年ものあいだ試行錯誤を繰り返して発達させたシステムを――たとえて言えば〝クッキーの型〟のようなものを――持っていて、〝生地〟を型抜きするように、市場から〝現生《げんなま》〟を抜き出すのだ。

このあとの何ページかで、実証ずみのミリオネア・システムをいくつかお教えしよう。ひとつぐらいはあなたに合うものがあるはずだ。

理想の蓄財システムの5つの特徴

理想の〝複数の収入の流れ〟（ＭＳＩ）には5つの特徴がある。

1　現金ゼロ

現金ゼロは必須条件。たとえ現金を利用するとしても、自分の現金ではないほうがいい。ロバート・アレンの『ナッシング・ダウン』に書かれているように、頭金ほとんどなしで不動産を購入するテクニック

間からわかっていましたよ」

渡されたカップの中をのぞくと、茶色の液体に何か細かいものが浮いている。それがなんなのかわからないが、紅茶の葉でないことは確かだ。

「でも、どうしたらいいの?」ミセス・ジャスコはべそをかいた。「三万五〇〇〇ドルはない。家族もいない、ひとりも。どこへ行けばいいの? どうしたらいいのかしら?」ぐずついていた声がすすり泣きに変わる。

ミシェルはテーブルのそばの折りたたみ椅子に座って、空いているほうの手でミセス・ジャスコの手をとった。「信じてください。わたしがお力になります」ミセス・ジャスコの目の色は青だが、ふちが涙で赤くなっている。ミシェルはその目をまっすぐに見つめ、この女性も自分自身の直観を役に立てられるようにと祈った。

「ほんとう? 助けてくれる?」ミセス・ジャスコがすがるように言う。「わたしには、ほかに助けてくれる人はひとりもいないの」

ミシェルはほっと息をついた。これでたぶん、最初のハードルは越えたことになる。誰もが勝者になれる計画があっても、もちろんミセス・ジャスコ当人の同意は絶対条件だ。お茶を飲みながら——少なくともお茶のカップを手にして——ミシェルはできるだけわかりやすく今後の手順を説明した。ミシェルが三万五〇〇〇ドルを払い、ミセス・ジャスコを〈ゴールデンハウス〉へ入居させる。そうすればもうローンの支払いを気にするどころか、炊事洗濯などに煩わされることもない。どれもこれも、今のミセス・ジャスコの手に余る雑務だ(公共料金の請求書もずいぶん長いあいだ放置されていたようだ。電話や電気が止められるのもそう遠いことではないだろう。その前に家を失うのなら、気にするような問題ではないが)。「わたしの親友がそこで働いています」ミシェルは言った。「彼女が

は何十通りもある。いつの世でもビジネスの達人は、〝創造的な現金利用回避〟に長《た》けている。あの偉大な億万長者アンドリュー・カーネギーの主要事業の多くは頭金なしで買い取ったものだ。そして、アメリカ大陸発見も頭金なしの取引だった。コロンブスは必要な金をスペインの王室から借りたのだから。あなたに同じことができないはずがない。

2 リスク・ゼロ

取引に投入する自己資金が少なければ、リスクはかなり減らせる。成功すればするほど、あなたはリスクを嫌うようになるだろう。資産には保険をかけるだろうし、株式会社や有限責任会社（ＬＬＣ）やその他の法人組織を利用して負債を減らすことも覚えるだろう。目標はリスクをなくすことだ。

3 時間ゼロ

時間ゼロは〝時間投資なし〟という意味ではない。プロジェクトがいったん立ち上がって走りだしたら、あとは自動操縦に任せるべきだという意味だ。これは本の執筆に似ている。その場合の目標は、本を執筆し、それを市場に出して、できるだけ速く自動操縦に切り替えること。そうすれば次のプロジェクトや課題に集中できるからだ。思考と創造のエネルギーを、永久運動システムの設計に集中させよう。究極の目標は、時間をほとんど投資しなくても止まることのない多額の安定した現金収入を得ることだ。

4 管理ゼロ

管理とは、時間を吸い取っていく終わりのない〝Ｔｏ－Ｄｏ〟リストだ。外注業者に作業労力を代行してもらうことを目標にしよう。そして、あなた自身は最高かつ最善の思考に基づいて活動する。願望を現実のものとするのに必要な資源、才能、コネ、お金のすべてを兼ね備えた人物、つまり合衆国大統領のような人物になろう。

5 エネルギー・ゼロ

面倒をみてくれるでしょう。週に二回はピクニックに行けるし、図書室もあります。お望みなら、ボランティアの人が本を読んでくれますよ」

ミセス・ジャスコはぽかんと口をあけている。天国の話を聞いているような表情だ。「でも、わたしの小さな家は……」

「ええ、わかっています。リフォームして、なるべく高く売れるようにしますから。リフォーム代はわたしがもちます。それから、売れたあとで利益を半分ずつ分けましょう」

「ほんとにそうしてくださるの？」

「もちろんですとも。今の内容を文書にしますから、お互いに署名しましょう、念のため……そうしておけば、わたしがきちんと自分の役目を果たすという保証にもなりますからね」ミシェルは後ろめたい気持ちで、ミセス・ジャスコの役目にも念を押したいのだと胸につぶやいた。

「ありがとう」とミセス・ジャスコ。「ほんとにありがとう」

それから三日後。物件の評価額はなんと一〇万ドルにものぼることが判明し、ミシェルがよしとする水準までリフォームするには三〇〇〇ドル、さらに塗装代が二〇〇〇ドルかかることがわかった。「さてと、サム」サムの個人オフィスに座って、ミシェルはブリーフケースからノートとペンを取り出した。「今こそあなたの大きな秘密を教えてもらわなくちゃ。債権者に払うお金と、リフォームにかかる五〇〇〇ドルをどうやって手に入れればいいの？　この何週間かずっと、お金が必要なら電話一本ですむって言っていたわよね（P309、341）。さあ、いつでもかけられるから、その番号を教えてちょうだい」ノートの上でペンを振ってみせる。

人生とはエネルギーだ。あなたの投資するエネルギーがあなたの人生をつくる。だからエネルギーを投資するごとに、そこから最大限の利益を得るべきだ。人生が終わりを迎えたとき、あなたが感じるのは満足？　それとも後悔？　あなたがエネルギーを上手に投資すれば、大きな投資利益を得られるだろう。

高度な思考やサービスを提供する代わりに高利益を求める。これは誰にでもできる。しかし、自分の未来や運命がかかっている時にこの基本原則を貫き通せる人は稀有《けう》な存在だ。ビジネスの巨人は誰でも、そういう〝稀有な〟資質を持っている。われわれがビジネス関連の伝記や自伝を読むことをおすすめするのは、このためだ。

人生を〝ゼロにする〟ことを覚えよう。

眠っているあいだに儲けよう

お金持ちは、つねに2つの真実を頭に置いている。

1　ひとつめの真実——〝複数の収入の流れ〟（MSI）を確保する重要性

頭のいい人は、〝収入の流れのポートフォリオ〟を培《つちか》う必要性を理解している。ここで言う収入の流れは、ひとつや2つの流れではない。まったく別々の多岐にわたる収入源から発生する複数の流れのことだ。これなら、流れのひとつが干上がってしまっても心配ない。調整する時間はある。安全性が脅かされることはない。今のあなたは自分の人生に流れ込んでくるMSI（Multiple Streams of Income）を確保して

ミシェルの物語

サムは頭の後ろで両手を組んで、椅子ごと上体を反らせた。「この国のどこにいようと、お金というのは真っ当な取引のためなら用意できるし、しかもすぐに手に入れられるの。受付に行って、《デンヴァー・ポスト》を持ってきて。配達されているはずだから」

言われたとおり、ミシェルはすぐに新聞を取って戻ってきた。

「案内広告の面を開いて」ミシェルが足を組んで床に座り、コーヒーテーブルに新聞を広げているところへ、サムも自分の机から回ってきた。

「不動産か貸金の欄を見つけて。どちらか片方でいい」サムが言った。

最初に見つけたのは〝貸金〟のほうだった。一ダースほどの広告が載っていて、様々なタイプの金貸しで占められている。大規模な金融業者があり、小規模な業者があり、個人による広告もあった。

サムが説明する。「これが最も速くお金を手に入れる方法のひとつよ。新聞を見て、お金を貸したがっている人を探すだけ」

〝そんなの、あたりまえじゃない〟「でも、わたしにはお金を借りる資格はない。わたしの信用度はひどいものよ。知ってるはずでしょ」ミシェルは顔をしかめて抗弁した。「それに、今回のことを始めたとき、ジェレミーとわたしははっきりと……」

「新聞に広告を載せるような人たちと取引する利点は、そこよ」サムがミシェルをさえぎって言う。

「この人たちは、あなたの信用度なんて気にしない。気にするのは、当の物件がどう見えるか、貸す金額と釣合いが取れているかどうか。今の時点では、借りる金額は物件の価値の半分以下なんだから。たいていは喜んで貸してくれるでしょう」

「人間というものを悲観的に見るわけじゃないけど、貸すほうにどんな得があるの?」

「簡単なこと。高い金利をつけて、さらに手数料を取る。業界ではポイントって単位を使うわね。電

いるだろうか？

2　ふたつめの真実――長期型収入の威力

長期型収入――このすてきな言葉は、〝繰り返し〟発生して、あなたがそこにいようといまいと絶えることのない収入の流れを表わしている。言い換えれば、眠っているあいだに儲けられるということだ。たとえば、銀行口座にお金を預けて得られる利息は長期型収入だ。自分がなんの努力もしなくても、1日24時間口座に流れ込んでくるのだから。

〔複数の収入の流れの例〕

- 預金と譲渡性預金
- 債券
- 投資で配当金を得る
- 長期的に値上がりの可能性がある株を購入
- 持ち家の評価額上昇
- 不動産投資（一戸建て、集合住宅、商用）
- 起業
- コミッション
- フランチャイズ料
- マーケティング・コンサルティング（収益から一定率の取り分を得る）
- 有名人のコマーシャル出演
- データベースを所有（リストや関連情報のレンタルや販売）
- 著作権・特許権使用料（書籍、ＣＤ、ビデオ、セミナー、映画、ソフトウェア、ゲーム、発明品、特許品、ブローカー業務）
- ホームページで24時間態勢の商売をする
- ネットワーク・マーケティング

話をかければわかるだろうけど、だいたい一〇パーセントから二〇パーセントの利息の上に、前払いで一〇ないし二〇ポイントの手数料を要求される」

「ポイントって？」

「一ポイントは借りる金額の一パーセントに当たる。あの物件のために、あなたは四万ドルを借りる必要があるでしょう？　手数料として一〇ポイントはつくから、四万ドル借りるなら四〇〇〇ドル」

「四〇〇〇ドル！」返せと言われた金を守るように、ミシェルは広告欄の上に手を置いた。

「考えかたしだいよ」サムが軽く笑って言う。「四万ドル借りないと、あの物件を買える見込みはないんだから、あなたは六万ドル損するというわけ。ミセス・Jと半分に分けるのなら、三万ドルということになる」

「なるほど」ミシェルはもう一度、広告に目を落とした。

「新聞に広告を出している人たちは、だてに〝ハードマネー〟の金貸しと呼ばれているわけじゃないの。子どもの学費を借りるには適さない相手ね。あなたの場合、そんなに長く借りている必要がないから何とかなる。四万五〇〇〇ドルは苦もなく借りられるはずよ。あなたがいずれ返済するべき額が四万五〇〇〇で、実際に金貸しから渡される額は四万五〇〇ドル。差額の四五〇〇がポイントというわけ。それで大丈夫でしょう。四万ドルあれば債務を完済した上にリフォームにかかれるんだもの」

ミシェルは今までとは違う目で紙面を見つめていた。「じゃあ、あの物件を買うお金を、わたしはほんとうに借りられるわけね」

「ええ、わたしが言ってきたのはそういうこと」サムはつややかな杏色《あんず》に塗ったばかりの爪を点検するように眺めた。「これもまた、みんなが勝者になる取引よ。貸すほうの利益率は、すべて込みでだいたい二四パーセント。悪くないでしょう？　こっちが返せなければ、もっといい。六万ドルが上積

あなたの収入の何%が長期型だろうか？　長期型収入の場合、一度懸命に働いておけば一定の収入が何カ月ものあいだ流れ込んでくる。いや、何年も続くことさえある。一度の骨折りに対して何度も金を受け取れるのだ。作業に1時間かけるごとに、それが何百倍にもなって返ってくるというのは結構なことではないだろうか？

デュラセル社の電池に付いている小さな電池テスターをご存知だろうか？　この発明者は大きな電池会社に自分のアイデアを売り込んでまわった。大半の会社は相手にしなかったが、デュラセル社だけはこの非凡な着想に目を留め、アイデアの代価としてひとつの電池パックごとに数セントを支払うことに同意した。その発明者は、今では何百万ドルもの財産を築いている。数セントの長期型収入が積もり積もった結果だ。この方法の最もすばらしい点は――〝その場にいる必要がない〟こと！　本人がいなくても収入が流れ込んでくるのだ。

そう、コツは**自分がお金のために働くのではなく、自分のために働いてくれるお金を得ること。**お金を働かせて、眠っているあいだに収入の流れを生み出す方法を例としていくつかあげてみた（前ページの表）。

法がない」

「やるべきことをやれば、あなたも勝者になれる。そして、あなたがあの家を買うためにはほかに方法がない」

「わたしの勝ちぶんはどうなるの？」

みされるんだから」

ミシェルはもう一度、広告欄を見た。これから大きな取引をしようとしているのだと思うと、少しこわい。いや、少しどころか……。「ねえ、サム、あなたから借りるわけにはいかないの？　そうしたら、あなたも勝者でしょう。どうせ払う手数料なら、あなたに払うほうがずっといい」〝それに、サムなら何ポイントか割り引いてくれるかもしれないし……〟

「かわいいイーグルさん、あなたはもうすぐ巣立たなくてはならないの。その力をつける最善の方法は、わたしに寄りかかることなく、現実世界での不動産ゲームのやりかたを学びとること。そうすれば、この世界にひとりで放り出されたとき、あなたは自分の好きな街に行って、またゼロから財産を築くことだってできる。それに――」

サムが軽くミシェルの肩を抱く。「あなたのことを誇りに思っているって言っておきたい。まだ一〇〇万ドルをつくれたわけじゃないけど、きっとできると信じている。なぜなら、あなたは賢明な道を歩んできたから。宇宙の力があと押しをしてくれるでしょう。この老婦人の件で、あなたは助けてもらう以上に相手を助けてあげたと思うわ。どんどん孤独になって、何もかも失って、どこも知らないところで一生を終えてしまうかわりに、ミセス・Jは新しい生活を手に入れたんですもの」

ミシェルは目を上げることができなかった。「ありがとう」謙虚な心で言う。

第7のマニフェスト

「わたしは複数の収入源が欲しい」

わたしは複数の収入源を必要としている。
わたしは新しくて賢い富豪への道を進もう。
その道の名は“複数の収入源の知恵”。
わたしの最初の収入の流れは主要収入源《PSI》。
ＰＳＩが安定して不変となるまではこれに集中する。
ＰＳＩは尊敬、愛情、気配り、喜びをもって扱う。
次に新たなＭＳＩをひとつずつ追加していく。
流れのひとつひとつがわたしの心の喜び。
わたしはそれらの流れを心に描き、すぐさま紙にしたためる。
探し求めてこそ見つけられる。順位付けが必要になるほど多くのＭＳＩを。
わたしはみんなをあっと言わせるビジネスプランをつくって、
各ＭＳＩの開始スケジュールを組む。
ドリームチームの協力で、ＭＳＩを成功させるための資源を集める。
複数収入源からわたしの人生に収入が流れ込む。それも世界中から。
わたしはあらゆるよいものがほとばしる滝の下にいる。

第三者預託《エスクロー》の係官が、あとはサインするばかりの書類を持って〈ゴールデンハウス〉にやってきた。ミセス・ジャスコは引越してからずいぶんと落ち着いたようで、書類にサインをする手こそ震えていたが、係官から渡された小切手の意味は完全に理解していた。「ミシェル、あなたはわたしの人生を救ってくれたのね」ミセス・ジャスコは言った。「わたしはここに住めて、ほんとうに幸せ」

ミシェルはその言葉に感動した。けれど、自分の受け取った小切手——分け合った利益——に目が行ってしまって、すべての注意をミセス・ジャスコに向けることができなかった。こんな大きな額の小切手は今まで目にしたこともない。しかし、薄緑の紙面に黒いインクで書かれた数字は、現実に自分の手の中にあるのだ。二万九〇一四ドル六二セント。一〇〇万ドルには程遠い。でも、これはその第一歩だ。そして、梃子《てこ》の原理がある。次の取引で、今回よりも価値の高い不動産を見つけられれば、同じ期間でもっと多くの利益を得られるだろう。

この最初の三万ドルの使い道は、もう決まっている。まずは一割の献納。サムの勧めもあって、ミシェルは初めての寄付をどこにするのか決めてあった。半分は地元の教会に、あとの半分は経済的に恵まれない大学生に奨学金を給付する団体に。ほかにも、小切手の一部で、今までに使った費用をサムに返した。残りは次の不動産売買の資金にするつもりで、ミシェルはすでにそのための準備を進めていた。

サムは繰り返し、不動産売買は数当てゲームのようなものだと強調した。「釣り糸をたくさん垂らすほど、当たりを引くチャンスは増える。考えつくかぎりあらゆるところに網を張るのよ。新聞に広告を出す、ダイレクトメールを送る、裁判所まで足を運ぶ。州外の所有者や銀行、競売物件にもあた

◆システムを1分間で復習しよう

1 **失敗の94％の原因は人ではなく、システムにある。**
大多数の人はきちんと仕事をしようとしている。あらゆる失敗のうち94％は、人がちゃんと仕事をしないから生じるわけではない。使っているシステムが誤っているのだ。

2 **お金持ちはみんなシステムを持っている。**
このシステムは、何年ものあいだ試行錯誤を繰り返して進化し、今では結果の予測がつくようになっている。賢明なミリオネアは、最も信頼性の高いシステムを探し当てる。

3 **理想のお金儲けのシステムには5つの特徴がある。**
◆現金ゼロ◆リスク・ゼロ◆時間ゼロ◆管理ゼロ◆エネルギー・ゼロ

4 **お金持ちはつねに次の2つの真実を頭に置いている。**
◆ひとつめの真実――〝複数の収入の流れ〟（ＭＳＩ）を確保することの重要性
◆ふたつめの真実――長期型収入の威力

る。流れをよくしてすばやく動かなくてはね」

そういうわけで、ある晩チーム全員がサムのバンガローのこぢんまりとしたリビングに集まって、三〇〇通もの手紙を封筒に入れ、切手を貼り、債務不履行に陥っている不動産の所有者の宛名書きをすることになった。

手紙はミシェルが書いた。その文面をコピーして送るのだが、ミシェルは、こちらが抵当の問題を嘘いつわりなく心配しているということがきちんと伝わるよう気をつけて書いた。なにしろミシェル自身がまったく同じ状況に陥ったのは、それほど昔のことではない。

チームの写真を同封することを思いついたのも、ミシェルだった。全員がふだん着姿だ。ジェレミーはふざけたポーズを取りたがったが、サムがいさめた。「手紙を受け取る人たちにわかってもらいたいのは、わたしたちが相手と同じ人間だということ。頭のおかしな人間だと思わせてどうするの」

「こういう手紙は今まで送ったことがないわ」レニーが言う。「どれぐらいの反響があるかしら?」

ミシェルは言った。「一、二〇通返事が来たらうれしいわね」

サムがくっくっと笑う。「それは夢の中の話。まあ、この三〇〇通のうち一通か二通返ってきたら、とんぼでも切らなくちゃいけないわ。こういう人たちは同じような手紙をすでに五、六通は受け取っているはずだし、なかにはもう抵当の問題を解決する見込みの立った人もいるでしょう。だからこそ手書きで宛名を書くの。封筒をあけてもらえる確率を高くするには、それしかない。さあ、みんな、どれくらいきれいな字で書けるのか見せてちょうだい!」

全員で夕方まで働き続けた。暖炉の火は心地よく、どこかに隠れたスピーカーから聞こえてくるクラシック音楽は気持ちを落ち着かせてくれた。

サムの言うとおりだった。あれだけ送ったのに返事は数えるほど。しかし、問い合わせを受けた中

実践① 不動産で賢く儲けるために

準備は万端。あなたは整列状態にある。動機づけもある。では、どのミリオネアの山に登るべきだろう? ミリオネアの山が数少ないことはすでに述べた。

だが、それぞれの山には頂上に至るルートやコースがいくつもある。そのコースのひとつひとつが、独自の系統立った蓄財の方法にあたる。これらのビジネスコースを知らなければ、利用もできない(ちょうど自動車を見たことのない人が、その便利さを想像できないのと同じように)。このさまざまなミリオネア行きの乗り物を見ていただければ、あなたの想像力というエンジンが始動することだろう。

まずは不動産から始めよう。

ひと握りの物件でミリオネアになれる

なるべく短期間のうちに、最小限の物件で最大限のお金を儲けたいとする。1年でひとつの物件から100万ドルを稼ぎ出すことは可能だろうか? 一見不可能に見えるが、そんなことはない。挑んでみる

ミシェルの物語

から次の企画を選ぶのに、ミシェルとレニーはまったく苦労しなかった。始まりは、手紙を受け取った女性からの電話だ。その女性は子どもが五人もいるシングルマザーだった。離婚して、夫と家の権利を分けたときに夫の分を買い取って、子どもたちが引越したり転校したりしなくてすむようにした。また、その家は広く、それこそ大家族をかかえる身には必要なものだった。

夫から家の権利を買うにあたって、彼女は借り替えを行なっていた。支払い額が多少高くなったが、まだ給与で払える範囲内だった。ところが、勤め先の病院が経営不振に陥ったため、業務が縮小された。彼女は仕事を失い、支払いができなくなった。手紙が郵便受けにあふれ始めた。たいていは家の買い取りを申し出るものだったが、提示額はそうとう低い。破産しないだけありがたく思え、ということか。しかも、そのほとんどが脅すような調子だった。

そんなとき、ミシェルからの封書をあけ、写真に映ったチームの面々を見て、自分の苦境に同情的な手紙を読んだ。「それで、こうして電話をかけることにしました」涙声だった。「どこかアパートにでも移らなければならないのですが、引越し代もないんです。しかもすぐに行動を起こさないと、次の支払いもできなくなってしまいます。もし破産したら、立ち直るのはむずかしいでしょう」

ミシェルとレニーは電話の女性に会って、どういう形にせよできるだけの援助をすると申し出た。相手もすぐに次の仕事を見つける自信はあると言ったが、とにかく住む場所を確保することが最優先だ。引越しのための人手と費用、それに職を失って以来滞っていた諸々の支払いに、一五〇〇ドル必要だった。ミシェルとレニーはすぐに立て替えを承諾した。

「もうひとつ、個人的なお願いがあります」その女性が言う。ほっとしているようだが、まだ少し不

価値はある。必要なのは、明確で力強い〝夢〟による後押し。そして必要な資源――お金、信用、専門知識など――を提供してくれる師たちによって構成された優秀な〝チーム〟。このふたつが揃ったら、レーザー光線のように焦点を絞って適切な物件を見つけ出そう。探索範囲を遠方まで広げなければならないこともあるだろう。ここでひとつ質問する。あなたの住む地域のどこかに、100万ドルの利益を1年以内に生み出してくれるお買い得物件がひと握りくらい（1～5件）はあるだろうか？　答えはこうだ。〝もちろん！〟

ウォーレン・バフェットが言っているように、投資家として成功するには、価値を見つけ出すか、もしくは価値を創り出さなければならない。そのためには次の点に注目しよう。

1　ディスカウント状況

◆現金が必要なため、不動産を現金化せざるを得ない売り主を探す。
◆現金がすぐさま必要なため、抵当権《モーゲージ》を割引価格で現金化したがっている抵当権者を探す。

2　投げ売りの物件

◆問題のある借家人、自然災害、洪水、火事など危機的状況に見舞われた物件を厄介払いしたがっている売り主を探す。そういう売り主にとっては、所有権よりも心の平安のほうが大事なのだ。
◆大がかりな修繕を必要とする老朽化した物件を探す。たいていは、全面的にリフォームすれば家賃を大幅に値上げすることができるし、資産価値も跳ね上がる。

3　転用可能な物件

◆別用途への転用・改造にうってつけの物件を探す。たとえば賃貸アパートから分譲マンション、賃貸ア

安げでもある。「あなたがたは不動産投資の専門家でいらっしゃいます。この先も、わたしのために家を探してもらえませんか？　今より小さくて値段もそれほど高くない家に、来年あたり多少の貯金ができたらまた移りたいんです」

それに答えてミシェルは言った。「あなたのために努力は惜しみません。おまかせください」

翌日には書類を作成した。そして第三者預託事務所を出たとき、ミシェルは純資産額にして五万ドルの所有者になっていた。

あとはこの資産を現金に換えるだけだ。彼女は家を申し分のない状態に保っていたので、ミシェルとレニーはただカーペット類を洗い、玄関のドアを塗りなおして、〝売家〟の看板をかけるだけでよかった。二週間のうちに、即時の決済で三万五〇〇〇ドルの申し出があった。またたくまにミシェルの預金高は六万ドルになっていた。ミシェルはニッキーとハンナの新しい部屋を何色に塗ろうか、などと考えるようになった。

ミシェルの幸福感は長く続かなかった。その晩のうちにティリーから電話があり、ハスブロ社から断られたと言ってきたのだ。

ミシェルは口ごもりながらこう言うのが精いっぱいだった。「どういうこと？」

「委員会のほうは、だいじょうぶだと言ってたのよ。ところが、あのプレゼンテーションに出席してなかった重役が難癖をつけてきたらしい。似たようなおもちゃが競合会社から前に発売されたことがあって、それがあまり売れなかったんだって」

ミシェルはティリーの考えていることを口に出した。「つまり、その人はあの場にいなかったから、

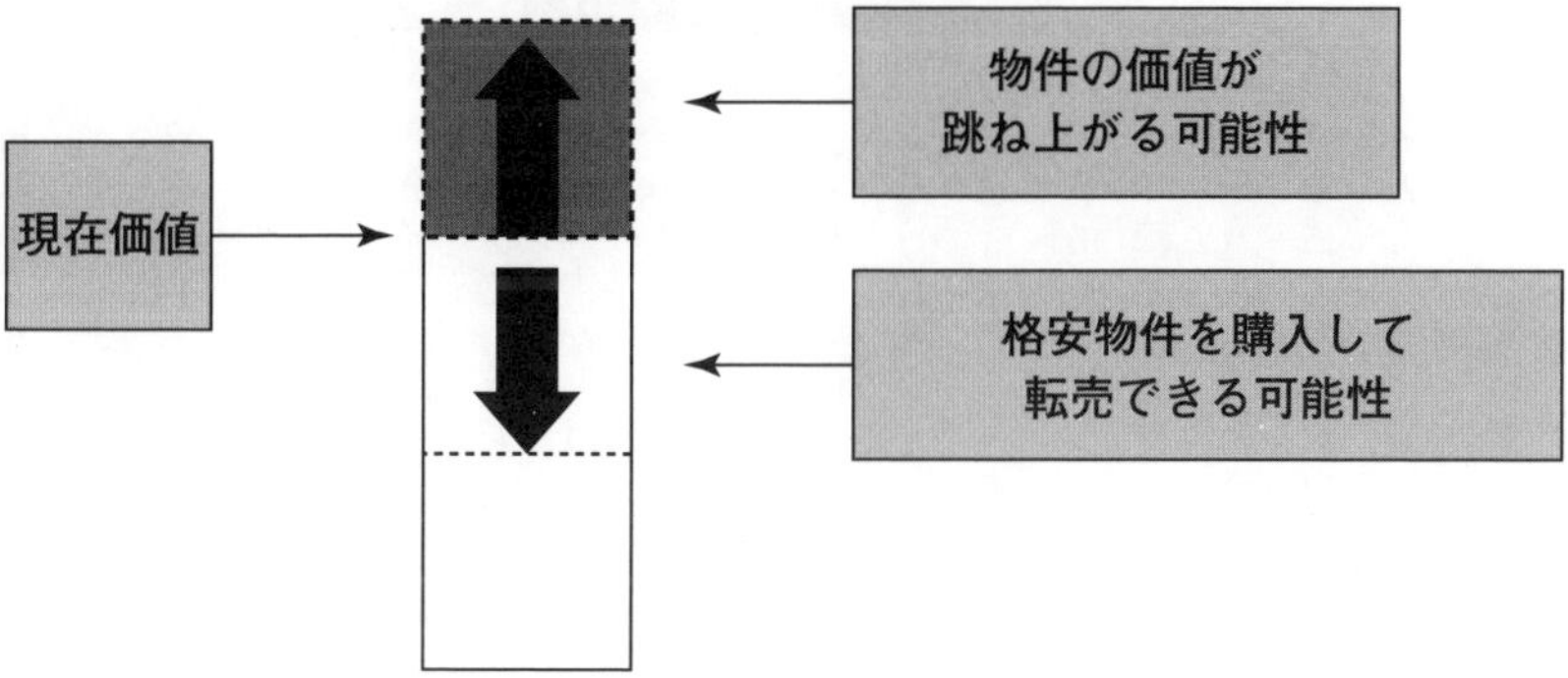

パートから事務所、事務所から店舗への改造、農地から宅地や商業地への転用などが考えられる。別の用途向けに改造すると、資産価値が跳ね上がることも多い。

不動産を安く買って高く売る

あなたならどうやって不動産という手段でゼロから100万ドルを稼ぎ出すだろう? 不動産投資は個人には難しく見えるかもしれないが、じつのところ、すべては次の3種類の技能《スキル》の習得にかかっている。

◆取引の発見──お買い得不動産を見つけ出す
◆取引の算段──住宅ローンの審査に通って頭金を調達する
◆取引の転売──迅速に物件を転売して利益を得る

このプロセスは次の7段階に分かれる。

1 自宅から80キロ以内の居住用物件だけを買う。
一戸建て住宅、アパート、マンションは、売却、資金調達、入居者探しが比較的やさしい。これ以外には手を出さないほうがいい。

反対意見を出して、その解決策を聞く機会がなかったということね」

「ちゃんと解決できる問題なのに」ティリーがいらだたしそうに言う。「その重役の言うがらくたのことなら、知ってるんだよ。〝いつでもいっしょベア〟とは比べものにならない代物《しろもの》さ。電話をかけてきた若いのにもそう言ったんだけど、もう一度委員会を召集するのはむずかしいみたいだね」

「ティリー、わたしたち、これを〝第一の拒絶〟として考えなくっちゃ」

ティリーが笑う。「あんたならそんなふうに言うと思っていたよ。最初に知らせを受けたとき、じつはとても落ち込んでしまってね。それで、すぐには知らせられなかったんだよ。どうしてもあれが最終通告だとは思えなかった。ああいう会社では、二、三人が集まって話し合ううちに非公式の委員会みたいになって、そこで再検討されることもあるし」

「だめよ」ミシェルはきっぱりと言った。「よさそうな話だけど、とても時間がかかりそう。考えて、ティリー、何か別の方法があるはずよ。ほかの会社に持ちこむのはどう？」

「そうだね……」ティリーは乗り気でないようだ。「ハスブロ社と張り合ってる大手があるにはあるけど、そこじゃあまり顔がきかないんだよ」

「だから？」ミシェルは意気軒昂《けんこう》だった。これが正しい道だ、と直観が告げている。「最終目的は、べつにその会社との取引じゃなくてもいいのよ」

「そうとも！」ティリーにも元気が乗り移った。「最終目的は、ほかの会社があの製品に興味を持ってることをハスブロ社に知らせることだ。もう心配しなさんな。前回の会議で出席してた重役連中はみんな、こっちの手の内に納まった。今度もあたしたちの二〇本の指でぎゅっと捕まえてやろう」

〈彼(女)らが物件を売りたがる(＝モチベーションが高い)理由〉

M……管理・金銭面でのトラブル〔Management, Money problems〕
O……居住地から遠い、失業中である、不慮の災難に見舞われた、時間がない、お金がないこと〔Out of area, Out of work, Out of luck, Out of Time, Out of money〕
T……転勤などにともなう移動〔Transfer〕
I……本人・家族の病気、相続問題、単なる無知〔Illness, Inheritance, Ignorance〕
V……テナントが入らない、借り手がいないこと〔Vacancy〕
A……近隣環境の劣化、訴訟などの法律的な問題〔Area in decline, Attorney problems〕
T……税金問題〔Tax problems〕
E……遺産分割などの問題、何らかの緊急事態、早期退職〔Eastate and probate problems, Emergency, Early retirement〕
D……支払いの遅れ、離婚、死亡、負債、パートナーシップの解消〔Delinquent payments, Divorce, Death, Debts, Dissolution of partnership〕

2　1マイル四方の対象区域を選び出して、そこの専門家になる。

その区域内に、毎年3件から10件は超お買い得物件が現れるはずだ。そこに一番乗りしよう。

3　意欲的な売り主を探し当てる9つの方法のどれかを実践する。

意欲的な売り主を見つけ出すには9つの方法がある。1　案内広告に目を光らせる　2　売り主募集の広告を出す　3　不動産業者に依頼する　4　対象区域を自分の足で探し回る　5　友人・知人に探してもらう　6　銀行に頼む　7　地元の裁判所に問い合わせる　8　投資クラブに入る　9　その他の専門家（会計士、弁護士など）に依頼する。

今すぐ地方紙から取りかかろう。すべての案内広告に目を通して、意欲的な売り主の手がかりを探すのだ。〝売家〟〝売マンション〟〝投資不動産〟〝貸家〟〝選択権《オプション》付貸家〟などの情報が掲載されている欄を読んで、融通のききそうな物件に印をつけていく。**欲しいのは問題のある物件ではない。**

ミシェルの物語

あと68日……

〝建設的プリセッション〟と〝非建設的プリセッション〟（P21）というサムの信念を、今ではミシェルも心から信じるようになっていた。見て、とミシェルは心の中で言い、活気にあふれたミリオネア・イーグルの本部――サマンサ・アン・マンロー有限会社の会議室――を誇らしい気持ちで見渡した。土曜日だというのに、みんなここでがむしゃらに働いている。来ていないのは、ジェレミーだけだ。大勢が同じ部屋にいると集中できないという理由で、自宅のコンピュータで作業している。

ミシェルは満足していた。誠実に仕事をし、常に率先して短期間で利益をあげ、それがよい結果につながってきた。ティリーは〝いつでもいっしょベア〟を商品化するのに全力を尽くしてくれているし、さらに、ミシェルが不動産売買であげる利益が今と同じような高率で伸びていけば、この先何度でも百万長者になれるだろう。

ところが、そのときジェレミーが会議室に飛び込んできて、一瞬にして牧歌的光景に終止符を打った。ジェレミーの姿はまるでB級ホラー映画に出てくるマッドサイエンティストのようで、髪の毛までもじゃもじゃと逆立っている。「クラッシュだ」ジェレミーはうめくように言った。

ミシェルは、それがNASDAQの大暴落《クラッシュ》のことではないかという恐ろしい想像をした。でも、きょうは土曜日だ。だとすると、日経平均？

「ウェブサイトのことだよ」ジェレミーは手近の椅子にどさりと腰をおろし、膝のあいだに頭を沈めた。が、すぐにまた顔を上げて言う。「考えられないほどひどい事態なんだ。何度ログオンしようとしても、『指定されたページが見つかりません』って表示されるだけなんだよ。手短に言うと、どう

	悪い	ふつう	良い
価格	1	2	3
物件の状態	1	2	3
支払条件	1	2	3
立地	1	2	3
売り主の意欲の高さ	1	2	3

合計＿＿＿＿＿＿

問題をかかえた人物が所有する優良物件だ。これが終わったら、意欲的な売り主が見つかるまで、ほかの8つのお買い得物件探しの方法を順に試していく。

4　見込みのありそうな取引については、それぞれ5つの重要項目を採点して分析する。

物件の所有者か代理業者《エージェント》に電話するなり直接会うなりして、上記の5項目について質問しよう。各項目は3点満点で採点する。たとえば、値段が市場価格を下回っている場合は〝よい〟と見なして3点をつける。値段と市場価格が同じであれば〝普通〟の2点。市場価格を上回っている場合は1点にする。採点は、物件を下見に行く前に電話ですませておこう。この点数は単なる〝情報に基づく推測〟に過ぎない。

5項目全部の点数を足して、合計が10点以下なら次の物件に移る。11点以上なら現地に足を運ぶ。物件が調査後も高得点を維持していたら、購入の申込みを考えてみる価値はある。

5　どの〝頭金なしの技術〟を使うかを決める。

〝頭金なし〟というのは、ひとつの姿勢だ。ごく簡単に言えば、なるべくＯＰＲ――ほかの人の資源（Other People's Resources）――を使うようにするという意味である。ロバート・アレンは手もとに100ドルしかないままサンフランシスコに放り出されたときも、この技術を利用して57時間で6つの物件を購入してみせた。成功に必要

やら大馬鹿プロバイダがサーバー全体をアップグレードすることにしたらしい。それで、そのサーバーを使っていたウェブサイトを全部クラッシュさせちまったんだ。うちのも含めてな。プロバイダなんだから、当然どこかにバックアップを取っているはずだと思ったら、それも吹っ飛んだんだって」

「ジェレミー」ミシェルは言った。「あなたはバックアップしておかなかったの?」

ジェレミーは両手で頭をかかえて天井を仰いだ。

「まあ、なんてこと」サマーが自分の額をぴしゃりと叩く。「あなたがそんなまぬけだったなんて!」

「おれが!」ジェレミーが叫んで、跳ねるように立ち上がった。「おれが! よく言うよ、サマー。おれたちがこのプロジェクトを立ち上げてから、きみはずっとおれにおんぶにだっこじゃないか」

「なんですって!」サマーも立ち上がった。「そっちこそ、初日から功績をひとり占めにしてきたじゃない。それに、何度言ったかしら。『わたしはあまりコンピュータにくわしくないから、わたしがあなたを助けるためには、あなたもわたしを助けてくれなくちゃ』って。でも、まるでだめ。自分がやってるのは〝男の仕事〟なんだって態度でしょ。あんたなんか、性差別主義者よ!」

ミシェルはほかの面々に目を向けた。コートニーとレニーは居心地の悪そうなようすだったが、サムは落ち着いている。「もうたくさんよ、ふたりとも」穏やかな声だが、戦闘態勢のふたりを黙らせるのにじゅうぶんな声量だった。「わたしの部屋で、そういう非建設的なことはしないでちょうだい」

「じゃあどうするつもりだ?」ジェレミーはサムに挑むように言って、腕を組んだ。

ほかの女たちみんながすくみあがっても、サムは違った。ジェレミーがはっきり身をすくめるまで、じっと視線をそらさない。「ミスタ・カヴァリエリ、今すぐに座って深呼吸をなさい。まず初めにあなたがやるべきは、起こった事態に対して責任をとること。そうでしょう?」

「無礼な態度に対しては、どうなの?」サマーが文句を言う。

なものはすべてほかの人が提供してくれるのだから、ロバートはその人を探し出すだけでいい。つまり、このときの課題は、じゅうぶんな信用や現金収入や担保物件を得ることではなく、**喜んでお金を貸してくれる人を探す**ことだったのだ。

あなた自身についても同じことが言える。さもなければ、有利な取引が尽きる前にお金が尽きてしまう。あなたが不動産王ドナルド・トランプ級のお金持ちだとしても、不足分を埋めるためにはパートナーを探す必要が出てくるはずだ。だからこそ、まずは意欲的な売り主を探そう。そういう売り主は、銀行や不動産業者のように型通りの無理難題をふっかけてきたりはせず、喜んで物件を売ってくれる。

住宅ローンが必要になったら、パートナーに助けを求めて、ローン審査や必要な頭金の準備を手伝ってもらう。あなたの最大の任務は、お買い得物件——利益の分け前にじゅうぶんあずかれるだけの物件——を探し当てること。取引さえうまくいけば、現金などまったく不要な場合もあるのだ。

6　12点以上のすべての物件について申込書を作成する。

物件を購入するための独創的な手段がいくつか見つかったら、購入の申込書を作成する。

7　購入しよう！　そして所有するか転売する。

初心者であれば、あなたの独創的な買い申込みを快く受け入れてくれる売り主が見つかるまでに、**50回**は申込みをしなければならないだろう。経験を重ねるにつれて、この確率はアップしていく——10分の1、5分の1、3分の1というふうに。

「お嬢さん、あなたも座って順番を待ちなさい」サムが言った。「一度にひとつずつ。ジェレミー、データをバックアップしなかったのは、誰?」

「インターネットのプロバイダ」ジェレミーは反抗的に答えたが、サムの揺るぎない視線に押されて付け加えた。「それに、おれ」

「よろしい。で、そこから何を学ぶ?」(P53)

ジェレミーは小学生が叱られているようにぼそぼそと答えた。「データをバックアップすること」わずかに足の位置を変える。それから、今までとは多少ちがった口調で言葉を続けた。「まあ、えらい足止めを食ったことは確かだけど、ウェブサイトを再構築するのは、また一から始めるのとは違う。もう経験を積んでいるんだから」

サマーも腕を組み、脚を組んで座っていた。いらいらして片脚を左右に揺らす。「よかったこと。それでこうしてみんなで、わたしがなんの役割も果たせないことを確認してるってわけね」

「誰もそんなことは言っていない」サムの口調は重かったが、急に顔つきを明るくして身ぶりでミシェルを示した。「ここで、司会進行役をミシェルに引き継いでもらうわ」

〝わたし?〟……ミシェルは息をのんだ。あやうく異議を唱えそうになったが、これは受け止めるべき試練だとわかった。しかも重大な試練だ。いつかこういう日が来るとは思っていた。サムがつきっきりで指導してくれなくなる日が……。これからは、なんでも自力で対処していかなくてはならない。ミシェルは深呼吸した。「いいわ、まずはジェレミー、あなたから始めましょう。あなたとサマーがうまくいかないのは、なぜかしら?」

「もう言ったと思うけど。サマーはスタート地点からちっとも動こうとしないんだ。会議には遅れてくる、こっちが電話しても、かけ直してこない、同じことを二〇回説明しても――」

借金で儲ける

不動産に投資する場合、手を尽くして解決しなくてはならない基本的な問題が2つある。

問題その1　どうやって頭金を調達するか
問題その2　どうやって長期住宅ローンの審査に通るか

現金がうなるほどあり信用もじゅうぶんだ、というなら問題はない。だが4つのC——信用（credit）、現金（cash）、キャッシュフロー（cash flow）、担保物件（collateral）——のうちどれかひとつでも欠けていたら、ほかの人の資産（OPR）に頼らざるを得ない。

「だけど」と、あなたは疑問を持つだろう。「経済力の〝強い〟投資家が、なぜ経済力の〝弱い〟投資家を助けてくれるんだ？」

その疑問は、あなたを助けたらどれほど利益が得られるかを、相手に示してやることで解決する。あなたの半径80キロ以内にも、利益率さえ高ければ数百万ドルの投資もいとわない人々がたくさんいるはずだ。そういう人たちには、儲けの大きい不動産取引を探し回る時間も熱意も専門知識もない。物件を探して取

「不公平よ！」サマーが怒りを爆発させる。

ミシェルは割って入った。「感情的になるのはわかるけど、ひとりずつ話を聞くから、お互いに口をはさまないで。ほらサマー、あなたの番よ。事実だけを述べて、非難はなるべく抑えてね」

「ふん」サマーは不満げだった。ひと息つくと、ジェレミーの言ったことに対して反論していく。「事実は、お偉いさんは知識をひけらかすのが大好きだってこと。ＨＴＭＬだとか、ＲＡＭ、ＲＯＭ、ＲＥＥＭなんて専門用語をぽんぽん出してきて、説明してくれって頼むと、わたしをからっぽ頭みたいに扱うの。遅刻については、確かに一度か二度は遅れたことがあるわ。でも数分のことだし、ジェレミーほど頻繁じゃない。ジェレミーは、自分がしてることは重要だから、わたしを待たせてもかまわないと思ってるのよ」

サマーとジェレミーが互いに抱いている不満はどちらも妥当なものに思えた。ジェレミーには傲慢なところがあり、それだから、データのバックアップを怠るような失敗をしでかす。ただ傲慢さにはいい面もあって、ジェレミーは物事を大きく捉えることができた。それは、ミシェルがサムに叱咤《しった》激励されながら、ようやく身につけてきた視点だ。サマーのほうはたしかに注意散漫なところがあるし、遅刻も一度や二度のことではない。ただしサマーが遅れてくるとすれば、おそらく〈ゴールデンハウス〉の老人たちにマニキュアを塗ってあげているからで、自分の指に塗った液が乾くのを待っているからではない。サマーが誠実で思いやりのある人間であることは、ミシェルもよく知っている。

「さて、ふたりに言いたいことがあるの」ミシェルは言った。「はじめのころ、マーケティングの定義についてみんなでサムと話し合ったのを覚えている？」

答えたのはジェレミーだった。「そもそもそれをサムに訊ねたのはおれだよ。答えは、『マーケティングの定義とは、信頼関係を築くこと』」

引の手配をしてやるだけで、喜んであなたを雇い入れて50％程度の分け前を認めてくれる。取引が満足のいくものであれば、あなたの経済状況など気にも留めない。

要するに、あなたは猟犬になるのだ。われわれもそこからスタートした。ほとんどの不動産投資家がそうやってスタートを切るのだ。

あらゆる不動産取引には潜在的なパートナーが存在する。あなたは彼らに、自分と手を組む利点を〝教育〟すればいい。そのパートナーとは次の9種類だ。

売り主
不動産業者
債権者
賃貸借人
ハードマネーの貸し手（銀行その他の金融機関）
抵当権者
物件
個人
買い主

次にそれぞれをパートナーにした場合の**〝頭金なしの技術〟**をいくつか紹介する。双方が収益を得られる方法をお目にかけよう。

「そのとおり」サムが言った。

話し合いに集中しているところを見せたいのか、サマーも同意して言った。「サム、あなたが言ったのは、顧客と信頼関係を築かなければ、相乗効果はひとつしか生まれない。でも、成功するには複合的な相乗効果が必要だ、ということよね」

「いちいち、そのとおり」サムがほほえんで言う。

「すごいわ」ミシェルも賛同した。「そこで質問。コミュニケーションの定義はなんだと思う?」ミシェルはすばやくちらっとサムを見た。〈巌《いわお》〉で、最近そのことを話し合ったばかりなのだ。

ジェレミーはもぞもぞと体を動かした。「それは……その、誰かに何かをするよう伝えることじゃないかな」

「それならお得意よね」とサマー。

「ジェレミー、あなたがなぜもめごとを起こすのか、よくわかった。もっと正しい定義があるの。コミュニケーションとは、相手から得られる反応のことよ」

ジェレミーが、理解できないというように眉を寄せる。

「つまり」ミシェルは続けた。「相手の反応が自分の望みと食いちがうようなら、それはあなたのコミュニケーションがうまくないということ。あなたはサマーにどうしてもらいたいの?」

「チームの一員としてしっかりしてもらいたい。必要なときには、いつもここにいてもらいたい。コンピュータのことをもっと学んでもらいたいし、へまをされるのはごめんだ。こっちがあれこれ指示するのをただ待っていないで、自分の考えで動けるようになってもらいたい」

「ご覧なさい、この人ったら――」サマーがわめき始めたが、ミシェルがさえぎった。

「ジェレミー、今のコミュニケーションから始めましょう。サマーはあなたに雇われているわけじゃ

おすすめの〝頭金なしの技術〟

売り主の95%は、独創的でユニークな資金調達など見向きもしない。また不動産業者の95%は、不動産を頭金なしで購入するなんて無理だと言うだろう。その言い分は95%正しい。

しかし、投資家は残る1〜5%の売り主を探し出す。〝今すぐ〟売る必要に迫られていて、型破りの解決法を快く受け入れてくれる売り主だ。そのときは次の技術が非常に役立つ。

◆売り主をパートナーとする場合

頭金なしの技術その1　価格を上げて条件を下げる

ある売り主が、10万ドルの価値がある物件を所有しているとする。その物件には9万ドルのローンが残っており純資産額は1万ドル。売り主は何としてもこの物件を売却したい。不動産業者に仲介を依頼すれば、この売り主の純資産額の大半は仲介料と契約手数料に消えてしまい、手もとにはほとんど残らない。そこでこの売り主に次のように話をもちかける。

「あなたの物件に対して2通りの購入申込みをさせてください。ひとつめの申込額は9万5000ドル。あなたの9万ドルのローンを肩代わりし、さらに5000ドルを現金でお支払いします。2つめの申込額は10万1000ドル——あなたの希望価格より1000ドル高値です。この場合は同じくロ

ないし、ましてや奴隷でもない。パートナーなのに、そういうふうには接していないようね」

「ふん」ジェレミーはさっきのサマーと同じように不満を表わした。

「それで、どうしたら望みどおりの反応を得られると思う?」

ジェレミーが一瞬考えてから答える。「物事を説明するのに、もっと我慢強くすればいいのかな」

「うぬぼれた態度をやめて?」サマーが言ったが、口調はだいぶ和らいでいる。

「うぬぼれた態度をやめて」ジェレミーも言った。「ほら、おれはコンピュータにくわしいのが自慢だから、つい見せびらかすような態度をとっちまうんだな。これからは、きみの意見も聞かせてほしい」もう直接サマーに向かって話している。

「それはとてもいいことね」ミシェルは言った。「でも、サマー、一方通行じゃだめなのよ。あなたはジェレミーにどうしてもらいたい?」

「一人前の人間として接してもらいたい。それに、わたしたちのチームだって言うんなら、わたしも仲間に入れてもらいたい」

「それで、そういう反応を引き出すためには?」

「そうね。わからないことがあってくわしい説明を頼むのに、恥ずかしがることはないのよね。みんな学んでいるんだもの。それにジェレミーの許可を待たなくとも、率先して行動できるようにする」

「そのとおり」ミシェルは言った。「ジェレミーから思うとおりの反応が得られなかった原因は、あなたにもあったのよ。遠慮なく言わせてもらえば、ブロンドのからっぽ頭が命令を待っているようにふるまっていたんじゃないかな」

ミシェルが司会役を引き継いでから初めて、ジェレミーとサマーは目を合わせていた。どちらもまだ少し警戒しているようだったが、ジェレミーが思いきって口を開く。「ひとつだけいつも願ってい

ーンを肩代わりしたほか、今度は現金ではなく10％の利息がつく1万1000ドルの手形を振り出します。

この2つの申込みを投資という観点から比較してみましょう。5000ドルの現金を利率5％の安全な銀行定期預金に入れておくと、10年で8144ドルになります。一方、10％の利息がつく1万1000ドルの担保付き手形は、10年で2万8531ドルにまで増えます。じっさい、ひとつめの申込額を複利方式で増やしても、2つめの申込額に追いつくのに17年もかかります。その同じ金額をきょうにでもお渡しできるというのに。ですから、2つめの申込みを受け入れてくれませんか。そうすれば2人とも得をするのですから」

たいていの売り主には、頭金なしの取引の利点を〝教育〟することができるものだ。

頭金なしの技術その2　お金ではなく才能を使う

買い主が、頭金の代わりに〝交換取引〟に使える専門技術を持っていることも多い。建設業者、塗装工、造園家、医療関係者、弁護士、不動産業者、保険外交員、車のディーラー、商店主――これらの人たちはみんな、頭金代わりの有益なサービスや割引を提供できる。ときには単純な力仕事を提供するだけで資金なしの取引がうまくいくこともある。

◆不動産業者をパートナーとする場合

頭金なしの技術その3　仲介料を増やして現金を減らす

るのは、きみの笑顔を見ることだよ」

「それならできると思うわ」サマーは答えて、晴れ晴れとした屈託《くったく》のない笑顔を全員に向けた。

「ふたりとも頼りにしているわ」ミシェルは言った。

「ようし、イーグルさんたち、そろそろ仕事に戻れそうね」とサム。

「やることは山積みよ」コートニーが言ったが、ほっとして嬉しそうなのはほかのみんなと一緒だ。

　このことにかまけて、しばしのあいだ、ウェブサイトがクラッシュしたことを忘れてしまっていた。収入の流れの三分の一が、今のところ止まってしまったことを。


あと67日……


　ミシェルは〈ゴールデンハウス〉のロビーに入って、不安な気持ちでティリーを探した。緊急の話があるからすぐに会いたいという伝言を聞いて来たのだ。

　談話室に入ってきたティリーの表情は暗かった。しかし、目がその顔つきを裏切っている。口の両端が上がってきた。ティリーは子どものように、喜びを隠しきれずにいた。

「ミシェル」ティリーは言って、大きく口もとをほころばした。「やったよ」

「どういう意味?」

「不可能なことをやってのけた。商品化が決まったんだよ」

「何があったの?　この前は断られたって言ってたのに」

「ほかの会社がかんでくるかもしれないって噂がハズブロ社のお偉がたの耳に入ったとたん、また委員会が召集された。思ったとおり、〝大急ぎ〟で市場に出すことを決めたそうだよ。もちろん、あた

前述の例と同じ状況だと仮定しよう。ただし物件の仲介は、すでに不動産業者に依頼済みだとする。契約手数料と６０００ドルの不動産仲介料を差し引くと、売り主の純資産額は事実上ゼロになる。この売買による利益のほとんどが不動産業者の手に渡ると言っていい。そこで、この業者に以下のように話をもちかける。

「この物件が売れても、売り主さんのほうはほとんど利益を得られませんよね。それに、物件を売りに出している期間が長引くほど、売り主さんの状況は苦しくなっていくばかりでしょう。そこで提案があります。わたしにローンを肩代わりさせてもらえませんか。契約完了時の名義書き換えなどにかかる費用も支払いますから、売り主さんも安心でしょう。仲介料としては現金６０００ドルの代わりに、６％の利息がつく８０００ドルの手形を振り出しましょう。この物件を担保にした手形です。さらに将来物件を売却するときは、必ずこちらに仲介をお願いします。わたしのほうは今すぐでも契約書に署名できますよ」

この不動産業者が売り主側の代理人も兼ねていて、手数料をほかの代理店や業者と分け合う必要がなければ、この手法が成功する可能性は大きい。

◆債権者をパートナーとする場合

頭金なしの技術その４　売り主の債務を肩代わりする

交渉にあたっては、次のようなデリケートな質問をする必要がある。「売り主さん、差し出がましいこ

しがCEOに電話をかけといたのも、むだじゃなかったろうがね」

「これからどうなるの?」

「今は、あらかじめ話し合ったとおりの契約書を作ってるところさ。一四日以内に前払い金が入ってくるはず」

「前払い金?」

「あたしたちの未来の儲《もう》けが前もって支払われるんだよ。昔は定期的に前払い金が入ってきたものさ。一〇万、二〇万、二五万ドルもらったこともある。最近は景気が悪いから少し変わってきたようだがね。でも今回は他社との競合もあるし、あたしのハスブロ社での経歴もあるから、前払い金は三〇万ドル欲しいとCEOに電話で言ったのさ。向こうはそんなに驚いてなかったよ」

この件で具体的な数字を聞いたのは初めてで、ミシェルはその金額に息をのんだ。三〇万ドル!

「多少は交渉の余地を与えてやった。めずらしいことに、すぐに反撃してきたよ。二五万ドルでどうだって。それであたしは話を進めて、あんたに相談せずに手を打ったんだよ。気を悪くしないどくれ」

この知らせを呑み込むために、ミシェルは腰を下ろさなくてはならなかった。

「もしおもちゃがあたしの考えどおりに売れれば、お互いの懐《ふところ》に何百万ドルもの儲けが入ってくるね。ハスブロ社がこういう決断をした以上、勝算があるってことだから」

「ティリー、わたしが今どんなに興奮しているか、言葉にできないくらい」ミシェルはすでに頭の中で、前払い金の半額にあたる取り分をどう使うか計算し始めていた。「知っておいてほしいんだけど、わたしの取り分の一〇パーセントは慈善事業に寄付するって誓いを立ててあるの」

ティリーが言った。「それなら、うってつけのところがある。ハスブロ小児病院。場所はロードアイランド州プロヴィデンスで、ハスブロ社がいちばん力を入れている慈善事業だ。あたしも同額出そ

とは承知の上ですが、あなたの問題解決に力添えさせていただくために、今回の売買による収入の使い道を教えてもらえませんか」

売り主が売買で得たお金を借金返済に回すつもりなら、じつに好都合。こちらがその借金を肩代わりして分割返済の手はずを整えれば、頭金を一度に用立てなくてもすむ。

たとえば、売り主が医療費を1万ドル滞納しているとする。その借金をかたづけるために家を売ろうというわけだ。この場合、あなたは病院側と交渉して売り主の債務を引き継ぎ、月賦での返済を交渉すればいい。売り主は借金から解放され、あなたは頭金なしで家を手に入れ、病院は安定した現金収入を得る。

全員が勝者となるわけだ。

◆賃貸借人をパートナーとする場合

頭金なしの技術その5　家賃と保証金を利用する

保証金――通常、家主は賃借人に保証金として最初の月と最後の月の家賃を支払うよう要求する。物件が売却された場合、この保証金は家主から買い主に渡される。各州の法律で禁じられていないかぎり、買い主はこの保証金を、売買契約の頭金の支払いに充てることができる。

別種の保証金を頭金に利用することもできる。たとえばフロリダ州タンパのある投資家は、小さな商業用不動産の頭金としてあと7000ドルを必要としていた。この投資家は、前の所有者が水道会社に公共料金の支払い保証のために7000ドルの保証金をデポジットするよう求められていたことを知った。そこで、投資家は水道会社と交渉して、その保証金を現金から保証証書（請求書の支払滞納額を補償するための保険証書）に換えてもらった。保証証書の作成費用はせいぜい500ドル程度ですむ。こうして自由

ミシェルの物語

う。ＣＥＯもきっと喜ぶよ」

「聞きにくいんだけど、その前払い金のあと、次の儲けが入るのはいつかしら？」義父に約束した一〇〇万ドルにどれくらい近づけるのか見当をつけておきたかった。

「おや、あとは来年の半ばまで間隔があいちまうよ。でも、あたしの予想が当たれば、じゅうぶんな金額がこの先何年も、四半期ごとに入ってくるから」

そう断言されて、ミシェルはがっかりした。知らせを受けた直後には有頂天になったものの、今考えると、どうしてあれほど単純に喜べたのか不思議なくらいだ。「どう運用したら一〇〇万ドルまで増やせるかしら？　必要な額にはだいぶ足りないわ」

「だいじょうぶ。ハスブロ社に売ったのは販売権の一部、量販業者に対する権利だけだよ。ハスブロ社は大手チェーンに製品を卸《おろ》すことはできるけど、ギフト市場《しじょう》に直接売る権利はこっちに残ってる。国じゅうに何千とある小規模の玩具店やギフトショップに、じかに〝いつでもいっしょベア〟を売り込めばいいのさ」

「そうか。友だちのコートニーがそういうお店を経営していて、毎年、各地のギフト見本市に行っているわ。でも手もとにないものをどうやって売るの？」

「ハスブロ社はこっちのぶんのおもちゃもいっしょに発注することに同意したよ。だから、いちばん安い量産価格で買える。おもちゃがアメリカに着いたら、代金と引き換えに受け取ればいい」

「その代金はどこから出すの？」

「そこで前払い金を再投資するんだよ。あの額なら、だいたい六万体は買えるね。六万体なんてほんの手始めだろうし、ギフト市場で売れれば一体につき一〇ドルの利益があがる」

六〇万ドルは大金だが、なんの支障もなく全額手に入ったとしても、まだ足りないことになる。ほ

に使えることになった7000ドルは、頭金の不足分に充てられた。

家賃——家賃は前払いなので、月初めまでに取引を完了した買い主は、その月の家賃収入をまるまる受け取れることになる。通常、住宅ローンの初回返済日は取引完了の30日後になるので、買い主には30日間の余裕がある。したがって、現金払いの頭金をこの家賃収入で支払うこともできる。

この前払い家賃と保証金を合わせると、買い主が頭金に使える額は数千ドルにおよぶこともある。ロバートはかつて大きなアパートを購入したことがある。そこの家賃と保証金は合計すると1万6000ドル——ちょうど頭金として必要な額——に達していた。つまりは賃借人がロバートに不動産を買ってくれたことになる。

◆頭金なしの技術その6　購入選択権付き賃貸

地方紙の案内広告を読むときは必ず〝貸家〟欄に目を通して、売り主が進んで購入選択権付きで家を貸そうとしている広告がないか探すこと。そういう広告は、頭金なしの取引の宝庫なのだ。なぜかって？　進んで家の賃貸や購入選択権付き賃貸をしようとする所有者は、現金での多額の頭金を必要としない売り主だからだ。たいていは、月々の支払いの足しにするため賃借人を探そうとしているだけだ。多くの場合、そういう売り主は、賃貸の代わりに頭金ほとんどなしかゼロでの購入を申し出ても、きちんと検討してくれる。

ときには、購入するよりも購入選択権付きで家を借りたほうがいい場合もある。たとえば、こういう状況を想像してほしい。ある所有者が15万ドルの空き家を、家賃月額1200ドル、3年以内16万ドルの購入選択権付きで貸したいと考えている。この場合は、購入するよりも借りるほうが安くあがる可能性があ

かの〝収入の流れ〟に頼るしかない。自分の不動産売買と、ジェレミーのインターネット事業だ。ミシェルは少なくとも自分の仕事には自信をつけてきていた。

「次の手は？」

ティリーは続けて、誰かの頭に浮かんだアイデアが実際に〈トイザらス〉のような店の棚に商品として並ぶまでの流れをくわしく説明した。記憶の糸をたぐり、過去の栄光を追体験して専門知識を披露したが、ほとんどの言葉はミシェルにはなじみのないものだった。プロダクション・パターン、カウンター・サンプル、グロス・ユニット……。

そして最後に、こう言って話を締めくくった。「あんたは想像もつかないほど運がよかったんだよ。こんな幸運は一〇〇万年に一度しか起こらない。率直に言って、今回のことをまとめあげたのがあたしなのか、目に見えない力なのか、わからないくらい」

「両方でしょうね」

「ああ、あたしは謙遜するたちじゃないけど、今夜ばかりはちゃんとお祈りをしといたほうがよさそうだ」

あと63日……

ミシェルとレニーが三番目の物件を見つけ出したのは、リヴァーデールでも一、二を争う高級住宅地の並木道を車で走っていたときのことだ。このあたりでは一〇〇万ドルクラスの住宅が一般的で、住民専用のゴルフコースまである。

ミシェルは今や、一ブロック手前からでも〝売家〟の看板を見つけられるレーダーを装着している

る。あなたは所有者としての責任を負うことなく、利益をあげる可能性を得られる。物件の評価額が3年以内に20万ドルまで上がれば、選択権を行使して物件を購入し、利益を得られる。価格が上がらなければ、引っ越して別の選択権付き賃貸物件を探し、同じことを繰り返すのだ。

◆ハードマネーの貸し手をパートナーとする場合

頭金なしの技術その7　いかなる犠牲もいとわない

ハードマネーとは、銀行その他の金融業者から借りる資金を指す。借入資格や返済の条件がきびしくて、利息は通常、市場金利に連動している。一方、売り主などから借りるソフトマネーはもっと安上がりで、概して条件面でもかなり融通がきく。このため独創的な買い主は、ソフトマネーの財源を使い果たしてから金融機関に向かう傾向がある。とはいっても、頭金の重要な資金源であるハードマネーの貸し手を無視するわけにはいかない。

クレジット・カード——20%ほど利息はかかるが、じゅうぶん儲けのある取引であれば、頭金集めの主要手段として、ひとつまたは複数のクレジット・カードで資金を調達するのもいいだろう。あるいは頭金の一部として、自分のクレジット・カードで売り主が必要としているもの——航空券など——を購入してもいい。

ホーム・エクイティ・ローン——財政状態の厳しいときでも、買い主（あなた）の家の純資産額《エクイティ》を担保にした第二抵当ローンを喜んで設定してくれるローン会社や金融会社があるはずだ。駆け出しの投資家は、よくこの方法でスタートを切る。アリゾナ州のあるカップルは、2万ドルのホーム・エクイティ・ローンを利用して一戸建て貸家を2軒手に入れ、投資活動を開始した。今やこの2人のキャッシュフローは、さ

ミシェルの物語

ようだった。この物件の看板が目に留まると、ミシェルはすぐに車を寄せた。

「どうして停まるの？」とレニー。「この地域の家は、わたしたちの手に負える価格帯じゃないわよ」

〝売家〟の看板の下に小さな箱が置かれ、そこに詳細を記したちらしが入っていた。ミシェルは自分用に一枚取り、しぶしぶ芝生まで入ってきたレニーにも一枚渡した。

「こんな家を買う余裕はないのに」ちらしを見ながら、レニーがまた同じことを言う。「こういう家にかかる月々の支払いは天文学的数字になるって知ってる？　ほんの数カ月で資金が底をついちゃうわよ。わたしには不動産に関して多少の経験があるということを忘れないで。この手の物件は、あなたが思うよりずっと長く売れ残っているものなの。お金持ちは自力で夢のマイホームを建てられるし、他人の建てた家を買うよりそうしたがるのが普通だもの。そうでなくとも、この場所を見て」

レニーの言いたいことは、ミシェルにもわかっていた。高級住宅地だというのに、よくまあ近隣の住民たちがこの家をこれほど荒廃するにまかせていたものだ。芝生には雑草が生い茂り、ペンキは剝《は》がれ落ちて、玄関には古新聞が山をなしている。空き家になってからもう何カ月もたっているのが一目瞭然であった。

それでもミシェルは反論した。「最高の地域で最低の家を探しているんじゃなかった？　サムから学んだことがあるとすれば、ほかの人が問題ありとみなす状況に遭遇したら、問題を解決できる人を探せってこと。この場合はわたしたちよ」

「わかった」レニーはしかたなく言った。「それにしても、これを改築しようとしたら、今までの利益を全部使うはめになりそうね。そこらじゅうに〝金食い虫〟って書いてある」

「でも、これだ、って直観したのよ」そう言って胸を叩く。「びびびっと来た」

「はあ」レニーは困惑ぎみだった。「今のあなたは直観の女王だものね」

さやかながらプラスに転じている。

船、車などの動産による資金調達――ハードマネーの貸し手はたいてい、価値のある動産を担保にすれば喜んで融資を引き受けてくれる。ある買い主は優良なマンションを購入するのに、あと2000ドルを必要としていた。この男には家族がなく、頼れる両親もいなければ貯金も底をついていたが、抵当に入っていない新しい小型トラックを所有していた。そこで、男はそのトラックを担保物件にして金を借りることができた。

最も返済条件の厳しいハードマネー――新聞広告にはたいてい〝貸金〟という欄がある。これらの広告主は、高金利の貸付だけを扱う小さな金融業者だ。彼らは借り手の信用度など気にしない。気にするのは担保物件だけだ。

あなたが超お買い得物件を見つけたとしよう。10万ドルの価値がある物件を、現金6万7500ドルで購入できる。ハードマネーの貸し手に電話をかけてみると、相手は物件の価値の75%分までなら喜んで貸してくれるという。しかしそのお金は高くつく。金利14%に10ポイントが上乗せされるというのだ（1ポイントが貸付金額の1%に相当する）。つまり7万5000ドル借りるはずが、10ポイント（7500ドル）差し引いた金額を渡されることになる。金利14%で7万5000ドルを返済しなければならないのに、受け取る金額は6万7500ドルなのである。

だが、結論を急がないでほしい。よい面についても考えてみよう。ほかの人の金（OPM）で10万ドルの物件を購入できて、返済額はたったの7万5000ドル。その物件を9万ドルで転売すれば、短期間のうちに1万5000ドルの利益を手にできる。物件をすぐに転売できるなら、借金にどれだけコストがかかろうと気にすることはない。もちろんこの手法が使えるのは、〝超弩級〟の儲けがある取引のときだけだ。だが、超弩級の取引を目の前にしたときに、元手となる現金を工面する方法があるとわかっていれば、

ミシェルの物語

おもての芝生――まだ機嫌を損《そこ》ねたままのレニーは〝雑草畑〟と呼んだ――から、看板に書かれた不動産業者に電話をかけた。電話は携帯電話に転送され、話してみると相手は車に乗っていて、ほんの数ブロック先にいることがわかった。

「ほらね?」ミシェルは笑顔を見せた。「話が速いでしょ」

数秒後、黒のBMWに乗った不動産業者が現われた。五〇歳くらいの女性で、黒いスーツに身を包み、白髪まじりの髪を短く切っている。華美ではないが、とてもしゃれていた。せわしないあいさつを交わして、さっそく家に入れてもらう。中の状態はミシェルの予想よりはるかにひどかった。誰か知らないが、ここの内装を手がけた人間は〝倹約〟の意味をはなはだしく取り違えているか、おそろしく悪趣味かのどちらかだ。リビングから廊下にかけては病院でよく使われる緑色、キッチンはくすんだ黄色で、家電製品のぞっとするようなアヴォカド色は、まわりとまったく調和していない。

〝管理不行き届き〟というのは、この家の内部を表わす言葉としては褒《ほ》めすぎなほどだ。壁は屋根からの水漏れでしみだらけ。タイルはひび割れ、欠けて、トイレは一〇〇年前からあったように見える。

部屋を調べるたびにレニーはいらだちを募らせて首を振り、ミシェルが見学を続けると言うたびにため息をついた。ひとまわりしたあとで、レニーはミシェルの袖をひっぱって、この物件が考慮に値しないことを説いた。

「金銭的な条件によるんじゃない?」ミシェルは小声で言った。「一ドルだったら、あなただって買うでしょ?」

「さあどうかしらね」レニーが息を殺すように言ったのを無視して、ミシェルは不動産業者に向き直り、ちらしに載っていない詳細を訊ねた。

業者は概要を書類で確認した。「所有者はリヴァーデールにあるほかの家に引越して、こちらの物

安心というものだろう。

◆抵当権者《モーゲージホルダー》をパートナーとする場合

頭金なしの技術その8　割引で儲ける

物件の調査に欠かせない質問は次の2つだ。この物件にはローンがいくら残っているのか？　また、抵当権者は誰なのか？　たいていの場合、抵当権者は銀行やその他の金融業者など、柔軟性や創造性に欠ける相手だ。だが、**ときには一個人が抵当権を所有している場合もある。**それがわかれば信号が青に変わったようなものだ！

たいていの場合、個人の抵当権者はその物件の前の持ち主だ。つまり支払の一部を手形で受け取ったわけだ。これらの抵当権者は現在、長期間にわたって、ときには市場金利以下で返済を受けている。なかには、手形を割引価格で売却して現金を得たいと思っている者もいる。長年にわたって細々と収入を得るよりも、今すぐまとまった現金を得るほうがいいというわけだ。

戦略はこうだ。個人の抵当権者を説得して、現金で支払いをする代わりに住宅ローンを割引してもらう。そして、購入物件を担保として新たなローンを組み、割引してもらった住宅ローンのほうを完済する。たとえば、10万ドルの価値がある家屋の第一抵当ローンが2万ドル、第二抵当ローンが6万ドルだとする。売り主は、純資産額2万ドル（物件の価値からローン8万ドルを差し引いた額）の現金払いを希望している。あなたは第二抵当権者に連絡をとり、相手の6万ドルの手形に対して4万ドルの現金を支払うということで合意を得る。この合意事項は書面にしてもらう。次に、第一抵当ローンを借り換えて新たに8万ドルを手にする。この貸付金で、借り換え前の第一抵当ローン2万ドルを完済。さらに第二抵当ローンの6

ミシェルの物語

件はそれから一年間そのままにしてあります。ずっと空き家です。買いたいという申し出は多数あったのですが、所有者のほうが断っていますね。金額がじゅうぶんでなかったからです。最近の評価額は一二〇万ドル。抵当残高はおよそ八〇万ドル。所有者の女性は裕福な方なので、月八〇〇〇ドルの支払いはさほど苦にならないようです。希望額で売れるのを待っているのでしょう」

レニーがほほえんだ。「そう言っていたところなんですよ。高すぎるだろうって。お時間をとらせてすみませんでした」別れの握手のため手を差し出す。

しかし、ミシェルはその手をそっと押し戻した。「そんなに急がないで」明るい声で言って不動産業者に向き直る。「抵当のことを教えてください」

業者はちらしを見て言った。「新しい買い主が負債を肩代わりすることは可能だと思います」

「では、購入を申し込みたいのですが」ミシェルはサムから教えてもらったことを思い出しながら言った。「わたしたちは不動産投資家です。もし契約が成立すれば、すぐに行動を起こすことができます。こちらの提示額は八〇万五〇〇〇ドル。キッチンのテーブルで今すぐ書面にしていただければ、喜んでサインしますし、手付金もお支払いしましょう」

レニーが息をのんで服の袖をひっぱったが、ミシェルはそれを振り払った。

不動産業者もあまり乗り気ではなさそうだった。「八〇万五〇〇〇ドルでは明らかに足りませんね。抵当額のほかに仲介料、契約手数料、それに諸々の経費がかかりますから」

「ご存じのように」ミシェルは礼を保ちながらも、きっぱりと指摘した。「不動産に申し込みがあったら、どんなものもすべて報告する法的義務があなたにはあります。わたしは回答期限付きで八〇万五〇〇〇ドルの申し込みをします。手付金として一〇〇〇ドルをお支払いしましょう」

「その金額では足りません」不動産業者が言った。

万ドルも、合意どおり現金4万ドルを払って完済する。残りの2万ドルは売り主に支払う。最後にあなたの手もとに残るのは、10万ドルの価値がある家屋と、8万ドルの新たな住宅ローン。つまり全員が勝者となったうえに、あなたは2万ドルを儲けたのだ。

このテクニックの応用として、純資産額の大きい物件を見つけてその物件を担保に手形を振り出し、その手形を個人投資家に割引して売却する、という方法もある。たとえば第一抵当ローン4万ドル、資産価値10万ドルの家屋を見つけたとする。売り主は、すぐに買い取ってもらえるなら8万ドルで売ってもいいと言っている。

つまり、頭金として現金で4万ドル揃える必要があるのだ。あなたは物件に第二抵当権を設定して10％の利息がつく6万ドルの手形を振り出し、その手形を割引して個人投資家に売却する。手形の額面6万ドルに年間利息6000ドルが加算されるわけだが、投資家の払う額はたったの4万ドル。したがって、この投資の利回りは15％にものぼる（4万×15％＝6000ドル）――手形を振り出した時点での2万ドルの差益を計算に入れなくてもだ。売り主は現金4万ドルを得て、投資家は利率15％の手形を得る。そして、あなたは頭金なしで物件を購入する。

3者がともに勝者になったのだ。

〔編集部註〕「第一抵当」「第二抵当」はそれぞれ「First Mortgage（ファーストモーゲージ）」、「Second Mortgage（セカンドモーゲージ）」の訳語である。「第一抵当（ファーストモーゲージ）」はいわゆる住宅ローンであり、「第二抵当（セカンドモーゲージ）」は「物件の時価から第一抵当の残金をひいた部分を担保に融資を受ける」ことを指す。

「手付金をもっと欲しいかどうかは売り主に決めてもらいます。わたしの提示金額が受け入れられたら、本気で買う気があることを納得してもらうために、手付金の額を増やすかもしれません。三日の猶予《ゆうよ》を差し上げますから、この申し出を受けるつもりがあるかどうか売り主に確認してください」

三日後、不動産業者からミシェルに電話がかかってきた。どことなく冷たい口調で伝えてくれたのは、売り主の女性があの家を持っているのにとうとう疲れてしまって、次の申し込み者に売ってしまうのがいちばんだと決めたばかりだということだった。不動産税と不安定な市場のあいだに立たされて、これ以上長く所有していると差損がますます大きくなりかねないからだ。

「わけがわからないわ」独り言のように不動産業者がつぶやく。「今までに三件の申し込みを同じ女性に仲介して、どれも九〇万ドル以上の提示額だったのに、にべもなく断られた。その売り主が、あなたの申し出には考える間もなく飛びついた。なんともタイミングよく、あとあとの生活のために自腹を切ってでも取引を終わらせようという気持ちになっていて……。こんな金額でも受けてもらえると知っていたら、わたしが自分で買いたかったくらいだわ」

〝直観を味方につけていればこそ、こういうことが起こるのよ〟……ミシェルは胸を張った。〝あなただって〈うん－でも女史〉とそんなに仲よくしていなければ、わたしより先にあの物件を買うことを思いついたでしょうに〟

一週間後に契約手続きは完了したが、不動産業者の計算どおり売り主は取引を終わらせるために相当な額の小切手を切るはめになった。そうしてミシェルは四〇万ドルの資産を手にした。

◆物件をパートナーとする場合

頭金なしの技術その9　隠れた資産を切り分けて儲ける

油断のない買い主は、物件のおまけに付いてくる資産の中に売り払って購入資金の足しにできそうなものはないかと、目を光らせるものだ。備品から土地の一部まで可能性は無限にある。

家具の切り分け――ある独創的な投資家が、アパートを購入するためにあと3万ドルを必要としていた。下見の際、各部屋に骨董的価値のある家具が多数備え付けられているのに気づいたこの男は、骨董屋と話をつけてお金を借りた。そして、不動産取引が完了するとその家具を持ち出して磨きあげ、ローン返済のため売りに出したのだ。

別のある投資家は、商業ビルとそこの主要テナントだった食料品店とを買い取った。この男は、すべての商業用の備品――レジ、冷凍庫、冷蔵庫――が店の購入品であることに気づいた。そこでリース会社にその備品をいったん買い取ってもらってから、リース契約を結んでその同じ備品を食料品店に戻してもらった。リースで浮いた金を使って、男はビル全体を買い取った。

その他の資産の切り分け――フロリダ州に住む別の投資家は、高価な土地の選択売買権（オプション）を購入するのに、資金が５０００ドル不足していた。ある日この投資家は、必要な元手をどう工面したものかと思案しながら敷地内を歩き回っているときに、花屋で売られているような美しいシダが広範囲にわたって生い茂っているのに気づいた。多くの問題には独創的な解決法が用意されている。そういうわけで、当然の帰結として投資家はこのシダを切り分け、取引をまとめられるだけの資金を調達した。現在この土地は、数百万ドル規模のレクリエーション・パークに生まれ変わろうとしている。すべてはひと群れのシダと独創的な精神から始まったのだ。

物件の一部の切り分け――場合によっては対象物件の一部分（余分な敷地や独立した建物）を切り分け

ミシェルの物語

それが問題の始まりだった。複数の工事請負業者から見積りを取ったところ、その家を売買できる水準までリフォームするのに五万ドル以上かかるとわかった。ジャスコの件で入ったお金を全部つぎ込んだとしても、仲間の利益をリスクにさらすことになるのは明らかだ。

しかも、最悪の事態はその先に待ち受けていた。リフォームに着手したあとで、五万ドルではとても足りないことが判明したのだ。約一カ月後、改築費用はまだ二万ドル不足していた。そこで不動産投資に乗り出してから知り合った個人の金融業者に電話して、法外な金利で二万五〇〇〇ドルを借り受け、やっと改築を完了させた。

義父との最終決戦に向かって刻々と時がきざまれていくなかで、ミシェルは高級住宅地の美しくリフォームされた家に座っている。八〇万ドルのローンが残っているとはいえ、評価額は少なく見積っても一二〇万ドルだ。しかしローンの支払いが始まって、月に八〇〇〇ドルが銀行預金から消えるようになると、ミシェルは自分自身が〝意欲的な〟売り主になっているのに気づいた。ジェレミーの計算によれば、一日三〇〇ドルを失っているそうだ。一日あたりの数字を示されると危機感がもっと現実的に、それゆえもっと恐ろしいものに感じられた。

あと50日……

て売却することにより、資金を調達することもできる。ウィスコンシン州のある投資家は、広い土地付きの魅力的な一戸建て住宅を見つけた。価格は9万9000ドル。多額の頭金を捻出する必要に迫られたこの男は、物件を測量し直して家屋両側の土地2カ所を区分けした。取引完了時までに片方の土地が1万5000ドル、もう片方が1万ドルで売れたので、その金は区分け前の土地全体を取得するための巨額な頭金の一部に充てられた。ただ、この場合はすべての売買取引を同時に完了させる必要があるが。

◆個人をパートナーとする場合

頭金なしの技術その10　自分が持っていなくても、誰かが持っている

パートナーの財務諸表を借りる——大物投資家は取引でパートナーの援助が必要になると、まずはチームに必要な戦力を増強したうえで、自信を持って市場に乗り込むものだ。たとえばアルバカーキ在住のある投資家は11戸から成る建物を購入する際、20％以上割引してもらった。それだけでなく、新規の追加抵当ローン（包括抵当《ラップアラウンド・モーゲージ》）を設定して、支払いの大部分をそのローンでまかなった。これには2人のパートナーの財務諸表が大きく物を言った。すべては経験豊かな売り主との会合に居合わせた2人のパートナーが、悪友どもではなくミリオネアだったおかげなのだ。

パートナーに頭金を借りる——投資パートナーを説き伏せて頭金の全部または一部を貸してもらう。ローンは物件に対する信託証書によって保証されている場合もいない場合もある。どちらにしても買い主は、頭金が不足しているだけなら、よほど必要に迫られない限り不動産の所有権をパートナーと共有するのはやめたほうがいい。所有権の共有は、投資期間全体を通して計算してみると非常に高くつくからだ。

パートナーのキャッシュフローと自分の所有権などを組み合わせる——パートナーが取引を成功させる

ミシェルの物語

ここ二週間というもの、ミシェルが目を覚ましている時間は一分一秒にいたるまですべてハスブロ社との交渉か、契約書のサインに占められているようだ。ティリーが最初に取りつけた合意は口頭のものだったため、あとから詳細を詰めなければならない項目は何十にものぼった。その交渉で精神的な疲れを感じることもあったが、同時にミシェルは興奮に満たされていた。

契約が完了するとすぐ、ミシェルとコートニーはまだ手もとにない在庫六万体を、こちらに権利が残っている客層へ予約販売するべく力を尽くした。そのあと数週間をかけて、ふたりは新しい試作品を携え、国内で行けるところであればどんなギフトショーにも顔を出し、さらに街を歩いて、最少販売単位の一〇〇体を買ってくれそうな小売店を探しまわった。いわゆるギフト市場《しじょう》は潜在的には巨大だが、ミシェルたちの道は険しかった。コートニー自身は〝いつでもいっしょベア〟を自分の店に並べるのを楽しみにしていたが、零細店の大半は、それほど多くの量を注文できないのが実情だろう。しかし出荷の日程と最終的な期限のことを考えると、一〇〇体以下の単位で売るのは現実的ではない。

資金はかからないが、労力のかかるやりかただった。コートニーは同業の小売業者や、取引のあるカタログ会社にささやかな援助を呼びかけ、その方法でなんとか数千体をさばいた。しかし一体につき一〇ドルの利益があがるとはいえ、ミシェルの一〇〇万ドルという目標に比べるといかにも頼りない。コートニーは空港のギフトショップを経営している小さなチェーン店と交渉してはどうかと提案した。小規模なチェーン店なら販売権はこちらにある。しかし、それも骨の折れる仕事だった。

最大の障害はタイミングだった。たいていの小売店はクリスマス向けの商品を半年以上前に用意するもので、この時期のギフトショーは来春に売るおもちゃに合わせて開催されていた。それでもショーに参加することで、ミシェルとコートニーは買い手とじかに顔を合わせて、追加の商品を探していないか、不良品回収やおもちゃ会社の破産など流通ルートの問題をかかえていないか見きわめる機会

ために現金以外のものを提供してくれる場合も多い。フロリダ州のある投資家はパートナーに頼んで、大きなモーテルの購入に手を貸してもらった。そのパートナーは自分の株式ポートフォリオを担保物件として、取引にどうしても必要な2万ドルを借りてくれたのだ。

パートナーは現金を、自分は時間と専門知識を提供する——最も多いのがこの形の提携だ。手付けとして必要となる現金や、場合によってはキャッシュフローのマイナスを相殺するための現金を用立ててもらう代わりに、不動産の所有権をパートナーと共有する。

アトランタ州のある駆け出しの投資家は、自己資金わずか１００ドルで、パートナーの２０００ドルを使って最初の取引を完了させることができた。またサンディエゴのある父子はチームを組んで、マンション入居に必要な７０００ドルを持つパートナーを探し出した。ロサンゼルスのある投資家は、72戸建ての物件の取引を完了させるために、必要な現金（14万８０００ドル）を提供してくれるパートナーを何人も集めた。パートナーの投資する金額にかかわらず、原理はいつも同じだ。

◆買い主をパートナーとする場合

頭金なしの技術その11　転売で儲ける

X日以内に価格Yで物件を購入したい、と申し込むときは必ず〝購入申込書〟という法的書類に署名することになる。〝購入申込書〟はいわば短期の選択権《オプション》である。それは法的な拘束力を持つ契約書《アグリーメント》であり、売り主は一定期間内にあなたに物件を売却する義務を負う。

たとえば10万ドルの家屋の購入を申し込み、契約実行日をその日から60日後に設定したとする。原則的には、あなたは価格が10万ドルに固定された物件に対して60日間の選択権を持つことになる。では、この

を得られた。もし問題をかかえているようなら、その解決策としてこちらの商品を提示できる。

ふたりが得意としたのは、買い手の共感を呼ぶ売り込みかただ。専門家に作ってもらった新しい試作品は電子部分も完璧だった。それを手にして、ふたりは自分たちが働く母親であり、子どもを家に残してはるばるギフトショーへやって来たというふりをした。また子や孫を持つ、見込みのありそうな買い手にメッセージを再生してみせたりもした。実演は絶大な効果をあげることもしばしばで、新しく棚を作ってでもこれを陳列しようと決めた店主もいたほどだ。

こうした売り込みは体力的にもきつかったが、早くも何百という注文書を手にすることができた。ティリーは正しかった。この熊はヒット商品だ。そして、ギフト市場で売る権利を手放さなかった判断は、まさに天才的だった。

地元のディアクリークでは〈ゴールデンハウス〉の入居者、特にティリーの友人たちが、やりがいのある仕事に参加できるのを喜んで、それぞれの人脈に電話で連絡をとってくれた。成人した子どもたち（ときには成人した孫たち）や子どもたちの友人、そのまた友人に一〇〇体以上買ってくれそうな客を当たってもらったのが功を奏していた。

またミシェルは慈善団体を相手に、誰もが勝者になる取り決めができるかもしれないと思いついた。全国には五万以上の慈善団体、慈善的な財団法人や非営利団体があって、そのすべてが資金調達の必要に迫られており、われらがベアはその用途にぴったりではないかと思えた。「お祖父ちゃん、お祖母ちゃんには願ってもない商品です」ミシェルはそう言って売り込んだ。「お母さんたち、お父さんたちも大喜び。出産祝いにもどうぞ」慈善団体と利益を山分けしたとしても、一体につき五ドルの儲けが得られることになる。

数週間駆けずり回った末に、ミシェルたちはなんとか五万体の〝いつでもいっしょベア〟を売るこ

60日の期間中、それもあなたが実際に不動産の所有権を取得する前に、その物件を11万ドルで買わせてほしいと持ちかけてくる人物がいたらどうなるだろう？　この新たな買い主に契約を転売して、1万ドルの利益を手にすることができるだろうか？

答えはイエス。新たな買い主があなたに代わって購入手続きを完了させる。法的立場を強めるには、購入申込み時に、名前のあとに必ず〝および、または譲受人〟と書き加えること。こうしておくと、物件を購入する権利〝および、または〟自分の契約を他人に譲渡する権利が得られる。

ジョンというある独創的な投資家は、独特の戦略を用いて住宅都市開発省の差押え物件を買い取り始めた。この男は、各物件を購入・所有する代わりに、即座に転売した。典型的な取引を紹介しよう。ジョンはまず差し押さえられている評価額8万ドルの家屋を、少額の頭金を払って6万ドルで購入した。それから新聞に広告を打って、その家屋を価格8万ドル、頭金わずか900ドルで再び売りに出した。

この広告に引かれてたくさんの人が電話をかけてきた。ジョンの利益は、彼が提供する第二抵当ローンに対する返済の形で入ってくる。たいした儲けには見えないかもしれないが、これでは終わらない。ジョンは、毎月4、5軒の家屋を購入・転売したのだ！　前回会ったときには、ジョンがこの方法で購入・転売した家屋はすでに800を超えていた。これらの第二抵当による純資産額の累計は数百万ドル、毎月のキャッシュフローは数万ドルにも達するという。

また、ある投資家はコロラド州の有名なスキー場で妻とともに休暇を過ごしていた。スキー旅行の費用を経費扱いにして課税控除してもらうため、数時間を費やして不動産物件を探し回っていたこの男は、いわゆる**〝最高の地域にある最低の家〟**を発見した。その物件の価格は125万ドルだが、近辺にあるほかの物件の価格帯は200～500万ドルだった。現金80万ドルでの購入を申し込むと、90万ドルならという返答があった。両者は90日後を契約実行日とする申込書に署名した。この90日のあいだに、男は物件

とができた。在庫の大半をさばいたのだから、ティリーの予想はだいたい合っていたわけだ。注文書は手のうちにある。つまりミシェルは一〇〇万ドルの半分の利益を握っているということだ。しかし商品が出荷されるまで支払いはされないし、いずれは売らなければならない在庫が一万体残っている。

今は待つよりほかにない。ミシェルは頭がおかしくなりそうだった。

ティリーは繰り返しミシェルを安心させようとしてくれた。おもちゃは中国大陸で製造されているところで、それが終われば合衆国行きのコンテナ船にちゃんと積みこまれるのだから、と。「待つのがつらいのはよくわかるよ。売り込みのあいだは忙しくしていられる。あんたの話だと、やることはほかにたくさんありそうじゃないか。でも気持ちはわかる。あたしだって、あんたが直している家のペンキ塗りを手伝いたいぐらいさ。現実には、この過程をスピードアップさせる手立てはあまりない。あたしたちのかわいい熊ちゃんは、玩具業界の大きな機構に組み込まれちまったんだ」

三週間もたたないうちに、ティリーが電話で、おもちゃの製造が終了したことを知らせてくれた。すでに輸送の準備も整っているという。船は翌朝、出発する予定だった。途中で何カ所か寄港して、およそ二一日後にはロサンゼルス港で荷を降ろせるだろう。

商品は港からさらに地上経由で個々の販売店へ配送され、取り決めに従って代金と引き換えに搬入される。二日ないし四日の猶予をみても、義父アンソニー・エリクセンとの約束の日の一週間前までには、売上げが入金されるはずだ。

サムとミシェルはこれまでに何時間となく〝複数の収入の流れ〟（P297）について話し合ってきたが、この理念の知恵が今になって身にしみた。ミリオネア・イーグルスは不動産売買で思ったほどの金額を稼ぐことができなかったし、インターネットからの収益はいまだに仮定の話でしかない。

コンテナ船が中国を出航した朝、〈巌《いわお》〉でサムは一カ月前から話してきた格言をまた繰り返した。

を再度売りに出して、115万ドルの申込みを受けた。契約した購入価格より25万ドルも高値だ。〝および、または譲受人〟という一句を書き加えておいたおかげで、男は物件を新たな買い主に転売して、わずか数カ月のうちに現金で20万ドルを超える利益を獲得した。物件を一度も所有せずに、莫大な金額を稼いだのだ。

これこそが転売という手法の利点だ。

時給120ドルのアルバイト

不動産の購入は、数のゲームだ。

200の物件情報に目を通しても、見込みのありそうな物件はせいぜい20件ほど。現地調査をする価値があるのは、そのうち10件程度だろう。その中で申込書を出す価値があるものは2、3件だけ。さらに、こちらの条件に同意してくれる売り主を見つけるまでに、10通は申込書を出さなければならないだろう。だが、がっかりしないでほしい。投資する時間に対してどれほどの収益が見込めるか、考えてみよう。調査と交渉に100時間を費やした結果、相場より安値の優良不動産物件をひとつ購入して、1万ドルの利益を得られたとする。1時間当たり100ドルを稼いだ計算になる。最終的に毎時間100ドルの価値がもたらされるとわかっていれば、暇な時間を投資したくはならないだろうか？　もちろんなるでしょう！

ここから数字はもっと輝きを増す。純資産額を高めるためにさらに50時間かけて物件の大掃除を敢行し、物件の潜在的な価値を1万ドル上げたとする。これなら1時間の労働につき200ドルの儲けだ。

「もしわたしが製材所を持っていたら、木材だけでなくおがくずまで売るだろう」〝複数の収入の流れ〟によってしか成功を確かなものにすることはできないということだ。

「これは計画のうち」サムは言った。「失敗することもあるのはわかっていた。だからこそ、〝複数の収入の流れ〟の方式をとったの。採掘《さいくつ》をするのに、どの坑道が金を掘り当て、どの坑道が塩を掘り当てるのか、前もって予測がつかない。できるだけたくさんの坑道を掘っておくこと。最終的にはそのすべてが何かを生み出すのだから」

ミシェルは心の中で日にちを数えた。船が着くころには、時間切れまでもう一〇日も残っていない。

あと33日……

義父と賭けをしてからほぼ二カ月が過ぎていた。今ミシェルはひとりでサムの会議室に座っている。朝早い時間なので、チームのほかのメンバーはまだ誰も来ていない。壁を眺めまわして、みんなの最初のアイデアが書かれた紙がいまだに貼ってあるのを目にとめた。あのころはみんな、いかに熱心に学ぼうとし、いかに希望に満ち、そしていかに楽観的だったことだろう。最初のアイデアのうち、実現できなかったものがどれだけあったか、不成立に終わった取引や、行き止まりになった道がどれだけあったかを思い起こす。

〝ひとつがだめでも、次がある〟……しかし何よりも心配なのは、月々の多額の支払いをかかえた空家のことだ。

あれやこれやに思いを巡らしている最中に、サムが部屋に入ってきた。ミシェルはサムに、あの大きな家とそれ以上に大きな額の毎月の支払いをどうすればいいのかと聞いた。サムは唇をすぼめる。

さらにその物件に毎週2時間――年間で約100時間――を費やしたことで、物件の評価額が1万ドル上がったとする。するとまたもや1時間の労働につき100ドル儲けたことになる。

全部合わせると、この投資物件ひとつを発見、購入、修繕、管理するのに250時間を投資したことになる。現在のところ、利益は3万ドル。たった1年で、ひとつの物件を〝金を作り出す機械〟に変えて、時給120ドルに相当する利益を得ることが可能なのだ。

これと同じような物件が2つあったとしたら？　3つならどうだろう？　しかも、これらすべてが自宅のキッチンテーブルから始められるのだ！

だからこそ、われわれはこう断言する。**〝不動産の購入を待つな。不動産を購入してから待て〟**

◆不動産システムを1分間で復習しよう

1　投資家として成功するには、価値を見つけ出すか、もしくは価値を創り出さなければならない。

そのためには次の点に注目しよう。

◆ディスカウント状況

◆投げ売りの物件

◆転用可能な物件

2　不動産投資家としての成功は、すべて3種類の技能の習得にかかっている。

◆取引の発見――お買い得不動産を見つけ出す

◆取引の算段――住宅ローンの審査に通って、頭金を調達する

ミシェルの物語

「あの物件を買うことにわたしが猛反対したのはわかっているでしょう」

「そうだった?」ミシェルは震える声で聞き返した。

サムは冷静だった。「人間の記憶の不確かさには、いつも驚くわ。もう一度言わせてちょうだい。わたしが恐れていたのは、資金を使い果たしてしまって、多額の支払いのほかに何も残らなくなること。それが現状のようだけど」

ミシェルはうなだれた。しばらくしてから訊ねる。「これからできることがあるかしら?」

「そうね。新聞に広告を出して、購入選択権付き賃貸にするという手がある。それなら手早くあの家を処分できるし、率直に言ってそれが最善の策でしょうね」

「でも、それじゃ必要なお金が手に入らないわ」

「あのね、あなたは今、月におよそ八〇〇〇ドルを失っているの。お金が足りなくて次の支払いができなくなるかもしれない。そうなったらあなたは、あなたがこれまでに買い取った物件の売り主とまったく同じ状況に陥るのよ」

「購入選択権付き賃貸(P329)ってどういう仕組みなの?」

「まずは新聞に、こういう広告を載せるの。〝購入選択権付き賃貸――この家を購入選択権付きで貸します〟。あなたの言うとおり、この方法ではお金は手に入らない。でも流れ出ていくのは止められる」

ミシェルはまだきちんと理解できなかった。「誰がそんなものに手を出すの? それだけの家賃が払える人なら自分の家を買うでしょう?」

「世間には、手持ちの現金はあっても、頭金になるようなまとまった資産を持たない人たちもいて、そういう人たちは買うより借りるほうを好むの。もっと多いのは、かなりのお金持ちで引越してきたばかり、単身者にしろ夫婦や家族にしろ、転勤にでもなってこちらへ来たような人たち。しばらく借

◆取引の転売――迅速に物件を転売して利益を得る

このプロセスは7段階に分かれている。

第1段階 自宅から80キロ以内の居住用物件だけを買う――一戸建て住宅、アパート、マンション、タウンハウスなどは、売却、資金調達、入居者探しが比較的やさしい。これ以外には手を出さないほうがいい。

第2段階 1マイル四方の対象区域を選び出して、そこの専門家になる――その区域内に、毎年3件から10件は超お買い得物件が現れるはずだ。そこに一番乗りしよう。また、この対象区域に重点を置きつつ、半径80キロ以内の物件についても考慮していく。

第3段階 意欲的な売り主を探し当てる9つの方法のどれかを実践する――彼(女)は、多くの理由から融通をきかせてくれる。

第4段階 見込みのありそうな物件については、それぞれ5つの重要項目を採点して分析する――すなわち価格、物件の状態、支払条件、立地、売り主の意欲(モチベーション)の高さである。

第5段階 どの〝頭金なしの技術〟を使うかを決める

第6段階 12点以上のすべての物件について申込書を作成する

第7段階 購入しよう! そして所有するか転売する

ミシェルの物語

家に住んで、地域のようすを肌で知りたいという人たちね。住んでみて買う気になったりしたら、あなたの手もとに現金が入ることになる。いちばん大切なのは、あなたの純資産額を守ることよ」

「この状況で、もっと早く現金を手に入れる方法は何かないの？」ミシェルはまだ義父との賭けに固執していた。「つまり、もしこのまま、あと数日という勝負にもつれ込んだりしたら……」

「どんな銀行も、不動産の価値の七五パーセントから八〇パーセント以上の額は貸してくれない。今回の場合だと、すでに資産価値の大部分が抵当に入っているから一〇万ドルがせいぜいでしょうね」

「一〇万ドル入るなら、少なくとも足しにはなるわ」

「現金で一〇〇万ドルつくるなんて、お義父さんに見えを切らなければよかったのにね」サムは言って、部屋に入ってきてから初めて笑みをこぼした。「次にこういう賭けをするときは、現金ではなくて書類上での百万長者にしておいてね。それならみんなどれほど楽だったか」

ミシェルも無理して笑みを返した。「わたし、購入選択権付き賃貸の広告を新聞に出すわ。売りに出してから三週間たつけど、思わしい反応がまったくないもの」

「新しい手を試してもいいころね」サムも賛成して言った。「いろいろな条件を申し出るといいわ。広告に、資金調達やほかの物件との交換にも応じると盛り込むの。〝美築、環境良好、リフォーム済、即入居可。この家と交換できるものはありませんか？　購入選択権付き賃貸では？〟柔軟性を持たせるのよ。交換の可能性も探ってみましょう」

「交換？　なぜ、そんなことを？　わたしに必要なのは現金よ」

「それはわたしもよくわかっている。でも現状を見据えないとね。あなたは売れない不動産をかかえて、現金に換えられずにいる。純資産価値がじゅうぶんでないから、抵当に入れてお金を借りることもできない。今わたしたちに必要なのは、もっと簡単に売れるものでしょう」

実践② 1分間ミリオネアのニュー・ビジネス・コンセプト

最も手っ取り早くお金持ちになる方法は、〝起業《ビジネス》の山〟に登ることだ。この登頂——1年以内に100万ドルの利益を獲得——を早く達成したければ、次の3つが必要になる。

夢——明確な未来像と確固たる〝なぜ〟
チーム——優秀なパートナーのネットワーク
テーマ——100万ドルの製品、サービス、アイデア

それでは、市場に出す目玉商品はどこで探せばいいのだろう？　じつは、今このときも、それはあなたのまわりに存在している。まさにこの瞬間も、あなたは巨万の富に囲まれているのだ。

ラッセル・ハーマン・コンウェルは〝ダイヤモンドの園〟という有名な講演でこう語っている。

「みなさん、どうか身のまわりをよく見渡して、人々が何を望み、自分が何を提供すべきかを探り出し、それを書き留めて、その商品を提供すると得られる利益を計算してみてください。ただそれだけで、利益

ミシェルの物語

「でも時間がないわ、サム」

「ええ。それでもほかに選択肢はない。触覚を伸ばしなさい。〝無限ネットワーク〟やほかのネットワークを働かせるの。何もしなければ天の支援は得られない。動き続けなさい。必要なのは行動を起こすこと。同じところに長くとどまりすぎたわ。行動よ！　すぐに始めて。何かを起こすの。それがするべきことのすべてよ」

　ミシェルはため息をついた。

「もうひとつ言っておくわ」サムの真剣な口調にミシェルははっとした。「あなたが直観の使いかたを学ぶのに、わたしは最大限の手助けをしてきた。あの物件の話が持ち上がってからずっと、あなたは直観がそう告げるから正しいはずだと言ってきたわね。でもそんなに単純ではないの。直観というのは扱いにくい炎のようなもの。それこそいろいろなことに影響を受けやすいんだけど、なかでも気をつけなければならない要因がふたつある。ひとつは貪欲《どんよく》さ、もうひとつは恐れ。ふたりのいじめっ子みたいなものね。恐れというじめっ子のせいで、あなたはするべきことをしない場合がある。反対に、貪欲ないじめっ子のせいで、してはならないことをしてしまう場合もある。わたしにはあなたの心を読むことはできない。できると思われているようだけどね。ただ、後知恵かもしれないけど――」

「そう、後知恵よ」ミシェルは言った。

「かもしれないけど」サムは繰り返した。「この件に関しては、貪欲ないじめっ子があなたの耳もとでささやいていたように思えるの。わたしが自分で不動産投資を始めて間もないころ、うぬぼれていたのを思い出すわ。思いどおりに取引ができているときは、うぬぼれるのも簡単。でも、それも必要よ。投資家が一流の投資家になるためには二、三度は損をして、安全なネットワークなどないことを知らなくてはいけない。損したときに、どれほど懐が痛むかということもね。せめてその過程から何

はすぐに現実のものとなります。富はあなたの声の中にひそんでいるのです」

声の中に？　あまりに簡単すぎないだろうか。しかし、フォーチュン誌に掲載される売上高上位500社のビジネスだって、どれもこれも誰かの頭の中にあったアイデアから始まったものだ。ミッキー・マウスやアップル・コンピュータなど、いい意味で常軌を逸したすばらしいアイデア。あるいはケロッグのコーンフレークなど、おそろしく単純でうんざりするほど平凡なアイデア。なぜ、あなたの頭にはそういうアイデアが浮かばないのだろう？　あなたの頭の中に新製品や新サービスのアイデアがひらめいたことはないだろうか？　そして、わずか数カ月後にほかの人が同じアイデアを実行しているのを目の当たりにしたことは？　「おいおい、これは〝ぼくの〟アイデアじゃないか。ぼくがやろうとしていたのに」と、ひとり言を言ったことは？

さあ、今度こそあなたの番だ。自分自身の100万ドルのアイデアを実行に移して、そのアイデアを現実のものにするのだ。

きょうからわが道を行くにあたって、次の〝もしも〟について考えてみよう。

もしも今、100万ドルのビジネス・アイデアが浮かんだら？
もしも隣人のニーズが儲かるビジネスに発展しそうだと気づいたら？
もしもすばらしいビジネス・アイデアがすでにあるのに実行しようとしない知人がいたら？

物資をどうやって集めるか、資金をどこで調達するか、商品を買ってくれそうな人をどうやって探すのか。そんなことは気にしなくていい。**まずはアイデアを温めることだ。**

かを学んでほしいわ。これから広告を出すけど、ただ電話がかかってくるのを待っていてはだめ。宣伝するの。あなたが美しい家を持っていて、ほかのものと交換したがっていることを大勢に知ってもらうのよ。もっと小さくて抵当に入っていない家を持っている人がいるかもしれない。例えば四〇万ドルの家。あの大食いの家と同じ純資産額よ。その所有者がいるとしましょう。その人はいいゴルフコースのあるいい環境に引っ越したくてたまらない。そういう家なら、わたしたちがクランクできる」

「クランク？」ミシェルは聞き返した。

「ああ、これは業界用語で、資産に再融資を受けるという意味。もしあの大きな家を、抵当に入っていないもっと小さな家と交換できたら、その新しい家でいくらか融資を受けることができるの」

「そう」ミシェルはためらいがちに答えた。

サムは首をかしげた。「あなたという人は、状況の重さにどっぷり浸かっていたと思ったら、次の瞬間にはその重さをすっかり忘れてしまう。それがまあ、いいところでもあるんだけど。さあ、せっせと働いてちょうだい」

「わかった」ミシェルは言った。

部屋から立ち去りかけたとき、サムが後ろから呼びかけた。「まずは広告よ。あしたの新聞に載るように」

翌日の新聞に広告が載った。内容はサムの言葉を言い換えただけだ。

美しい一軒家

起業家向けミリオネアコース◆ベスト10

北米には600万を超える企業が存在するが、そのうち98％は従業員100人未満で、年間総収入の平均額も100万ドルに満たない。われわれが上位2％に仲間入りする方法をお教えしよう。それも、わずかな従業員数で年間100万ドルの純利益を稼ぎ出せる方法だ。

そのためには、起業家としての技能を磨く必要がある。20世紀の初めには90％以上の人が何らかの形で小規模の起業家だった。産業革命中に人々は仕事を求めて農村から都市に移り住んだ。自給自足をあきらめて、安定した給料を得る道を選んだ。彼らの夢物語についてはこれ以上語るまい。今のわれわれは、いわば農村に――個人個人が経済的責任を引き受ける世界に――引き戻されつつある。

世界は起業家を探し求めている。ウォーレン・バフェットによれば、富を築く方法は2つしかない。**価値を見つけ出すか、価値を創り出すか。**起業家は他者のために莫大な価値を発見・創出して利益を生み出す。起業家は雇用を創出し、周囲に刺激を与え、システムをうまく機能させる。周囲が問題点としか見なさないところに可能性を見出す。

起業家はいっそう豊かになるために思考する。そうすることで、必然的に他者の生活も豊かになるのだ。われわれの目標は、あなたの心にひそむ起業家精神を呼びさますことだ。潜在的な蓄財能力を花開かせれば、みんなを幸せにできる。誰も不幸にならずにすむのだ。

起業モデルはわずかな種類しか知られていないが、実際には何十種類も存在する。以下に最も基本的なモデルを10種類あげる。どれかひとつはあなたに合うモデルがあるだろう。

ミシェルの物語

高級住宅地
即入居可能
交換、もしくは購入選択権付き賃貸希望
その他、どんなご相談にも応じます

サムのバンガローの玄関へ入ろうとしているときに、ミシェルの携帯電話が鳴った。サムの事務所にいるステファニーからだ。「ミシェル、広告を見た人たちからの電話が鳴りやまないわ。あなたが出した条件にほんとうに興味を持っているみたい。なんて言っていいのかわからなかったから、相手の電話番号を控えておいたの。今のところ、かけてきたのは一二人よ」

「その人たちの名前と電話番号のリストをファックスで送ってもらえる?」

「もちろんよ。全部そっちに送るわね」

「ありがとう。これからまた電話がきたら、わたしの携帯にまわしてちょうだい」ミシェルは電話を切って家の中に入った。すっかりなじみになったこの場所で、すべてが始まったのだ。あれからさほどの月日はたっていない。小さな寝室をのぞいた。あの最初の朝、ここで目を覚ましたとたん、サムにベッドから引っぱり出されて〈巌〉までジョギングさせられた。この二カ月間、日曜日は別として、朝のジョギングを一日たりとも欠かしたことはない。うっかり逃しそうになったことも数回あったが、今ではすっかり習慣として根づいている。運動をしたあとはいつでも、エネルギーがあふれ出て体内を流れるのが感じられた。この余分のエネルギーがあるからこそ、夜遅くまで持ちこたえられる。もっと若かったころは夕食のあと三〇分もすると眠くなって、九時半前には寝てしまうのが常だった。もちろん、ふたりの子どもをかかえていては、エネルギーを一定の水準に保つのもむずかしい。しか

1	B to C モデル	企業から個人顧客への販売（ウォルマート社、マクドナルド社など）
2	B to B モデル	企業から他企業への販売（オフィスマックス社、シスコ・フーズ社）
3	B to G モデル	企業から政府／政府関係機関への販売（フェデコ社）
4	B to P モデル	企業から慈善団体／養育院への販売（チキン・スープ託児所や赤十字社）
5	B－B モデル	上司を買収して事業主になる
6	B to C^2 モデル	ジョイント・ベンチャーの企業対顧客取引（ネットワーク・マーケティング、エイボン社、ユサナ社）
7	B to B^2 モデル	ジョイント・ベンチャーの企業間取引（2社の提携）
8	I to CBGP モデル	委託従業員である社内起業家と、顧客、企業、政府、慈善団体との取引（スリーエム社）
9	L to GBGP モデル	顧客、企業、政府、慈善団体に対してアイデアの使用許諾を与える（デュラセル社の電池）
10	C to CBGP モデル	顧客、企業、政府、慈善団体に対してアイデアのコンサルティングを行なう

B : Business, **C** : Customers, **G** : Government, **P** : Philanthropies

し、それ以上のものがあると今ではわかっていた。

遅くまで起きていられるのは、義父との勝負の刻限があるからかもしれない。ミシェルは絶えずニッキーとハンナのこと、そして夫ギデオンのことを考えていた。ギデオンの魂がいつもそばにいて、ミシェルが前に動き続け、家族がいっしょになれるようにエネルギーを与えてくれている気がする。

危機に直面しているというのに、今までにないほど心身に精気がみなぎっていた。運動をしているせいかもしれない。それとも、心躍るようなアイデアが次々に湧き出してくるからだろうか。いつのまにか、夜は一一時すぎまで楽に起きていられるようになったし、朝は五時四五分には目を覚まして、また新しい一日に立ち向かうのだった。

かみそりの刃の上で生きること、人生の綱渡りをすることを、今のミシェルは心から楽しんでいる。人を見る目もこれまでとは変わった。窮屈な小船に乗って、へその緒で母船とつながり、ほんの少し安全な生活と引き換えになけなしの自由を差し出す人々……。〈巌〉でサムにこう言われた瞬間のことは忘れられない。「人生にはふたつの扉しかない。〃安全〃と書いてある扉と〃自由〃と書いてある扉。もしあなたが〃安全〃の扉を選べば、両方とも失うのよ」

そう言われて、にわかにはうなずけなかった。振り返ってみると、ミシェルが人生においていちばんに求めていたのは安全だった。家に帰りたい、自分の家に、そして何より愛する家族のもとへ帰りたいと願っていた。自分や子どもたちを傷つけるものが何もないと思える境遇が欲しかった。繭《まゆ》にくるまれていたかったのだ。しかし両方の扉を経験したあとでは、今感じている生命力や明晰な思考能力、軽快な行動力と引き換えにできるような生きかたなどあり得ない。否応なしに経験させられなければ、けっして選ばなかったはずの生きかただ。けれどこうして追いつめられたからこそ、サムの言っていたことが理解できるようになった。

1分間マーケティング計画

新たなビジネスに乗り出す前に、4段階から成る以下のマーケティング計画を完成させよう。毎日1分ずつこれを見直せば、驚くべき効果があがる。

1　全体像――今年度のビジネスに影響を及ぼす外的条件は？

業界における6つの主要動向を調査して、次年度のビジネスの好条件（＋）と悪条件（－）をひとつずつ特定していく。

経済情勢：　(+)＿＿＿＿＿＿　(－)＿＿＿＿＿＿
主要競合他社：　(+)＿＿＿＿＿＿　(－)＿＿＿＿＿＿
テクノロジー：　(+)＿＿＿＿＿＿　(－)＿＿＿＿＿＿
エコロジー：　(+)＿＿＿＿＿＿　(－)＿＿＿＿＿＿
社会／文化的要素：(+)＿＿＿＿＿＿　(－)＿＿＿＿＿＿
法律／政治的要素：(+)＿＿＿＿＿＿　(－)＿＿＿＿＿＿

2　最終目標――次年度のビジネス目標は（具体的な金額を記入）？

財務目標：＿＿＿＿＿＿
＿＿＿＿＿＿
初年度の売上目標はいくら？＿＿＿＿
＿＿＿＿＿＿
製品原価はいくら削減する？＿＿＿＿
＿＿＿＿＿＿
マーケティング費はいくら削減する？＿＿＿
＿＿＿＿＿＿
間接費はいくら削減する？＿＿＿＿
＿＿＿＿＿＿
見積損益はいくら？＿＿＿＿＿
＿＿＿＿＿＿

さらなるマーケティング目標：
＿＿＿＿＿＿
販売個数の合計は？
＿＿＿＿＿＿
データベースに登録する顧客の合計人数は？
＿＿＿＿＿＿
製品の質を改善するために何をする？
＿＿＿＿＿＿
売上原価率を改善するために何をする？
＿＿＿＿＿＿
慈善事業への寄付額の合計は？
＿＿＿＿＿＿

3　顧客――誰を顧客にして何を売るか？

成功しているが自分と競合はしていない同業者に取材して、以下の点を明確にしよう。

自分にとっての完璧な顧客像とは？　年齢＿＿＿　性別＿＿＿　職業＿＿＿
収入＿＿＿　在住地＿＿＿＿＿＿
この完璧な顧客は何を欲しがるか？　＿＿＿＿＿＿
この完璧な顧客は、製品のどんな利点を重視するか？　＿＿＿＿＿＿

ミシェルの物語

もう二度と〝安全〟の扉を選ぶことはない。〝自由〟が唯一の選択肢だ。ミシェルは急いでファックスのところへ行って、ステファニーが送ってくれたリストを見つけた。それからホットチョコレートのカップを手に、キッチンの椅子に座る。ちょうどそのとき携帯電話が鳴った。

「ミシェルです」

「わたしが探していた女性はきみだと思うが」男の声が聞こえてきた。「ミシェル・エリクセンで間違いないかね？」

「はい、ミシェル・エリクセンです」

「わたしはフレッド・タンディ。一カ月ばかり前の手紙を受け取ったところなんだが、リヴァーデールのブランソン地区にあるうちのアパートに興味があるそうだね」ミシェルは記憶をたどって、どの手紙の話なのか思い出そうとした。なにしろこの六週間というもの、国じゅうのあらゆる人たちに五〇〇通以上の手紙を送ってきたのだ。

「もう少しくわしくお聞かせください。どの通り沿いですか？」

「パーキンシップ通りだ」荒れ果てた建物のぼんやりとしたイメージが脳裏をかすめ、それから、忘れていたのが不思議なくらい鮮明に思い出した。問い合わせに応じたのは上半身裸の管理人で、ビールとマリファナのにおいをぷんぷんさせながら、所有者は外国に行っているから建物の監視にくることは絶対にないと自慢げに教えてくれたのだった。

「はい、よく覚えています。何かお役に立てないかと思いまして」

「わたしはずっと国外に出ていてね。郵便物はまとめて送られてくるから、数週間遅れでやっと手紙の差出人と連絡がとれるというしだいで……。おたくがあのアパートの何を知りたがっているのか興味を持ったのだよ」

4 マーケティング方式――効率的に顧客を探し出して注文を取る方法は？
製品：顧客の欲求と競合他社の製品を参考に、どうすれば自分の製品を優位に立たせることができるか考えてみる。自分のUSPはなんだろう？
自分の決定的な利点は何か？ ＿＿＿＿＿＿＿＿＿＿＿＿＿＿＿＿
自分の刺激的な提案は何か？ ＿＿＿＿＿＿＿＿＿＿＿＿＿＿＿＿
自分の強力な約束は何か？ ＿＿＿＿＿＿＿＿＿＿＿＿＿＿＿＿＿
価格：競合他社と比べて“特価”だと思わせるには、どんな製品パッケージが効果的か？

＿＿＿＿＿＿＿＿＿＿＿＿＿＿＿＿＿＿＿＿＿＿＿＿＿＿＿＿＿＿＿＿

流通：製品を（直接および業者をとおして）効率よく迅速に顧客に届けるにはどうすればいいか？
1.＿＿＿＿＿＿＿＿ 2.＿＿＿＿＿＿＿＿ 3.＿＿＿＿＿＿＿＿
広報：下記のさまざまな有償・無償のメディアに順位をつけて、潜在見込み客を惹きつけられるのはどれか、順番どおりに試してみる。
ラジオ＿＿＿ TV＿＿＿ 新聞＿＿＿ ダイレクトメール＿＿＿
インターネット＿＿＿ 無料PR＿＿＿ その他＿＿＿
（各アプローチを試しながら、見込み客ひとり当たりの費用［CPL＝広告費÷応答人数］を確認していく。目標は、CPLが最も安い広告媒体の組合せを見つけることだ）
個人販売：下記の項目に順位をつけて、潜在見込み客を儲かる顧客に変えられる方法はどれか、順番どおりに試してみる。
電話受付＿＿＿ テレマーケティング＿＿＿ インターネット＿＿＿
直接対面＿＿＿ グループ＿＿＿ ダイレクト・メール＿＿＿
卸売業者＿＿＿ その他＿＿＿
（各アプローチを試しながら、受注1件当たりの費用［CPS＝（広告費＋セールス原価）÷受注件数］を確認していく。目標は、CPSが最も安い広告媒体の組合せを見つけることだ）
販売促進：最初の試供品に対する関心をそそるために、どんな特典をつけるか？

＿＿＿＿＿＿＿＿＿＿＿＿＿＿＿＿＿＿＿＿＿＿＿＿＿＿＿＿＿＿＿＿

マーケティング情報：どんな方法で自分の週間マーケティング活動を追跡・分析して、年間目標の進捗状況を確認するか？

＿＿＿＿＿＿＿＿＿＿＿＿＿＿＿＿＿＿＿＿＿＿＿＿＿＿＿＿＿＿＿＿

マーケティングの専門家：マーケティング効果を最大にするためには、どの専門家に相談して手を貸してもらえばいいか？

＿＿＿＿＿＿＿＿＿＿＿＿＿＿＿＿＿＿＿＿＿＿＿＿＿＿＿＿＿＿＿＿

ミシェルの物語

「手紙をお送りしたときは、あの建物を売るおつもりがあるかどうか知りたかったんです。わたしは不動産投資家です。できるかぎりの高値で不動産を買い取っています。そちらの事情は存じませんし、売却もしくは交換のご意思がおありかどうかもわかりませんが」

「交換。それはおもしろい。じつのところ売るつもりはないが、最近になって、あのアパートの管理人が家賃を猫ばばしてて、公共料金は滞納するわ、修理すべきところはほったらかしにするわ、という状況だとわかってね。なぜわかったかというと、入居者のひとりが電気を止められて、びっくりしてうちに電話をかけてきたんだ。案の定、管理人室はもぬけのからで、どこへ消えたんだかいまだにわからない。建物は老朽化が進んでるし、あのアパートは悩みの種だよ」

ミシェルは相手の率直なもの言いに好感を持ったが、所有者が建物の現状をはっきり把握している以上、あれこれ口をはさんでもしかたがないと判断した。

「妻とわたしはもう何年もあの建物を所有してて、その間よその土地を転々としてきたんだが、そろそろ戻ろうかと思ってる。妻はずっと帰りたがってたのに、わたしの仕事の都合でかなわなかった。で、とうとう自分で事業を立ち上げる決心がついてね。家族の生活を犠牲にして、いい仕事もなにもあったもんじゃない」

ミシェルの動悸が速くなっていた。今度ばかりは直観を信じられる。この相手となら互いに助け合うことができそうだ。ふたりとも勝者になれそうだ。「タンディさん、わたしはちょうど完璧にリフォームされた美しい家をご用意できます。環境がすばらしいうえに、ゴルフコースのすぐそばにあるんです。三度査定してもらって、三度とも一二〇万ドルという評価を受けました。抵当額は現在八〇万ドルほど。わたしはこの家と交換できるようなおんぼろアパートメントをひと棟《むね》探していたんです」

タンディ氏はミシェルのあけすけな言いかたをおもしろがって笑った。「その家は、わたしたちの

1分間マーケティングの魔法

マーケティングとは、新ビジネスにおける酸素だ。マーケティング分野では教祖的存在であるダン・ケネディは、よく似た2つの広告コピーの成果を例にとって、マーケティングの威力を説明している。どちらの広告が他方の8倍人を惹きつけたか、当ててみてほしい。

コピーその1　生活に音楽を取り入れろ
コピーその2　生活に音楽を取り入れる

よく似たコピーだが、ひとつめが1万ドルを生み出すとすれば、2つめが生み出すのは8万ドル。これが、失敗すれすれの結果と、大成功との違いなのだ。ここではマーケティングの成功要因をわかりやすく3段階に分けて説明する。

STEP1　中毒者を探す

ここで言っているのは薬物やアルコール中毒者ではなく、いい意味での中毒者のことだ。われわれはひとり残らず何かに中毒している。たとえばゴルフ、ぬいぐるみ、ダイエット、チョコレート、お金、ビデオ・ゲームなど。中毒者は最良の顧客になる。中毒者は短いあいだに何度も商品を購入する。そして他の中毒者に情報を流す。〝われわれは中毒者である〟を座右の銘にしよう。

ミシェルの物語

希望条件をみごとに満たしてるようだね。うちの建物のほうは、とにかくＴＬＣ（優しく思いやり《テンダー・ラヴ》をもって世話する《イング・ケア》）が必要だ。まあ、この取引は妻がその家を気に入るかどうかにかかってる。リヴァーデールに帰るのは二、三カ月先だが、帰ったらすぐきみの物件を検討してみよう」

ミシェルの心は沈んだ。「もっと早くご検討願えませんか？　個人的な事情で、あの物件はすぐに処分しなければならないんです」

「今の勤め先との雇用契約が切れるのが二、三カ月先なんだ。もっと早くと言われてもな」

「取引の成否は奥さまのご意見しだいだとおっしゃいましたね。奥さまが下見にいらっしゃるというのはいかがでしょう？　じつを言いますと、この物件に興味を持った方からの電話が鳴りっぱなしなんですよ。きのう新聞広告を出したばかりで……。すでに一三件の問い合わせを受けていますが、わたしの勘ではあなたが当たりです」

「ミズ・エリクセン、きみはたいへんおもしろいお嬢さんだ。正直な態度も気に入った。よろしい、妻に聞いて、なるべく早くこちらから連絡しよう」

ミシェルは電話を切って、これをきっかけに非建設的だったプリセッションが建設的に変わりますようにと祈った。

あと23日……

そのあとの数日間、ミシェルは何度かタンディ氏に連絡をとろうとしたが、夫妻はまたよそへ移ったようで、教えてもらった電話番号はもう使われていなかった。

もっと期待できそうな線がたくさんあるのだからかまうものか、と最初は思った。しかし話を進め

STEP2　広告に中毒性を持たせる

USPという言葉を聞いたことがあるだろうか？　〝その商品固有の売り込み文句〟（Unique Selling Proposition）のことだ。以下の方法で、あなたのUSPによい中毒性を持たせることができる。

決定的な利点（Ultimate advantage）――あなたの顧客は、競合他社からは得られないどんな利益を〝得る〟ことができるだろう？　1870年代に金《きん》の採掘者たちがリーバイ・ストラウス社のジーンズを買ったのは、それが銅の鋲《リベット》で補強された特許品のジーンズだったからだ。ほかに競争相手もなく、リーバイスはその丈夫さにかけては男性用作業着の規範となった。あなたの製品における〝銅のリベット〟はなんだろう？　あなたはそれを見つけ出し、宣伝しなければならない。

刺激的な提案（Sensational offer）――あなたはお買い得品を見て、すぐそれとわかるだろうか？　音楽CD8枚がたったの1セント！　これならお買い得品だ！　コロンビア・ハウス社はこの手でひと儲けした。あなたとの取引に〝うまみ〟を感じてもらうには、どんな特典を提供すればいいだろう？　保証期間延長？　割引券？　有益な情報？　無料CD-ROM？　費用がそれほどかからず、ありがたみのわかりやすいものがいい。そのためにも、価格を設定するときは〝意外な〟特典を提供できるだけの余地を残しておこう。

強力な約束（Powerful promise）――明白で、誤解の余地のない、問答無用の保証をつけて、その実行に力を注ぐ。マリオットホテルの約束はこうだ。〝30分以内にお届けできなければお食事代無料〟。これはなかなかきびしい約束だ。自分が守れる範囲内で強力な約束をしよう。

STEP3　ジョイント・ベンチャーのパートナーを利用して自分自身に梃子《てこ》効果を及ぼす。

ミシェルの物語

るうちに、ひとつまたひとつと望みは消えていった。あと数日でまた八〇〇〇ドルの支払いをしなければならない。ミシェルは子どものころに聞いた民話を思い出した。宝物を船に積みすぎた男の話だ。宝のせいで船は沈み、男は溺れてしまった。〝宝物〟であるあの家のせいで、ミシェルも船といっしょに沈んでしまうのか？

なぜあんな取引をしたの？　ほぼ一分ごとにミシェルは自問していた。なぜ？　なぜ？　なぜ？　それまでしていたようにすればよかったのに。もっと小さな家を買えばよかったのに。分《ぶん》をわきまえていれば気持ちよく仕事ができたのに……。

ある日の午後、サムの会議室に座って、果てしない自責の念の合間に次の行動へ思いを巡らせているとき、ステファニーがメモを持ってやってきた。ミシェルはそのメモをまじまじと見てから、手近の電話をひったくるようにとった。「タンディさん？」

「やあ、ミズ・エリクセン。妻が例の家をとても見たがってるんだ。あのあたりになじみがあるらしくてね。今週末にふたりでそちらへ飛ぶことにした。想像しているとおりの家だったら契約してもいいと思ってる」

電話の途中でサムが会議室に入ってきた。ミシェルは通話口を手で押さえてささやいた。「例のアパートの持ち主が、家との交換を考えているみたいなの」サムが了解のしるしにうなずく。

「タンディさん、嬉しいお知らせ、ありがとうございました。いつの飛行機でしょう？　あさって、車で空港までお迎えにまいります。朝の九時半ですね？　結構です。よろしければ、そのまま物件へ直行しましょう。おふたりがいらっしゃる前に、わたしがアパートを見に行くことは可能ですか？」

「ああ」とタンディ氏。「新しい管理人の案内で中を見られるようにしてある。現在の空きは三室だ。それ以上なくてよかったよ。まあ、そこを見てもらえば部屋のようすはだいたいわかるだろう」

すでに既存の良性中毒者グループとのつてがある相手と提携しよう。相手の承認を得て、その得意先や顧客に自分の製品を紹介させてもらい、代わりに利益を分け合う。競合するよりも協力し合うことを考えるのだ。

中毒者を探そう――強力なＵＳＰを利用して、中毒性のあるマーケティングを展開する。パートナーを利用して自分自身に梃子効果を及ぼすのだ。あなた自身の「１分間マーケティング計画」を毎日１分間ずつ見直せば、全世界の企業の99％は出し抜くことができる。それはお約束しよう。

アンチ・マーケティング◆最良の顧客を引き寄せる方法

われわれはすでに〝豊かさの具現〟の原理を学んだ。今度は、その原理をマーケティングに適用してみよう。昔ながらのマーケティング（広告、プロモーション、ＰＲ）の技術は非常に左脳的だ――数字、ノルマ、データベース、ＣＰＭなどなど。だが、これからお教えするのは右脳的なマーケティング。これにはパーミション・マーケティングも、関係性マーケティングも、ゲリラ・マーケティングもかなわない。実に革新的なこの手法は〝アンチ・マーケティング〟という。

ステーシー・ホールとジャン・ブログニーツはその意欲作『完璧な顧客を引き寄せる』の中で、**多くのビジネスの敗因は顧客の開拓や〝絞り込み〟の段階で、昔ながらのマーケティングに多額のお金を浪費するからにほかならない**と指摘している。

ホールとブログニーツは、次のようなせりふに疑問を投げかけようと提案している。「よい顧客を探し出すのはむずかしい。まずは競合他社から顧客を奪い取らなければならない。しかも、その顧客を引きと

ミシェルの物語

「そちらの提示額はいくらになるでしょう?」

「それは、きみのように専門家に査定してもらってからだな」

「で、どういう抵当が設定されていますか?」

「いや、抵当はかかってない。全額支払い済みだ」

それはすばらしい。「ありがとうございます。では、あさっての午前九時半にお目にかかりましょう」

ミシェルは電話を切ってサムのほうを見た。サムは会議用テーブルのへりに腰かけている。「どんな感じ?」とサムが訊ねた。

「極上とまでは言えない。以前なら飛びつかなかったでしょうけど、とにかく……一棟二〇世帯のアパートで、新しくショッピングセンターができる通りの向かい側にあるの。建物は古くて、管理人室を見たかぎりでは、アパートとしてはもう限界でしょうね。前の管理人がとんでもない奴だったからかもしれないけど」アルコールとドラッグのにおいを思い出して、ミシェルは声を曇らせた。

「オフィスビルに改造できたら、価値はだいぶ上がるかもしれない」ミシェルは言葉を続けた。「見てみないとなんとも言えないから、あすの午後に行くつもり」

「段取りがいいわね」サムが言った。このささやかな褒め言葉でさえ、さっきまでの自責の痛みをずいぶん和らげてくれた。


あと20日……

アパートの売買契約の手続きを終えて、ミシェルの心には極端な安堵と極度の不安が交差していた。

めておくには、際限なく増えていく法外な要求を満たしてやらなければならない」。

彼らは、こんな言葉を信じる代わりに引力の法則を適用して「あなたの家に完璧な顧客が定期的に押し寄せるさまを思い描こう」とすすめている。

どういうことだろう!? それが経費の削減や、ダイレクト・メール・キャンペーンの廃止につながるのだろうか? 答えはイエス! ホールとブログニーツは、自分たちの主張を証明するために大小さまざまな企業のすばらしい成功談をまとめて紹介している。その主張とはこうだ。「20%の顧客が利益の50~80%を生み出す、という昔からの格言がある。20%の顧客が利益の大部分を生み出すなら、なぜ企業は残りの80%を必要とするのか? 顧客全員が〝最良〟(つまり〝完璧〟)であるビジネスを築き上げることは可能だろうか?」

答えはイエス。「顧客を一生懸命探すのと、**顧客を〝魔法で〟自社に引き寄せる**のとでは、そこがちがう」

では、その方法とは何か? まずはビジネスに不可欠な4つの質問から始めよう。

1 自分にとっての完璧な顧客像とは?(理想の顧客を思い浮かべてみよう)
2 どうすれば完璧な顧客を引き寄せられるか?(その顧客はどんな価値観に基づいて行動しているのか?)
3 自分は完璧な顧客に何を期待〝されたい〟か?(顧客の欲求を明らかにしようと市場調査をするよりも、こう問いかけたほうが、自分が何を提供したいのかをはっきりさせられる。言い換えれば、もし自分が金曜を休みにしたければ、そうしてほしいと思ってくれる顧客を引き寄せるべきだろう)
4 より完璧な顧客を引き寄せるには、自分のビジネスのどこを改善する必要があるだろうか?

あの家とも、月八〇〇〇ドルの支払いとも、縁が切れた。今やミシェルは二〇世帯のアパートの所有者で、その建物を完全に使えるよう修復するには最低でも一〇万ドルはかかる。

査定によれば、建物の価値は一〇〇万ドル弱。ミシェルの家の純資産額は四〇万ドル。それを全額頭金にし、残りの六〇万ドルを売り主からの融資という形で貸し付けてもらって、契約を完了させた。そうすることで、住人の家賃と抵当金が支払われたあと、わずかながらも資金が手もとに残った。隠れていた問題がこれから何百となく持ち上がるかもしれないと思うと、気持ちが激しく揺れる。何はともあれ、大きな破綻《はたん》は回避できた。はたしてこの状態から成功への方向転換ができるのだろうか?

パーキンシップ通りのアパートへ向かうサムのメルセデスの助手席に、ミシェルは落ち着かない気持ちで座っていた。

「ミシェル、この二カ月でずいぶんの道のりを歩いてきたものね。今のあなたはアパートの所有者で、その純資産額は四〇万ドル。まあ、とにかくその物件を見せてもらいましょう。そしてどうすればいいかを考えましょう」

建物の正面に駐車する。ミシェルは通りの向こうに目をやった。ショッピングセンターの建設はもう始まっている。まわりの住宅のほとんどはすでに空き家になっていて、取り壊しか移動が決まっており、ミシェルの買った物件はいずれ第一級の営業用不動産になりそうだ。それを短期のうちに現金化できるかどうかが勝負になる。

サムが車から降りて、建物の前の区画を行きつ戻りつした。「ほんとうはすぐにでも中に入りたい。でも、わたしがあなたの立場だったらこうするでしょうね。どう見てもこの建物にはかなり手を入れ

ホールとブログニーツはこう語っている。「**理想の顧客に何を期待〝されたい〟か**を明確に自覚すればするほど、理想の顧客が多く現れる。それも迅速かつ簡単に」

マーケティングの効果を最大限まで高めるには、昔ながらの左脳的探索戦略と、前述の新たな右脳的客寄せ戦略とを組み合わせて利用することをおすすめする。

インフォプレナー◆誰でもできる100万ドルのビジネス

100万ドルを儲けるには、〝情報起業家〟（インフォプレナー）になるのが一番。この耳慣れない言葉は、インフォメーション（情報）という英語とアントレプレナー（起業家）というフランス語とを組み合わせた21世紀の新語だ。簡単に言えば情報を――自分のものであれ他人のものであれ――商品として販売すればいいのだ。

その過程で、あなたは次のものを顧客と分かち合うことになる。

◆知識　◆娯楽　◆冒険　◆行動指針
◆人生哲学　◆創造的刺激　◆秘密　◆自分または他人の生活
◆特別な関心事　◆趣味　◆仕事上の習慣　◆観察
◆成功または失敗　◆想像　◆精神　◆魂
◆愛情　◆熱意　◆ユーモアや悲哀

そして、◆ミリオネアになると同時に愛情生活も充実させる方法！

ミシェルの物語

なくてはならないし、はっきり言って、あなたにはその時間がない。ショッピングセンターの所有権を持つ会社と連絡をとって、不動産部門の人間と交渉することを薦《すす》めるわ。そういう会社なら、投機的にショッピングセンターのまわりの不動産を買い占めたがっているかもしれない。再開発で価値が跳ね上がることは確実だもの。この一帯を商業地に変えて大きく儲けることもできる。でもわたしたちのほうは、できるだけ早くこの不動産を処分したい。だったらどちらにとっても好都合でしょう」

「よくわからないわ」

「現時点で、この建物の価値は約一〇〇万ドルよね。でもオフィススペースとしてなら——再開発でそうなる可能性は大でしょう——同じ物件におそらく一五〇万ドルから二〇〇万ドルほどの値がつく。一五〇万ドル出してくれる人なら見つかるかもしれない。要するに、未来の利益を分けてあげるかわりに、こちらの分け前を今すぐもらうということ」

「交渉相手が話に乗ってこなかったら？」

サムが鋭い目を向ける。「どうすればいいと思う？」

「わたしは……わたしは、ほかの開発業者で同じ可能性に目をつけている人がいないかどうか探すべきだと思う。それも急いで」

サムがうなずいた。「通りのこちら側の不動産、それに向かい側の不動産をすべて徹底的に調べて、この建物をオフィスビルに変えたがる業者を見つけ出すことね」

「わかったわ、サム。やってみる」

ミシェルはまずショッピングモールの開発業者から始めたが、そういう大手法人の返事をただ待つ

インフォプレナーになると、身のまわりの環境や、じかに接する相手だけでなく、全世界が一変する。あなたがこの変化をもたらすのだ！　そのお返しに、全世界からたっぷりと分け前がもらえる。これほど簡単に安い費用で始められるビジネスは世界じゅうどこにもない。よく考えてほしい。自分や他人の心の中から製品を生み出して利益を得られるのだ。しかも、大規模な設備や製品や製造コストはいっさい必要なし。

率直に言おう。あなたは時間さえあればきょうにでも本を作り出せる。どうすればいいかって？　ただ本を執筆して、インターネット上で電子書籍として販売するだけでいい。印刷費も配送費も不要！　儲かったお金は自動的に銀行口座に振り込まれる。この21世紀型の新システムは、いつでも準備万端。作家の中にも、みずから出版社役をつとめる利点に目覚めつつある者が数多くいる。

さらに……プリント・オン・デマンド印刷システムを利用することもできる。これはじつに驚くべきシステムだ。本を執筆したら書籍らしくレイアウトを整えて、電子メールで印刷業者に送る。すると、ほうっておいても2週間以内には、あなたのところか顧客のもとに本が配送されるのだ。たった25部でも1ページ1セント、表紙1ドル50セント程度で印刷できる。現在では誰もが自著を出版できるのだ。

もっと革新的に……執筆の手間さえ省くことができる。内容を声に出すだけでいい。頭の中に秘められた言葉を指ではなく音声を介してコンピュータ画面に映し出す音声認識プログラムがいくつもある。

もっと驚くべきことに……週末か1週間か1カ月を費やすだけで本を執筆できるようになる簡単なシステムがある。

そこで情報を現金に変える7段階のシステムを紹介しよう。

ようなことはしなかった。その日の残り時間を、高級物件ばかり扱っている地元の不動産業者にかたっぱしから電話をかけることに費やした。一五軒以上の留守番電話に伝言を残し、二五軒の不動産業者と話してようやく、今自分が考えているのとちょうど同じ規模の事業を探している開発業者の、知り合いのそのまた知り合いという人物に当たった。

　翌朝会う約束を取りつけて、ミシェルはその開発業者の事務所に足を運んだ。最終的な数字が取り決められ、決済が一〇日後に設定された時点で、あのアパートとおさらばして、手数料と経費を引いた額、五五万ドルの小切手を手にすることが決まった。

　希望の金額ではない。必要十分な金額でもない。しかし人生が変わる前だったら、仰天するほどの数字だ。ごく短期間のうちにサムはミシェルを市場取引の達人に育てあげたのだった。

　残り時間は一〇日。何をするにせよ仲間の承認を得て事前調査をするには、ぎりぎりの日程だ。五五万ドル。さて、ほかのいくつかの流れから何かを生み出すことができるだろうか？　一〇日後には義父との約束の期限が訪れる。

あと10日……

　サムのオフィスの玄関を入ったところで、ミシェルはステファニーから電話のメモを手渡された。

「ミシェル、これはすぐに読んだほうがいいと思うの」

　けさ早くにすませてきた運動と〈巌《いわお》〉での瞑想でいつも以上の活力を得て、まだ気分が高揚していたので、ミシェルは一瞬虚をつかれたが、言われたとおりに伝言に目を走らせた。『急いでハスブロ社に電話して。〝いつでもいっしょベア〟に厄介な問題が起こったから』

心の中の本◆あなたの中に本がある

あなたを含むすべての人々が、少なくとも1冊は心の中にすばらしい本をかかえているはずだ。頭にはじゅうぶんな情報と経験が詰まっているのだから、今すぐにでもそれを一生続く収入の流れに変えられるはず。正しく配置しさえすれば、あなたの本が情報による一大帝国の礎《いしずえ》となる可能性だってある。情報の一大帝国とまではいかなくても、最低限あなたと家族を支えてくれるささやかな収入の流れが生まれる。

成功した本はたいてい無惨な失敗に端を発している。著者は、自分が以前はいかに肥満していて、貧乏で、醜く、不幸で、孤独で、無気力だったか、そしていかにしてその失敗を、奇跡や意志の力や新たに得た知識によって克服し、成功の頂点に登りつめたのかを語る。今では書籍、セミナー、ニュースレター、学習テープ、ビデオコース、講演、コンサルティング、インフォマーシャルなどの形でそれを世に出す人間は数多い。この著者たちは自分自身の成功物語でひと財産を築いたのだ。

あなたにはどんな物語があるだろう？　人生のすべてに価値がある。失敗があれば必ず成功もあるはず。マーケティング改善のための平凡なアイデアが、一生続くキャッシュフローを生み出すこともある。また、ちょっとした幸運が巨万の富に変わることも。だから、**いかに人生を逆転させるか**を折に触れて考察し、ほかのみんなに自分がどうやったかを伝授すればいいのだ。

インフォプレナーとして成功するには、欠かせない技能が3つある。

◆技能その1　目標を定める――飢えた魚の群れを見つける。

ミシェルの物語

ミシェルは会議室に直行して、恐怖の電話をかけた。「ああ、ミシェル」ハスブロ社の女性副社長アイラ・シュウィンが言う。「コンテナ船がちょっと面倒なことになってしまったの。大きな嵐の前線が台湾の南を進んでいてね。ついさっき入った連絡だと、船は嵐を避けるために、遠回りの航路を採らないといけないそうよ。荷揚げは最低でも三日、たぶん四日遅れになるわ」

太平洋の真ん中に浮かぶ船に商品を積んだまま義父との約束の期限が過ぎてしまうかもしれないと知って、ミシェルの心はふたたび暗くふさがれた。

〝きっと間に合わない〟……胸の中でつぶやいた。〝すべてはむだな努力だった〟

ミシェルはサムの役員室に駆け込んだ。サムは電話中だった。椅子を回転させて、公園を見渡せる大きな窓ガラスのほうを向いている。振り返ってミシェルの姿を認め、通話口を手で覆《おお》ってから、〝ちょっと待って〟と言うように唇だけ動かした。

いらいらと、ミシェルはサムの机の前を行ったり来たりした。電話が終わったとたん、吐き出すように言う。

「何もかもおしまい」

サムが大きくため息をついた。「ミシェル、これは学芸会の劇みたいなものよ。上演までは大混乱、本番になると収まるところに収まる」

ミシェルは首を振った。「激励演説は結構。ハスブロ社から電話があったの。台湾の沖で嵐が発生してコンテナ船が遅れているんですって。間に合わないわ」

サムは思慮深い顔で、この最新の悪い知らせを聞いていた。

市場を魚の群れに見立てよう。そこには必要な数の魚がいるだろうか？　それは拡大しつつある群れか、縮小しつつある群れか？　居場所や捕食パターンは簡単にわかるか？　魚はほんとうに飢えているか？　天候は味方してくれているか？　魚が〝熱狂して奪い合い〟をせずにはいられない餌はあるか？　その新しい餌を勝ち取るために、魚は安全な暗い水底から出てきてくれるか？　その魚を捕らえられるか？

◆技能その2　餌をまく――食いつかずにはいられない餌を考え出す。

専門知識を提供する場合は、魚が〝餌の奪い合いに熱狂して水面に浮上してくる〟ような方法を見つけ出す。基本的に人間のニーズや欲求に、真の目新しさや完全な独自性などありえない。何千年経とうがこれだけは同じ。セックス、お金、自尊心、健康、神、人間関係、美。あなたの情報によって、**これらの普遍的な欲求やニーズを正しい餌で正しい時機にたぐり寄せなければならない。**

◆技能その3　一生続ける――一生の顧客を釣り上げる。

数千人のひいき客さえいれば、強力な情報ビジネスを始められる。あなたの情報に対して各顧客が1年に1000ドルずつ遣《つか》ってくれるだけで、顧客がたった1000人でも10万ドルの儲けになる。1年に1000ドル遣ってくれる顧客を1000人見つければ、年商100万ドルのビジネスになるわけだ。この秘訣は〝**魚**〟**を釣り上げたら面倒をみること。**そうすれば、魚は一生あなたについてくる。

インフォプレナーになるための7段階式行動計画

1　自分の情報や専門知識に見合う題材を選ぶ。

ミシェルはさらに悲痛な声を出した。「サム、わたしは子どもたちを失うわけにはいかないの。お金を借してもらえないかしら？」

「でも、借りてはならないという約束でしょう。自力で稼ぐという……」

「とにかく何かをしなくちゃいけないのよ。あなたの持っているビルのどれかを大幅な割引価格で売ってもらうのはどうかしら？　子どもたちを取り返したらすぐ同じ値段であなたが買い戻す。義父には知られるはずがないわ」

「わたしには知られている……」

「サム、わたしの子どもたちのことなのよ……どんなことだってやるわ。必要なら義父と同じように汚ない手を使ってでも」

サムがうつむいて、かすかに首を振る。「あなたの苦しみはわたしには想像もつかない。わたしがあなたの立場だったら、自分がどうするかわからないわ。だけど、あなたが今言ったことは、道にはずれている」

「ええ、でも義父がわたしの子どもたちを奪ったことは道にはずれていないの？」

「はずれているわね。そして彼は非建設的プリセッションのつけを払わされる」

「なんの話をしているの？」

「最初に教えたことのひとつよ。賢明なミリオネアの螺旋《らせん》（Ｐ22）。建設的プリセッションと非建設的プリセッション……」

「覚えているけど。それはただの理論でしょ」

「理論ではない。それは世界が動く仕組み……あるいは動かなくなる仕組みよ。誠実に生きることは、いい生きかたであるだけじゃない。ただひとつの生きかたなの。不正なことをすれば、その行ないの

減量	マネジメント	中毒
栄養食品	セールス	趣味
人間関係	マーケティング	言語
スポーツ	広告、PR	恐怖
投資	資産保護	精神的問題
株	インターネット	娯楽
不動産	コンピュータ	弁論術
ビジネス	時間管理	

（これらはあくまでも一例である）

2　湖でいちばん飢えた魚を見つける。

オンラインやメーリング・リスト業者を利用して、飢えた魚の集団を見つける。

3　その魚がいままでに食いついた餌の種類を見つけ出す。

これを市場調査という。ほかの漁師がどんな餌を使って成功したかを調べる。あるいは、自分で魚と話してみる。あなたの潜在的な顧客はいったい何を欲しがっているのか？　電話をかけて質問攻めにしよう。相手にとってどんな情報が不可欠か、またその情報をどんな形で欲しがっているかを調べあげよう。

4　独自の餌を考案する。

対象とする魚に、競合他社製品の不満点を教えてもらう。競合他社製品に何を足したら完璧になると思うか教えてもらう。競合他社製品の不要と思える部分を教えてもらう。希望に〝ぴったり〟の餌を、魚に考案してもらうのだ。

重みが積み重なって、どんどん沈んでいく。飛行機の翼が氷で固まって、飛べなくなってしまうみたいにね。だから、些細な嘘でもついてはいけないの。それが非建設的な相乗効果の、ダースベーダーの言う〝暗黒面〟の始まりだから。自分を高めるには、たったひとつのやりかたしかない。賢明なる方法よ。一点の曇りもなく正直に、公正になること。たとえ人から傷つけられ、虐《しいた》げられても、自分は高く昇る道を選ぶしかない」

もう聞きたくないというしるしに、ミシェルはかぶりを振った。

「わたしが子どものころ……」それでもサムは話し続ける。「四人の兄弟といっしょに何もないところから凧《たこ》を作りあげたことがあるの」

ミシェルはぐるりと目をまわした。〝サムお得意のたとえ話は、もうたくさん〟

サムはそれに気づかなかったようだ。「凧を作るのは、ほぼ一日がかりだった。骨組みには、柵《さく》の板から細い木ぎれを取った。胴体には紙袋を使った。糊《のり》は小麦粉と水を混ぜて作った。そして古い絨《じゅう》毯《たん》を裂いて、しっぽにした。日も暮れかけたときに風が吹き始めたから、わたしたちは精いっぱい速く野原を駆けた……」

「要点を言ってもらえないかしら」ミシェルはじりじりして言った。

サムはおかまいなしだ。「凧が風をとらえて空高く舞い上がったときは、ほんとうに楽しくて爽快《そうかい》な気分だった……手に握った棒きれを力いっぱい引いて。でもね、風が吹かなければ凧は飛ばないの。あなたは何か問題が持ち上がるたびに、この世の終わりみたいな顔でここに飛び込んでくる。問題というものは、あなたを引きずり降ろしたりしない。風と同じよ。飛ぶためにはなくてはならないもの」

ミシェルが視線をそらすまで、サムはまっすぐにその目を見つめた。「凧を上げてくれるのは風だけど、空に飛ばし続けるのは、地上で糸をしっかり握っている人間の手。自分の価値は——誠実さは、

5　餌を試してみる。

すでに説明したように、マーケティングが鍵となる。ＵＳＰを決定して、人々を行動に駆りたてる広告を創り出さなくてはならない。

6　キャンペーンを展開する。

情報商品を単独で紹介するだけでなく、同じ情報をさまざまな形式で市場に出すことができる。たとえばテープ、ビデオ、セミナー、ニュースレター、インフォマーシャル、通信教育、小冊子、ＣＤ、ＤＶＤなどだ。飢えた魚は、あなたの情報を無数の形で購入したがるだろう。

7　インフォプレナーの生活様式を楽しむ。

あなたは自宅でも世界のどこででも仕事ができる。

無からお金を稼ぎ出す

シンディ・キャッシュマンは、情報ビジネスで、昔ながらのアイデアにひねりを加えてひと財産を稼ぎ出した。仲間と共同で出版した専門書を売り出した結果、１００万ドル以上ものお金を儲けて、テキサス州のある湖のほとりに大豪邸を購入するに至ったのだ。すでにご存知かもしれないが、その本とは『男が女について知っているすべての事柄』、著者はアラン・フランシス博士（シンディのペンネーム）。

しかし真に驚くべきは、シンディの本がまったくの白紙だという点だ！　この全１２８ページのペーパーバックのどこを開いても、文字はひとつも印刷されていない。それでも、女性たちは箱単位でこの本を購入していく。友人に配りたいからと一度に１００冊も！　おかげでシンディは引退できるだけのお金を

握り締めておかなくては。それがあなたを支えているのよ。手放したら……あなたの凧はあっというまに落ちてしまうでしょう」

ミシェルは腹が立ってきた。「サム、わたしはすでに夫を失っている。このうえ子どもたちまで失ったら、もう生きている意味がない」

サムの怒りもミシェルに負けなかった。「今まで聞いてきたなかでも、それはいちばん身勝手な言い分よ！」

ふたりは数秒間にらみ合った。

「本気よ、サム。あなたにどう言われようとかまわない。こんなに近くまで来て子どもたちを取り戻せないんだったら、死んでしまったほうがいい」

クッションが効きすぎている椅子に座りこんで、ミシェルは両手に顔をうずめた。

サムが深くため息をついて、ミシェルの隣に座る。「わたしを精神面で指導してくれた人たちの中に、バックミンスター・フラーという人がいるの。会ったことはないわ。でも、わたしの師のうち何人かは彼のもとで学んでいた。驚くべき人物。フラードームの開発者よ。学位を取ったことはないのに二〇回以上も名誉博士号を受けた。著作は四〇冊。五〇〇にものぼるさまざまな特許権を持っていた。要するに、天才ね」

ミシェルはサムのほうを見た。〝それが何だっていうの？〟

「そんな人でも、若いころはまったくの落ちこぼれだったの。ハーバード大学を二回も退学になっているし。財産のある女性と結婚したのに、お金も使い果たした。そのうえ、まだ幼い娘が病気にかかって、自分の腕の中で死んでしまった。フラーはひどくふさぎ込んで、とうとう自殺を決意した。ミシガン湖の岸に立って、力尽きるまで泳ぐことにしたの。波間に沈んで死のう、と。そうしてまだ岸

儲けた。

スタン・ミラーは引用句の収集が大好きだった。その趣味は16歳で始まって結婚後まで続いた。クリスマスに、スタンと新妻は、収集した引用句や物語をまとめればすてきなクリスマス・プレゼントになるだろうと思いついた。そこでスタンは印刷業者のもとへ出かけて、100部の印刷・製本にかかる費用はどれくらいか尋ねた。

するとそこの秘書が、1000部にするほうが安くつくと教えてくれた。見積もりによると、1000部で1000ドルになるという。適正な価格に思えたので、スタンは1000部注文した。ところが不運なことに、あとから届いた請求書の金額は1000ドルではなく1万ドル! 秘書が見積もりのゼロの数を間違えたのだ!

スタンとシャロンは途方にくれた。わらにもすがる思いで何冊かを地元の大学の書店に持ち込んだが、当然いい顔はされない。何とか、委託販売という形で店頭に数十冊置いてもらえることになった。1週間後にスタンが再び店を訪れると、驚いたことに本は完売していた。本は飛ぶように売れ、今では複数の版型を合わせて100万部を超える売れ行きだ。これは25年以上も前のことだが、小切手はいまだに舞い込んでくるという。秘書の愚かな誤りが、100万ドルの天の恵みに姿を変えたのだ。ついでながら、スタンの本の題名は『モルモン教徒に捧ぐ』。人を元気づける心温まる引用句、物語、思想ばかりを集めたこの全集は今や6巻に及んでいる。

あなたも自分の専門知識や情熱や趣味を、一生続くキャッシュフローに変えることができる。本はあなたの中にある。そしてその本の読者がいる。さらに同じ情報から何種類でも商品を作り出すことができる。その収入は長期型だ。一度作り出してしまえば、何十年にもわたって報酬が得られることもある。

辺にいるときに、啓示を受けた。あとになってから、まるで神さまに話しかけられたようだったと言っているわ。五〇年たっても一字一句忘れなかったと」

「何が起こったの？」ミシェルはいつのまにか自分の問題を忘れていた。

「こういう言葉を聞いたの。〝バッキーよ〟──彼のニックネームよ──〝おまえはおまえ自身に属しているのではない。天に属しているのだ。おのれの時間と力を世のため人のために捧げよ。そうすれば、いかなるときも、またとりわけ危難のときに、宇宙の助けがあるだろう〟

彼は家に帰って、そのあと二年間まったく口をきかなかった。二年のあいだただ考えて、瞑想していたの。人生の残る五〇年間は発明に没頭した。自分のことを〝モルモットB〟と呼んだ。Bは〝バッキー〟のB。世界を助けて生きていく決心をしたの。たくさんの特許権からお金が入れば、そのまま慈善団体に寄付する。帳簿をつけて毎月、月末に預金残高がゼロになるようにした。人生を終える日まで一度として不足を訴えたことはなかった。いかなるときも、またとりわけ危難のときに、天の助けがあることを知っていたから」

サムは言葉を切った。「ミシェル、あなたはできることをすべてやってきた。労働。祈り。直観。献納。わたしが教えた梃子《てこ》の原理をあらゆる形で応用してきた。するべきことはあとひとつしかないわ」

ミシェルは師の言葉を聞こうと顔を上げた。

「疑うのをやめなさい」

最終日　あと2時間……

案内広告ひとつで大儲け！

ロバート・アレンは1974年にブリガム・ヤング大学を卒業してMBA（経営学修士号）を取得した。といっても、感心してはいけない。卒業時の成績でクラスを3段階に分けるなら、ロバートは一番下位のグループに属していた。当時は不景気の真っ只中で、就職先も少なかった。ロバートはアメリカのトップ企業30社に履歴書を送った。ゼネラル・フーズ社、ゼネラル・エレクトリック社、ゼネラル・モーターズ社……。そして30通の断りの手紙を受け取った。生活費は底をつき、就職の見込みもなく、崖っぷちの状態。

ロバートは、ウィリアム・ニッカーソンの名著『わたしがいかにして暇な時間に不動産で1000ドルを100万ドルに変えたか』を読んで以来、ずっと不動産投資に興味を持っていた。安定した収入など（誰も提供してくれなかったので）求めずに、ロバートは不動産業を営む地元の大富豪に、あなたのもとで仕事の要領を学びたいと頼み込んだ。当時のロバートは独身だったので、収入は最低限でいい。頼まれればなんでもやるつもりだった。

こうして、ロバートは雇ってもらえることになった。働きながらロバートが見つけ出して購入した最初の物件は、ユタ州プロヴォにある小さなメゾネット型アパート。頭金は1500ドル。全財産にあたる額だった。ロバートはこれを手始めに、たまに大失敗はあったものの、ほかにもいくつもの物件を購入して成功を収めた。ほんの数年間、ちょっとした数字の操作を繰り返した結果、ロバートは〝書類上〟の百万長者になった。

ミシェルの物語

わたしたちの生活はふつう、気づかぬうちに日々変化していく。結婚生活には少しずつひびが入り、気温はだんだんと上がり、子どもたちはいつのまにか思春期を迎える。

しかし、ときに一瞬で人生が変わってしまうこともある。交通事故、思わぬ遺産、解雇。ミシェルの場合は、結婚したとき、夫が死んだとき、裁判官が子どもたちの保護監督権を義父に与えてしまったときに大いなる変化が訪れた。

そしてこれからの数分間にも、そういう劇的な変化が起こる可能性が潜んでいる。ミシェルとジェレミーはふたりきりで会議室に座っていた。大勢がいっしょにいてはプレッシャーになるだけだろうと、サムも含めほかのみんなは隣の部屋で結果報告を待っている。

いつものようにサムは正しかった。勝利にせよ玉砕にせよ、その瞬間を指導者に見られていたら、プレッシャーがかかるばかりでなく、直観を使うのに影響を受けてしまっていたかもしれない。心を開き、〝無限ネットワーク〟に導かれるままに進めと最初のころに教えてもらった。そうすれば、望みの結果が得られる。ただし、進路に対して九〇度方向の道で。

〝いつでもいっしょベア〟からの収入で、ミシェルは来年の今ごろには確実に金持ちになっているだろう。不動産売買でちょっとした財産を築いていることも大いにあり得る。あっというまに経験を積んで人脈を広げてきたのだから。けさ早くミシェルはアパートの決済をすませて、五五万ドルの小切手を手に入れた。

しかし、一〇〇万ドルにはまだ四五万ドル足りない。

全収入のうちで、ジェレミーのインターネット事業がそれほど大きな割合を占めることは期待していなかった。ジェレミーの計画はいつも少しおおげさすぎたし、サマーとのいざこざもよくない徴候だった。おまけにウェブサイトがクラッシュした。

ロバートは自分のシステムを数人の親しい同僚に伝授しようと思い立ち、その結果、伝授された相手も利益を得た。ほかにも興味を持つ者がいるかもしれないと考えたロバートは、地方紙に小さな案内広告を出した。〝わずかな頭金または頭金なしで不動産を購入する方法〟をお教えします、と。翌日、ロバートの電話は鳴りっぱなしだった。数週間のうちに、この情報ビジネスで1日1万ドルにもおよぶ儲けが出るようになった。数カ月が経つころには、ロバートは〝毎月10万ドル単位の金額〟を稼ぎ出すようになった。最高の状態だった！

その後、ロバートはある全国規模のセミナー会社に自分の名前とアイデアの使用許諾を与えた。その会社が生徒にシステムの利用法を教育して、受講人数に応じた適切な使用料をロバートに支払うという契約だ。タイミングは完璧だった。1年のうちに使用料の受け取り額は週2万5000〜5万ドルにまで膨れ上がった！　しかもその状態が6年間続いたのだ！

この長期型収入のおかげで、全米ベストセラー・ランキング第1位の本2冊（『ナッシング・ダウン』と『Creating Wealth（富を築くには）』）を執筆・宣伝する時間もできた。1985年になって使用料収入が途絶えると、ロバートは新たな教育ビジネスに着手して、多くの〝同じひいき客〟からさらに1億ドルを引き出した。

不動産投資のコンセプトは非常に古くからある。そこにロバートが付加した価値は、古い技術を取り上げて、**〝頭金なし〟という独自の魅力的なコンセプト**をでかでかと印刷した包装紙で包みなおすこと。ここ20年で、ロバートは2億ドル以上もの情報商品を売りさばいた。ひとつのささやかなアイデアから2億ドル以上稼いだのだ！　一生のあいだに、ロバートと彼を模倣した競合者たちは、〝頭金なし〟の不動産購入という鉱脈から10億ドル以上は掘り出すことだろう。これぞ〝10億ドルのアイデア〟だ！

さあ、あなたの10億ドルのアイデアはなんだろう？

ところが結果的にミシェルの未来は――子どもたちなしにどんな未来があるだろう?――マウス数回のクリックで決まることになってしまった。

ジェレミーは、すべて順調だと断言した。きょうまでの二一日間、ジェレミーとサマーは約束の時間までに〝賢明なミリオネア養成講座〟のシステムを構築するため、昼も夜もなく熱に浮かされたように働いてきた。

自称コンピュータの達人であるジェレミーは、この九〇日でミシェルがおもちゃや不動産について学んだように、自分も進歩したのだと言った。謙虚になることも覚えた。データはすべてバックアップを取っているし、システムの機能停止に備えて、四つか五つのサーバーを余分に用意してある。サマーともそりが合うようになっていた。サマーは人間担当としての役割を見つけた。1と0、ビットとバイトの世界の向こうにいる生身の人間との交渉を担《にな》って、ともすればぶっきらぼうになりがちなジェレミーの性格を埋め合わせてきたのだ。

この企画についた暗号名は〝腹ぺこの魚作戦〟で、〝腹ぺこの魚の日〟――即時応答で〝賢明なミリオネア養成講座〟を売る日のことだ――の始動は一二月六日の午前一〇時に決まった。ミシェルは一日でもいいから早くできないかとジェレミーをせっついたが、さまざまな不具合に対処してきたのでこれが限界だということだった。そして今、最終期限をあと二時間に控えて、ふたりはNASAの打ち上げさながらの精確さで秒読み態勢に入った。

ジェレミーはすべてのシステムの確認をし、さらに再確認した。クレジットカード会社のほうも準備万端だ。きわめて重大なのは、ジェレミーがカード会社の合弁事業担当者と交渉して手数料率を高く設定するかわりに、利益の最初の一〇〇万ドルをミシェルがじかに受け取れるようにしてくれたことだった。この取り決めのおかげで、一〇〇万ドルが入金されるまでの時間が大幅に短縮される。こ

1分間で100万ドル儲けるには

1分間。100万ドル。非常に短い時間にこの大金。そういう収入を生み出すに足る迅速なビジネス手段は、世界にたったひとつ――インターネットだ。では、不可能を可能にする方法を求めて出発進行。あまりのスピードに度肝を抜かれないように。

インターネットは、24時間休みなしの究極のドル箱だ。食事をしたり睡眠をとったり遊んだりしているあいだにも、あなたの人生にお金が流れ込んでくる――それも世界じゅうから。

インターネットであっという間に現金収入を得る方法を最初に教えてくれたのは、ロバート・アレンの友人のデイヴィッドだった。ロバートのオフィスでコンピュータの前に腰を落ち着けたデイヴィッドは、1500通の同報メールを送信した。送信先は、デイヴィッドのメール・マガジンを購読している人たち。メール内容は、ロバートの学習テープをどれかひとつ5割引で販売するというもの。たった61秒で最初の注文メールが返ってきて、それから1時間のうちに15通の注文があった。つまり、1%の歩留《ぶど》まりだ。同報メールの送信費用はゼロ。ロバートはあっけに取られた。ふうむ……。

そのとき、ぱっとひらめいたロバートは、〝もしも〟遊びを始めた。もしも、メールが1500通ではなく1万5000通だったら？　マーケティング費も郵送費も印刷費も不要なのだから、数千ドルもの純利益が見込める。ふうむ……。

これに触発されたロバートは、すぐさま自分のウェブサイトを立ち上げメール・マガジンを発行しはじめた。わずか数カ月のうちに集まった購読者は、ざっと1万1000人。その後、ロバートはテレビのイ

こでいう〝大幅〟とは、三〇分のことだ。

ジェレミーは回転式の椅子を傾けて、両手をこすり合わせた。それから指の関節を鳴らし始める。時間はあり余っているとでもいうように……。「ジェレミー、悪いんだけど」ミシェルはたまりかねて言った。「わたしはもう、神経がぴりぴりしていて――」

「落ち着けよ。一〇時まであと二、三分ある。二進法しか知らなかったこのおれも、直観ってものを学んだ。で、おれの直観によれば、まったく問題はない」

「ほんとうにそう思う？」ミシェルは心配そうにコンピュータを見た。ジェレミーは自分の胸を叩いた。

「なあ、きみとサムに教わったんだぞ。信じるってことをさ」ジェレミーは自分の腕時計を見た。

「こんなにせっぱ詰まったタイミングになるなんて」ミシェルはデジタルの腕時計を見た。「あと二時間ちょっとで、わたしは一〇〇万ドルの現金が詰まったブリーフケースを持って義父の前に立っていなくちゃならないのよ。なのにまだ五〇万ドルちょっとしか持っていない」

ジェレミーのEメール爆弾はいちどきに一〇〇万人に送信できるようになっている（P391）――PDF形式の無料ファイル〝お金に愛されていますか〟を申し込んできた人たちだ。ジェレミーによると、そのうちの一パーセントでもサムの週末セミナーに一〇〇〇ドルを払ってくれれば、ミリオネア・イーグルの金庫はあふれかえる。そういう客の中に、五〇〇〇ドル払ってサムから年間指導を受けたいという人間がいれば、収益はもっと増える。さらに週末セミナーを受けた生徒の中から、年間コースの申し込み者が出てくるだろうが、それはまたあとの話だ。

ジェレミーはためらうようなそぶりを見せた。

「何を待っているの？」ミシェルは不安になった。

ジェレミーはまた指を鳴らし始めた。口をすぼめる。「きみに言っておきたいことがある」

ンフォマーシャルの企画でプロデューサーから、お金儲けの技術をなにか劇的な方法で実演してみせてほしいと頼まれた。このときとっさに頭に浮かんだのが、デイヴィッドと1500通の電子メール。ロバートはプロデューサーに、インターネットを使って24時間で2万4000ドル稼ぎ出してみせよう、と告げた。

プロデューサーは手はずを整えて、ロバートがコンピュータの前に座り、1万1516人の購読者にメッセージを送信する様子を撮影した。24時間が経過するころには、9万4532ドル44セントぶんの現金注文が返ってきた。この金額がほぼそのまま純利益になるのだ。またもや、ロバートはあっけに取られた。ふうむ……。

そして本書、『ワン・ミニッツ・ミリオネア』が生まれた。適切なリストに対して適切な申し出をすれば、24時間で莫大な利益を生み出せることはもうわかっている。だが、1分間で100万ドル儲けることはできるだろうか？　それには、多数の――少なくとも100万の――メール・アドレスを（合法的に）入手する必要がある。

さあ、ここからがマークの出番だ。マーク・ハンセンの〝こころのチキンスープ〟メーリング・リストでは、購読者に向けて〝1日に〟80万通の〝チキンスープ〟物語が配信されている。われわれふたりのリストを合わせると、電子メールの宛先は100万を超える。

〝もしも〟われわれが100万人に向けてメールを放ち、インターネット配信による100ドルの情報パック――デジタル化した特報、ストリーミング形式のビデオと音声、デジタル化したカセット・ブック――を完全返金保証付きで販売する、という魅力的な提案をしたら？　〝もしも〟1％の人からすぐさま反応があったとしたら？　儲けは注文数1万×100ドル。なんと、100万ドルだ！

〝もしも〟われわれが1000ドルで〝ワン・ミニッツ・ミリオネア〟セミナーを開講したら、反応があ

ミシェルは鋭いまなざしを向けた。その視線を避けるように、ジェレミーは椅子をいっそう傾ける。

「おれの名前はジェレミー・カヴァリエリじゃない。ジェレミー・ストイフェサントだ。監視役としてきみのお義父さんに雇われるまでは失業中の俳優だった」

ミシェルは口に手を当てた。「でも、あなたはどう見ても……」

「イタリア系だって？　母がイタリア人さ。結婚前の姓がカヴァリエリ。ほかの経歴は全部でたらめだ」

ミシェルはコンピュータに目を向けた。ちょうどスクリーンセーバーがかかったところだ。トースターがこちらへ飛んでくる。ジェレミーを押しのけてEメールを自分で送ることはできるだろうか？　どう設定してあるのかよく知らない。この身を救ってくれるアイコンをクリックできるかもしれないが、逆に破滅のアイコンを選んで、子どもたちに会いたいという最後の望みを打ち砕いてしまうかもしれない。車の下敷きになってしまった子どもの母親になったみたいだ、とミシェルは思う。車を持ち上げるだけの力はあるのに、どこに車があるのかわからない。

ミシェルの物語

あと1時間58分……

一〇時二分になった。

ジェレミーは椅子を揺らしている。ミシェルの耳の中で、心臓の音がヘヴィメタルバンドのドラムのように鳴り響いていた。「悪いな、ミシェル。でも、おれのような落伍者がどうしてきみたちのチームに入って、こんなに一生懸命働きたがるのか、不思議に思わなかったのか？

はじめのひと月は、どんな動きもすべてエリクセンに報告した。きみが最初に転売した二件の取引

った1%のそのまた10分の1で、1000人が集まることになる。ふうむ……。

おもしろくなってきた。もう一度、〝もしも〟遊びをしてみよう。〝もしも〟全国放送のテレビ番組――『オプラ』『ラリー・キング・ライブ』『グッド・モーニング・アメリカ』『20/20』――に出演して、1分間で100万ドル儲ける方法を実演しましょうと提案したら？ 〝もしも〟われわれが100万ドル全額を司会者の望む慈善事業に寄付することに同意したら？ ふうむ……。

もしも、ひとつだけでなく、すべての番組に出演したとしたら。ふむむむむ！

たった1分間で100万ドル儲けることはできるだろうか？ インターネットという手段を利用すれば、絶対確実だ！ 本書で最初に述べたように、60秒ごとに世界のどこかで100万長者が誕生している。あなたがそこに至るまでにかかる時間は、6年かもしれないし60秒かもしれない。どちらにせよ、本書によってあなたがなるべく早く賢明なミリオネアになりたいと思うようになってくれれば光栄だ。あなたに幸運と梃子《てこ》効果とスピードのご加護あれ！

◆マーケティングを1分間で復習しよう

1 **100万ドルのアイデアは、いつでもあなたのまわりに漂っている。**
あなたはただそれを見つけて、働きかけるだけでいい。

2 **10種類の基本ビジネス・モデルの中から、自分自身と自分の環境に適したものを見つける。**
販売対象は顧客、企業、政府関係機関、慈善団体のうちのどれがいいだろう？

3 **自分の〝1分間マーケティング計画〟を作成する。**

のことはかなり自慢にしていいぞ。舞台裏でエリクセンが、できるだけ多くの人間をきみから遠ざけようと躍起にならなかったら、もっといい成績が収められただろうからな」ジェレミーは椅子を回転させて、ミシェルと向き合った。

「そのころでさえ、おれはチームがやってることにめちゃめちゃ興奮してたんだ。きみがすべてを賭けて人生を変えていくのを見てきた。たいていの人間が一生かけてもできないことを、きみは三カ月でやり遂げた。そして、そのやりかたも見てきた。師の言うことを聴いて、人のためになろうとするのを。あの老婦人――なんて名前だっけ、ジャスコ？――を助けたときだって、きみ自身がすごく金を必要としてたのに、きみは相手の利益を優先した。献納も最初からやっていた。『あとでする』と言えば、それですんだろうにな。

きみは崖《がけ》っぷちで生きてきた。しかも誠実に生きてきた。天がきみを後押しした。まさにサムの言う〝建設的プリセッション〟だよ。きみの星は上昇していた。そしておれの星はといえば、そうだな……鏡で自分の顔を見るのが日に日につらくなっていった」

ミシェルはまだ、今聞いていることが信じられなかった。

ジェレミーは椅子の上で体を動かした。「おれはずっと塀のあっちとこっちを行き来していた。そんなある日、みんながいっしょにいるときにサムが〝非建設的プリセッション〟の話をした。おれは、なんていうか、迫害者から改宗したパウロになった気分だったよ。突然、今までの人生で起こった悪い出来事――子どもができなかったこと、結婚生活が壊れちまったこと――は、自分が生み出したんだってことがわかった。運が悪かったんでも、迫害を受けたんでもない。おれをひどい目にあわせるのは、おれしかいないんだ」

ミシェルは目を閉じた。腕時計の針が時を刻む音が聞こえる気がした。〝いいえ、デジタル時計に

毎日、最低でも1分間かけて計画を見直すこと。

4 **3つのマーケティング成功要因。**

STEP1　いい意味での中毒者を探す。

STEP2　決定的な利点、刺激的な提案、強力な約束によって広告に中毒性を持たせる。

STEP3　ジョイント・ベンチャーのパートナーを利用して自分自身に梃子効果を及ぼす。

5 **アンチ・マーケティング戦略を利用する。**

利益の80%を提供してくれる20%の顧客に注目して、その人たちを集中的に引き寄せる。

6 **インフォプレナーになる。**

利ざやが95%に及ぶ情報商品の売り出しかたを覚えよう。

7 **インターネットで1分間に100万ドルを稼ぎ出す。**

デジタル化した情報は、オンライン上で24時間休みなしに売りさばくことができる。

針はない〟

「というわけで、これがほんとうの物語」ジェレミーは言葉を結んだ。「さて、きみの直観はおれについてなんと言ってる？」ジェレミーはいたずらっ子のように、にんまりと笑った。その笑顔は見慣れたものだったが、今では違う意味合いを持っている。

ミシェルは深く、ゆっくりと呼吸をした。数秒間は言葉が出なかった。それから、答えが湧いてきた。「わたしは……」答え始めるのと同時に、顔じゅうにゆっくりと笑みが広がっていく。「……最初の勘が当たっていたと思う」

ジェレミーは何度もうなずいた。「そう言ってほしかったんだ。一カ月くらい前から、おれはエリクセンに嘘の情報を流すようになった。Eメールを送る前に知っておいてもらいたいんだけど、きみはおれをこっちの道へ――賢明な道へ改宗させたんだ。こいつをうまくやり通せたら、おれはそのあともこの会社で働きたい」

ジェレミーは手を差し伸べた。が、ミシェルはその手をすぐにとることはできなかった。直観がどう告げていても、一度は信頼を裏切られたのだ。サムならどうする？

ミシェルは差し出された手をぎゅっと握った。「ミリオネア・イーグルへようこそ……ジェレミー・ストイフェサント？」

「カヴァリエリのままで行こうや」ジェレミーはミシェルが放すより一瞬長く手を握っていた。

「さあ、ショータイムの始まりだ」

先ほど、ミシェルとジェレミーはお互いの時計を入念に合わせておいた。ミシェルは腕時計を顔の前に掲げた。ついさっき過去を水に流したばかりなのに、全身に震えが走る。ジェレミーは椅子を傾けたまま平然と座っているが、両手の指を塔のような形に合わせているのが今までと違う。

著者あとがき

お金――最後のタブー

今日では聖域などないに等しい。だが、お金は最後のタブー。有名なトークショーに出演して倒錯《とうさく》的なセックスについて嬉々として語る人でも、司会者に収入を尋ねられたとたん、それがさもけがらわしい秘密であるかのように口を閉ざしてしまう。

なぜ、そんなにお金にこだわるのか? そろそろ秘密を世間にさらけ出し、富に対して気楽に構えてもいいのではないか。ラッセル・ハーマン・コンウェルが100年以上も前にこう語っている。

「富を築きなさい。それがみなさんの義務です」と言うと、何人もの敬虔《けいけん》な信者さんがこう尋ねてきます。「キリスト教の牧師であるあなたが、わざわざ国じゅうを巡って、若者たちに富を築けだの金を稼げだのと勧めるんですか?」もちろん、そうですとも。

「とんでもないことだ! どうしてお金儲けを説く代わりに、神の教えを説かないんです?」なぜなら、誠意を持ってお金を儲けることは、すなわち神の教えを説くことだから。それが理由です。富を築く人は、おそらくその地域でいちばんの正直者です。

しかし、今夜ここにいる若い方はこう言うでしょう。「でもねえ、ぼくは今までずっと、お金を持っているのはひどく不正直で恥知らずで卑劣で見下げ果てたやつらだ、と教えられてきたんですよ」それだから、みなさんは持たざる者なのです。人間についてそんなふうに考えているから。

「一〇」ミシェルは秒読みを始めた。「九、八、七……」

正しいボタンを押してくれるだろうか？　ちゃんとボタンを押してくれるだろうか？

「……三、二……」

「一！」

ジェレミーはマウスに触れた。スクリーンセーバーが消えた。ポインタを画面の左手に動かして、〝送信〟と書いてあるボタンをクリックする。

ダイアログボックスが画面の中央に現われた。送信済みのメールの数がそこに表示されていく。5000、10000、15000、20000、25000……正しいところに届くだろうか？メールの届く先に、それぞれがかかえている人生の問題に対して答えが欲しいと祈っている人たちがいるだろうか？　ミシェルにはわからなかった。あとはもう、天にゆだねるしかない。

それから数分間、ふたりは沈黙の中で座っていた。それからコンピュータの告知音が鳴った。最初の申し込みが返ってきたのだ。まずは一〇〇〇ドル。あとは？

ミシェルとジェレミーは催眠術にかかったように画面を見つめた。〝受信ボックス〟に返信が殺到していることを数字が告げている――返ってきたEメールのひとつひとつに少なくとも一〇〇〇ドルの価値がある。11…27…42…55…87…92…

あと7分……

一週間前、サムの口添えもあってミシェルは楽天的な気持ちで、この日の朝に一〇〇万ドルを用意しておいてもらえるよう銀行に掛け合っていた。銀行側は承諾してくれた――もし、それだけの額の

そんな信念は根本から間違っています。はっきりさせておきましょう。アメリカのお金持ちは100人中98人が正直者です。正直だからこそお金持ちであり、他人からもお金を託される。だからこそ大企業を経営し、たくさんの従業員を養える。

若い方からはこんな意見もあります。「不正をはたらいて何百万ドルも儲けた人の話を、ときどき聞きますよ」もちろん聞いたことがあるでしょう。わたしだってあります。ですが、じっさい、そういう人は非常にめずらしい。めずらしいからこそいつも新聞種になり、結果的にはほかのお金持ちもみんな不正に財を成したのだという印象が植えつけられてしまうのです。

みなさん、どうか郊外までわたしを車に乗せていき、この町の周辺にマイホームがある方を紹介してくれませんか。庭に花咲き乱れるすてきな家や、技巧を凝らした大邸宅の所有者を。そうしてくれたら、わたしは仕事面でも性格面でもわれわれの町で最高の人物を他人に紹介できることになります。マイホームがある人は結果的に、気高さ、正直さ、純粋さ、忠実さ、慎ましさが増すものですから。

われわれ牧師は説教壇に立つとき、貪欲な行為を戒《いまし》めます。そのとき用いる言葉は〝けがれた利〟。この極端な言い回しのせいで、みなさんはこう考えるようになります。お金を持っているやつは誰も彼も悪人なのだ、と。お金は権力です。みなさんも、お金を儲けたいという野心を適切に抱くべきです! お金があれば、無一文ではできないような善行をなすことができるのですから。お金があればこそ、聖書を印刷したり、教会を建てたり、宣教師を派遣したり、献金したりできるのです。

ですから、みなさんはお金を儲けるべきです。あなたが誠意を持って富を築くことができるなら、それを実行に移すことがあなたの神聖な義務です。敬虔であるためには困窮をきわめねばならないという考えは、大間違いです。

——ラッセル・ハーマン・コンウェル〝ダイヤモンドの園〟より

預金残高があるなら、と。あるのだ。セミナーを申し込むと代金はただちにその客のクレジットカードに課金され、すぐにミシェルの口座に入金されるようになっていた。

ミシェルは自分のブリーフケースを持っていった。機械のそばにいた行員ふたりは感銘を受けたようすで、一〇〇ドル札の束――一〇〇束の一〇〇ドル札――を詰める手伝いを申し出た。茶色のブリーフケースはいっぱいになった。ミシェルも喜びでいっぱいだった。

ミシェルとジェレミーを後部座席に乗せて、サムが車で送ってくれた。邸宅の門の前で車を停める。そこで停めてもらったのは、サムのメルセデスで玄関まで乗りつけるよりも歩いていきたいと思ったからだ。道中も、ミシェルは膝の上にしっかりとブリーフケースを持っていた。「思ったより重くないものね」楽しげに言いながら、車から降りた。計画どおり、ジェレミーがいっしょに降りて、サムはエンジンを切ったままそこにとどまった。

「天のお恵みを、わたしの子どもたち」サムは言った。

不意にミシェルは言葉を詰まらせたが、どんなふうに感じているか、サムならわかってくれるという確信があった。〝あなたがいなかったら、わたしはここまで来られなかった〟

呼び鈴に応じたのは、家政婦のエステラだった。ミシェルとジェレミーは私道を歩いていった。玄関では、そのエステラに驚くほど温かく出迎えられ、そのまま書斎へ案内された。邸内を歩いているときでさえ、ミシェルは二秒ごとに腕時計を見ていた。残り時間はあと数分。まだ何か悪いことが起こりうるだろうか？


あと1分……

進んで犠牲を払おう

最後に、ジョン・マコーマックという起業家から聞いた実話を紹介したい。ジョンは師を——真の賢明なミリオネアを——地元の商店街で発見したのだ。

13年前、わたしと妻が地元の商店街で美容院の開業準備を進めていたころのこと。あるベトナム人男性が、毎日うちにドーナツを売りに来ていた。英語はほとんど話せないがいつも愛想のいいこの男とわたしたちは、笑顔と身振り手振りを介して親しくなった。男の名はレー・ヴァン・ヴー。

レーは昼はパン屋で働き、夜は夫婦で英語学習のテープを聴いて過ごしていた。あとで聞いたところによると、夫婦はパン屋の奥の部屋で、おがくずを詰めた麻袋をベッド代わりにしていたという。

ベトナムのヴァン・ヴー家は、東南アジア有数の富裕な一族だった。北ベトナムの土地の3分の1近くを所有し、産業や不動産の分野でも巨大な力をふるっていた。しかし父親が惨殺されたのち、レーは母親を連れて南ベトナムへ移り、そこで学校に通って弁護士の資格を手に入れた。

父親と同様にレーの商売も繁盛した。南ベトナムに増え続ける駐留米軍の住宅建設に目をつけたレーは、あっという間に国内有数の建設業者となった。しかし北部を旅行中、レーは北ベトナム軍に捕えられ、3年ものあいだ刑務所で過ごすはめになる。兵士を5人殺して脱走し、なんとか南ベトナムに逃げ延びたものの、そこでまた逮捕されてしまった。南ベトナム政府はレーを北の〝犬〟と断定したのだ。

刑期を終えたのち、レーは水産会社を始めて、南ベトナム最大の缶詰製造業者にまでのし上がった。そのころ、レーは米兵と大使館員が自国から近いうちに引き揚げると知って、一生を変える決断を下した。

ミシェルの物語

義父のアンソニーはすでにミシェルたちを待っていた。義母のナタリーはライラック色の絹のパンツスーツ姿でそのそばにいる。アンソニーがなぜ自信たっぷりなのか、なぜジェレミーに意味ありげな視線を送るのか、ミシェルは知っていた。〝賢明なミリオネア養成講座〟への申し込みによって目標金額が達成されたあと、ジェレミーは義父へ最後の電話をかけて、ミシェルが約束の時間に現われること、どうにか貯めた五〇万ドルを見せて猶予を勝ち取ろうとしていることを通報した。

「何を頼もうとしているのか、わしにはもうわかっているよ」ミシェルたちが部屋へ入ったとたんに、アンソニーは言った。「そして、答えはノーだ」

ジェレミーの腕時計のアラーム音が鳴った。正午だ。

ミシェルはブリーフケースをアンソニーの机へ持ち上げた。すばやく正確に数字合わせ式の錠のボタンを押すと、ケースのふたが跳ね上がった。ミシェルはそれをエリクセン夫妻の正面に向けて、一〇〇ドル札の束が並んでいるのを見せた。「わたしの一〇〇万ドルです。どうぞ数えて」

「どう……どうやったんだ？」アンソニーは驚きのあまり、一瞬怒りも忘れたようだった。「待てよ……いんちきに決まっている」立ち上がってケースに手を突っこみ、札束を片側に投げ出していく。ナタリーは唇の端を噛んでいた。

「あら、あら、アンソニー」ミシェルは言った。「ちゃんと元に戻してくれるんでしょうね」

「全額あるの？」ナタリーがスーツケースのほうへ体を傾けながら言う。

「全額あります」ミシェルは語気を強くして言い返した。

エリクセンは一〇〇ドル札のひと束をブリーフケースに投げ返して、勢いよくふたを閉めた。ジェレミーをにらみつけている。「裏切ったな！」

ジェレミーは肩をすくめて天井を見つめた。「誉《ほ》め言葉ととっておこうか。しかし、どうやらエリ

ひそかに蓄えておいた金塊をすべて出してきて漁船に積み込み、妻とともに停泊中の米国船をめざしたのだ。全財産と引き換えに、夫妻は無事にベトナムを脱出してフィリピンにたどり着き、そこで難民キャンプに加わった。

フィリピン大統領に謁見《えっけん》したレーは、相手を説得して船を1隻漁業用に使わせてもらうことになり、ふたたびビジネスの世界に戻った。2年後、フィリピンを出て（究極の夢である）アメリカへ向かうまでのあいだに、レーはフィリピンの水産業発展に大きく貢献した。

しかしアメリカへの途上、またもやゼロからスタートすることを考えると、レーの心は乱れ、鬱《うつ》状態が続いた。レーの妻が、船の手すりから海に飛び込もうとする夫を見つけたときのことを話してくれた。「レー」と彼女は夫に語りかけた。「あなたが飛び込んだら、わたしはいったいどうなるの？　わたしたち、長いあいだいっしょにいろんなことをくぐりぬけてきたじゃない。今度もふたりいっしょなら大丈夫よ」レー・ヴァン・ヴーを勇気づけるにはこれでじゅうぶんだった。

１９７2年にヒューストンに到着したとき、ふたりは一文なしで英語もまったくしゃべれなかった。グリーンズポイント商店街にレーのいとこが経営するパン屋があったので、一族どうしで面倒を見合うというベトナムの慣習にのっとり、夫妻はそのパン屋の奥に身を落ち着けることになった。われわれは、そこから１００メートルほど離れた場所に店舗を建築中だったのだ。

ここからが、この物語の〝教訓〟部分だ。レーのいとこは、夫妻をパン屋で雇ってくれた。税金を差し引くと、週の稼ぎはレーが１７５ドル、妻が１２５ドル。つまり、ふたり合わせて年収1万５６００ドルだ。さらに頭金3万ドルを用意しさえすれば、いとこが店を売ってくれるという。残金については、9万ドルの手形を振り出せば掛け売りしてくれるというのだ。

夫妻がとった行動はこうだ。週３００ドルの収入があるにもかかわらず、ふたりはパン屋の奥に住み続

クセンさん、子どもたちを母親に返すよりほかに、あんたにできることはなさそうだよ」そう言って小脇から取り出したのは、ミシェルが九〇日前に義父と交わした契約書だった。

誰もが返答できないでいるうちに、甲高い声が、ミシェルが聞きたくてたまらなかった喜びの叫び声が聞こえた。我を忘れてミシェルも金切り声をあげていた。

ニッキーとハンナが、後ろにエステラを従えて部屋に駆けこんできたのだ。

「ママ!」

「ママ!」

ふたりともミシェルにぎゅっと抱きつき、またママがどこかへ行ってしまうのを止めるようにしがみついてくる。すすり泣きながらミシェルも子どもたちを抱き返し、その髪に顔をうずめた。

「ドアの外にいたんです」エステラがそう言っているのが聞こえた。

義父の声は冬のように冷たかった。「わしの家から出ていけ。おまえら全員だ」

最後に、優しい感情を持ち合わせていることを証明してミシェルを驚かせたのは、ナタリーだった。

「子どもたち」ナタリーが尋ねる。「ほんとうにわたしたちを置いていってしまうつもり?」

「ごめんね、おばあちゃん」ニッキーが気をつかって言う。「でも、きっと遊びに来るよ」ハンナもうなずきながら、さらに強くミシェルの手を握った。

現金を回収してブリーフケースを持ち帰る仕事は、ジェレミーにまかせた。エリクセン夫妻がその場で身をこわばらせているのが視界の隅に見えたが、わざわざ振り返って別れのあいさつをする気はない。ニッキーとハンナの手を握ったり、ときおり背中をさすってやったり、頭をなでて髪をくしゃくしゃにしたりするのに忙しいのだ。ふたりの感触に飢えていたし、明らかに、口には出さなくても子どもたちのほうも同じ気持ちのようだ。感情の波に呑まれて、かえって大事な話はできなかった

けようと決めた。2年間ずっと、夫妻は風呂のかわりに商店街のトイレでスポンジを使って体を洗い、食事もほぼ全部パン屋の商品ですませた。こうして2年のあいだ、年間生活費の合計を——嘘のようだが——600ドルに抑えて、頭金3万ドルを貯めたのだ。

あとになって、レーがその道理を説いてくれた。「週給300ドルに見合うアパートを借りたら、家賃を払わなければならない。次にもちろん家具を買う。次に通勤手段が必要になるから車を買う。次にガソリン代と車の保険費用が必要になる。次に遠乗りしたくなるだろうから洋服や化粧品を買う。だから、アパートを借りたら絶対3万ドル貯められないことはわかりきっていた」

レーの物語がこれでおしまいだと思ったら大間違い。まだ続きがある。3万ドル貯めてパン屋を買い取ったのち、レーと妻はふたたび腰を据えて真剣に話し合った。レーの意見はこうだった。まだいとこに9万ドルの負債がある。もう1年、パン屋の奥に住み続けるべきだ。

まことに誇らしいことに、わたしの友人であり師でもあるレー・ヴァン・ヴーとその妻は、1年のあいだ事業収益を事実上5セント銅貨さえ余さず貯めて、たった3年で9万ドルの小切手の支払いを終え、きわめて儲けの多い店を完全に自分のものにしたのだ。

そしてこのときになってようやくヴァン・ヴーは、自分たち夫婦にとってはじめてのアパートを探してきた。その日までふたりは決まった額を貯金しつづけ、収入に比べると非常に少ない額で生活していた。何を買うにもつねに現金払いだったことは言うまでもない。

あなたはレー・ヴァン・ヴーが今では百万長者になっているとお考えだろうか？　嬉しいことに、レーは百万長者どころかその何倍もの大金持ちだ。

ミシェルの物語

——どんなふうに暮らしていたのか、学校では何をしているのか、新しい友だちはできたのか……。しかし、じきに、いくらでも話ができる生活が始まる。ついに悪夢は終わったのだから。

外では、サムがメルセデスに寄りかかって待っていた。「まあ、こんにちは」子どもたちを迎える。「ママは口を開くとあなたたちのことばかり話すの。だから初めて会った気がしないわね」

みんなで車に乗り込もうとしたとき、意外な声が叫んでいるのが聞こえた。「待って!」

家政婦のエステラが走らんばかりに私道をやってくる。手に何か持っているが、それがなんなのかミシェルにはわからなかった。

「何をするつもり?」ミシェルはニッキーとハンナを守るようにその手を握り、警戒もあらわに訊いた。エステラがミシェルの前で足を止めたが、息があがって話すことができない。ハンナの顔がぱっと明るくなった。「ムームーくん!」ミシェルの手を離す。「ありがとう」そう言って、目を輝かせながらピンクと黄色の毛布を受け取り、そこに顔をうずめた。「会えなくなったらさみしいよ、エステラ」ハンナが言う。

「ぼくも」ニッキーが言う。

「エステラはすごく優しかったんだ」ニッキーがミシェルに言った。「いつもこっそりハンナにおやつを持ってきてくれたし、枕のこともおばあちゃんに言わないでおいてくれたよ」

エステラがほほえみながらも目に涙を浮かべて、別れる前に子どもたちを抱きしめているあいだ、ミシェルは一歩下がっていた。〝わたしは完全に誤解していたんだわ〟「このことにどんな深い意味があるのか、わからないでしょうね」氷が永遠に溶けていくのを感じながら、ミシェルは言った。

「いいえ、わかっておりますとも」エステラが言う。「わたしはギデオンをわが子のように愛していました。ごめんなさいね、この子たちへのあなたの愛情を疑うなんて。わたしもできるだけ子どもたちのことに気をつけて、あなたが取り戻しにくるのを祈っていたんです」

「ふたりの守護天使になってくれて、ありがとう」ミシェルは言った。「わたしに何かできることがあれば——」

「そうですね……」エステラはためらうようにエリクセン邸を振り返った。「わたしはあしたから新しい職を探すつもりです」

ミシェルがサムのほうへ目を向けると、サムは眉をつり上げた。そこで、ミシェルは名刺を取り出した。「わたしの名刺よ。連絡して」

エステラはそれを受け取って、会社のロゴを見つめた——鷲《わし》だ。それから子どもたちの頭のてっぺんにキスをして、最後にもう一度にっこりと笑った。

サムが運転席に乗り込んで、ジェレミーがミシェルのために助手席のドアをあけた。「おれが子どもたちといっしょに後ろに座るよ」

ミシェルは笑った。いつのまにかまた握っていたニッキーとハンナの手を、上に上げてみせる。「それは無理だと思うわ。わたしたち、まだまだくっつき足りないの」

にんまりと笑って、ジェレミーは三人のために後ろのドアをあけた。ミシェルは子どもたちの真ん中に座って、ふたりがシートベルトを締めるのを確認した。

「どこへ行くの、ママ?」

「パーティーへ」ミシェルは言った。

「あたしたちの?」ハンナが知りたがる。

「それがね……そうとも言えないの。わたしたちみんなのためだけど、特にわたしの友だち——いえ、わたしたちのほんとうに最高の友だちのためのパーティーだから」ミシェルはサムとジェレミーに向かってうなずいた。「その人の名前はティリーといって、パーティーはティリーの住んでいるところでやるのよ。ティリーは、あなたたちを取り戻すのにすごくたくさん手助けしてくれた」

ミシェルはほろ苦い涙を引っ込めようとしてまばたいた。母親としてつらい目にあってきた月日のことを、いつまでもぐだぐだと振り返るのはやめて、大切な子どもたちとまた一から始める人生のことを考えようと誓った。

「いい人みたい」ニッキーが言う。

「そのとおり。それにあなたたちに会ったらとても喜んでくれるわ」

「ケーキはある?」ハンナが聞く。

「ちがう種類のが三つもあるし、好きなだけ食べられるわよ。そうでしょ、サム。欲しいものを好きなだけ手に入れることって、ほんとうにできるのよね?」ルームミラーでサムの視線をとらえて、ミシェルは聞いた。

「そうよ、バタフライ、できるわ」サムは言って、車のエンジンをかけた。

エピローグ――半年後、始まりの場所で

午後七時一五分、〈マリポーサ・プラザ〉にて。新しくウェイトレスとして雇われたアンナ・ミュニッツは、個室での食事会の給仕を割り当てられた。アンナは両開き扉から柔らかな明かりに照らされた部屋に入って、席についている身なりのいい実業家たちがどんなようすをしているのか観察した。テーブルのいちばん奥の席に座っているのは黒人女性で、深紅と白のアフリカ風ローブを身にまとい、服に合わせたスカーフをかぶっている。その隣に座っているのは、やけに人目を引くブルネットの女性だ。年齢は三十代半ばくらいだろうか。

アンナは、アフリカ風ローブの女性の先導でこの一団が食前の祈りを捧げるのを見つめた。全員が輪になるように手を取り合って、しかもその女性は、自分たちに与えられている恵みをもっと運のない人たちと分かち合えるように祈ろうと言ったのだ。

すっごく変わってる、と若いウェイトレスは思った。

祈りが終わってから、アンナはサラダを配り始めた。必ず左側から、と自分に言い聞かせる。視線は下げたままでいた。教えられたとおり、控えめに、それでいて感じよくしようと努める。サラダを配られていない人がいるか確認するために少し視線を上げたとき、ブルネットの女性がこちらを見ているのに気づいた。まっすぐにアンナを見ている。何か間違ったことをしたのだろうか？　飾りけはないのにエレガントな服装だった。目立つ色づかいは、首にゆったりと巻いたシルクのスカーフだけ。美しい蝶の柄だ。アンナは気恥ずかしくなった。また視線を下げたとたん、自分の二の腕に彫ってある蛇の鎌首の刺青《いれずみ》が袖のすそからのぞいているのが目に入った。かつての人生の名残《なごり》だ。けれど、今

ではシングルマザーとして幼い息子を育てる責任がある。アンナはエプロンを直して、背筋を伸ばした。こういう人たちにおじけづくつもりはない。自分にも誇りがある。それでも、この一団がどういういきさつでここに集まってきたのかは気になった。

メインコースを配り終えてから、アンナは水を注ぎ足しに回った。ちらっと目を上げてみる。あの人はまたわたしを見ているの？　アンナは足早に回り終えて、デザートの用意をするためにキッチンへ消えた。

デザートが終わったあとも、なぜかその場から立ち去りがたくて、アンナはドアのあたりでぐずぐずしていた。そのうちにブルネットの女性が立ち上がって、集まった人たちにあいさつを始めた。

「こんにちは、わたしの名前はミシェルです。わたしは以前、ここでウェイトレスをしていました」

まさか、とアンナは思った。立ち聞きしている罪悪感を感じながらも、このミシェルという女性がどうやって一〇〇万ドルをつくったのか、その話を聞くうちに、アンナの心に待ちかねていた希望が湧いてきた。

「サマンサから受けた恩に報いるために」その女性は無意識に蝶のスカーフをいじりながら言葉を継いだ。「サムがわたしを指導してくれたのと同じく、わたしも誰か指導する相手を探すつもりです」

若いウェイトレスはそれまで、うつむいて仕事用のさえない靴を見つめながら耳を澄ましていたが、最後の言葉を聞いてはっと顔を上げた。

そして、ふたりの女性の目と目が合った。

さいごに……あなたも百万長者になれる

本書では、さまざまな技巧、技術、考えかた、原理を提示したうえで、それらを適用して〝梃子効果〟の結果を具現する方法をお見せしてきた。みなさんが本書を読んでくださったのは、知識を身につけて大幅に収入を増やすためだろう。われわれは、みなさんが人生の絶頂をきわめられるよう応援している。

当初のわれわれの夢は、**十年以内に百万人のミリオネアを生み出すこと**だった。そのためには一千万人の読者が必要だ。それがわれわれの目標のひとつ。みなさんの助けがなければ、この目標を達成することはできない。どうか、みなさんの友人、親戚、恋人のうち三人に本書を薦めてほしい。内容を読んで理解してもらい、いっしょに話し合い、本書の知恵と見識を応用してもらうのだ。

また、このたび、おもちゃ会社ハスブロの協力により、架空の産物であったおもちゃがひとり歩きをはじめて現実のものとなった。みなさまにも、ぜひお目にかけたい。そのおもちゃの名は〝いつでもいっしょベア（The Always Together Bear）〟。われわれのウェブサイト（www.oneminutemillionaire.com）には、本書でお教えした原理によってこのおもちゃが〝具現〟されるまでの顚末を載せてある。本書とそのおもちゃとが、われわれのお教えし実践してきたことが真実である、という確かな証拠だ。

われわれは、あなたとの交流を保ち、あなたの希望や夢や欲求がすべてかなえられるよう手助けしたい。あなたの成功談を教えてもらいたいし、われわれのウェブサイトで同志たちの成功談も読んでほしい。

なお、われわれのウェブサイトに来てくださったかたは、〝マークとロバート〟がこれから開催する生中継の電話セミナーに**無料**でご招待する。

われわれは、**あなた**に会ってご挨拶できる日を心待ちにしている。

マーク・ヴィクター・ハンセン＆ロバート・G・アレン

謝辞

われわれはとほうもない夢をいだき、常軌を逸したタイトルを考え出し、チームを作りあげた。そのチームが、われわれの夢を応援し、実現の手助けをしてくれた。われわれはメンバーに心の底からお礼を申し上げ、いつまでも変わらぬ感謝の念を表明したい。

名著を生み出すには、その実現のためのドリームチーム作りが必要だ。面識のあるなしにかかわらず、われわれは支援していただいたかた全員に心から感謝する。心ならずも名前を挙げ忘れたかたがいらっしゃったら、お詫び申し上げる。

一流エージェントのジリアン・マヌスにはお世話になった。われわれは、彼女に対して愛情、好意、尊敬、賞賛、敬愛の念をいだいている。ジリアンは、あらゆる局面で、われわれのために全力を尽くしてくれた。ジェームズ・ボンドの言葉を借りれば、〝これ以上うまくやれる人《ノーバディ・ダズ・イット》はいない《ベター》〟。フィクション作家として新米のわれわれは、理想の監督者であり助力者でもあるドナ・レヴィンを紹介してもらった。ドナは、われわれを導き、監視し、編集に携わって、われわれの大切な物語をいかに改善し完璧に仕上げるべきかを教えてくれた。ドナ、あなたは真の師匠だ。あなたがいなければ、この本は完成しなかった。

生涯の友人であり同僚でもあるマーシャル・サーバーは、われわれとともに休みなく働いてくれた。そのおかげで、本書の読者は、ミリオネアになるための予測可能なシステムを確実に自分のものにできる。読者は、あとはシステムをうまく機能させるだけでいい。マーシャルの才気あふれる創造的な思考法は、非常に有意義で賞賛に値するものだった。どうもありがとう、マーシャル！

われわれの妻たちにも愛情と感謝の念を示しておきたい。われわれの執筆活動は絶えず、斬新な考えかたゆえの漏れを指摘されたが、ふたりはそんなわれわれを支えてくれた。パティ・ハンセンとダリル・アレンに深い感謝を捧げる。両名とも、理解と愛情と激励、そして本書に関する有意義なアイデアや考えかたを、繰り返し示してくれた。パティ・ハンセンは、法務会計や許諾についても根気よく力添えしてくれた。

そうそう！　ベッキー・カバザにめぐりあえたのは非常に幸運だった！　ベッキーは、一流出版社ハーモニー・ブックスに所属する、世界一有能で思いやり深い編集者だ。

また、われわれのスタッフひとりひとりが、陰ながら力を尽くし、これまでで最高の仕事をしてくれたおかげで、われわれは自由な時間を持てた。その結果、必ずや世界経済の未来を変えるこのプロジェクトを世に送り出すことが可能になった。マークのスタッフに深く感謝し、以下にその名前をあげる。ライザ・ウィリアムズ、トルーディー・マーシャル、ミシェル・アダムズ、ディー・ディー・ロマネラ、デーヴ・コールマン、シャーナ・ヴィエイラ、ジョディ・エメ、メアリー・マッケイ、カーリー・ベアード、そしてローリー・ハートマン。また、ロバートの作業スタッフも、全過程を通して、笑顔を絶やすことなく手助けしてくれた。以下のかたがたにお礼を申し上げる。ジョイス・エードルブロック、マライア・カーター、トルレーン・ハッチングズ、ジャン・ステファン、フィリス・マーテル、アニー・テーラー、カート・

モーテンセン、マイク・レイ、スティーヴ・ウォーターズ、タッド・リグネル、リサ・テーラー、ダン・ブリンク、ジャレド・シヴィア、エミリー・スペンサー、ジェーク・シンプソン、ダン・ミケーリ、デーヴ・ウィリアムズ、カーティス・ホルダー、デニス・マイクルズ、マット・イェンセン。

ジャネットおよびクリス・アトウッドにも深く感謝する。ふたりはミリオネア・イーグル計画の創設にたずさわり、その原理と戦略と技術を、検証、教授、改良してくれた。このふたりの同僚であるパット・バーンズは、ミリオネア・サミットで粘り強い働きぶりを見せて、百万長者の群れの中から、億万長者や超一流の〝与える者〟を生み出す手助けをしてくれた。また、トム・ペインターは、〝複合的な収入の流れ〟について、マーケティング面で多大な支援をしてくれた。トムは、ほんとうにマーケティングの天才だ。彼がいなければ、われわれのメッセージを世界中に広めることはできなかった。まったくの想像の産物が確かな現実に姿を変えることを劇的に証明してみせたその手腕には、わたしたちを含む世界じゅうの人たちが感服させられたことと思う。

われわれの生み出した女英雄《シーロー》ミシェルが九十日間で百万ドル稼ぐために利用したおもちゃのことはすでに述べた。驚いたことに、マイク・フライが実際のおもちゃの特許権を所有し、その権利をわたしたちと共有することになった。それだけでなく、マイクは、世界一大儲けしている有名なおもちゃ作家ジョーン・キャプランを紹介してくれた。ジョーンは、われわれの最高傑作〝いつでもいっしょベア〟を迅速かつ効率的に作り上げてくれた。そのコンセプトとアイデアを一流おもちゃ会社ハスブロに売り渡したとき、ジョーンはこう言われた。「おめでとう！　きみは〝ワン・ミニッツ・ミリオネア〟だ。これは、第二の〝キャベツ畑人形〟と言っていい。当社はきみのために不可能に挑み、今年のクリスマスにこれを売り出そう」われわれは、ハスブロ社のチーム、ジョーン、マイクに対して賞賛を禁じえない。不可能事に信念をもってとりくみ、可能事に変えてみせたのだから。

〝ミリオネア養成の一分間講座〟については、多くのかたに情報を提供してもらった。まずはジョン・エッゲンにお礼を述べたい。ジョンは、〝一分間マーケティング計画〟および磁石のたとえ（第十九の〝きらめき〟）に関するブレーンストーミングで、すばらしい洞察力を見せてくれた。また、アル・ファーデンとリンダ・チャンドラーに感謝する。ふたりは、チームの項について、独自の資料を大量に提供してくれた。HOTSモデルの著作権を持つこのふたりは、われわれがその内容をみなさんにお教えすることを快く許可してくれた。また、フランク・ワグナーは、ネットワークに関して優れた資料を提供してくれた。ありがとう、フランク。それから、抜け目ない調査をしてくれたパトリック・チザム。すばらしい助言と実例を提供してくれたシンディ・キャッシュマンとポール・ハルトゥニアン。〝完璧な顧客を引き寄せる〟の項について、同タイトルの名著から資料を提供してくれたステーシー・ホールとジャン・ブログニーツ。変革的学習法の資料を提供してくれたドン・ウルフ。そして、さまざまな形で手助けしてくれた、たくさんのみなさまがたに心から感謝します。

マーク・ヴィクター・ハンセンおよびロバート・アレン

[訳者略歴] 楡井浩一　KOICHI NIREI
1951年生まれ。北海道大学卒業。英米のノンフィクション翻訳で活躍。
主な訳書に、ハドソン研究所『超大国日本は必ず甦える』、ジャック・スタック『グレートゲーム・オブ・ビジネス』（小社刊）、エリック・シュローサー『ファストフードが世界を食いつくす』（草思社）、ヴィンス・パネラ『1日を26時間にする、最強の時間管理術』（PHP研究所）ほか多数。

お金持ちになれる《ワン・ミニッツ・ミリオネア》
1分間の魔法

2003年3月31日　第1刷発行

著者――マーク・ヴィクター・ハンセン＆ロバート・アレン
訳者――楡井浩一
発行者――松下武義
発行所――株式会社徳間書店
東京都港区芝大門2-2-1　郵便番号105-8055
電話　編集部(03)5403-4344　販売部(03)5403-4324
振替　00140-0-44392
（編集担当）青山恭子
印　刷――図書印刷株式会社
カバー印刷―真生印刷株式会社
製　本――大口製本印刷株式会社

ISBN4-19-861659-0